mujer verdadera

*El maravilloso diseño
de Dios para ti*

Editado por
LAURA GONZÁLEZ DE CHÁVEZ

B&H
ESPAÑOL
NASHVILLE, TENNESSEE

Mujer verdadera: El maravilloso diseño de Dios para ti

B&H Publishing Group
Nashville, TN 37234

Clasificación decimal Dewey: 248.843
Clasifíquese: VIDA CRISTIANA / MUJERES

Tipografía: 2K/DENMARK A/S

ISBN: 978-1-4336-9231-4

Impreso en EE. UU.
1 2 3 4 5 * 20 19 18 17

Contenido

Prólogo

Nancy DeMoss Wolgemuth

Recibí del Señor la bendición de crecer en un hogar que amaba a Dios. Mis padres anhelaban que el evangelio se proclamara alrededor de todo el mundo, pero su corazón estaba puesto especialmente sobre América Latina. De hecho, ellos pasaron su luna de miel realizando un ministerio de tres meses en Cuba, República Dominicana y otros países del Caribe. A pesar de que no lo recuerdo, yo estuve en ese viaje, ya que fui una «bebé de luna de miel». ¡Llegué al mundo nueve meses y cuatro días después de la boda!

A través del ejemplo y la pasión de mis padres por las misiones, Dios puso en mi corazón el deseo de que Su gloria se extienda por todas las naciones. No sabía que muchas décadas después, el Señor me daría la oportunidad de servirlo en América Latina, junto con algunas maravillosas mujeres de Dios.

En 2008, un grupo de 100 mujeres viajó desde República Dominicana hasta la ciudad de Chicago, en Estados Unidos, para asistir a la primera Conferencia Mujer Verdadera, organizada por Revive Our Hearts [Aviva Nuestros Corazones]. Cuando conocí a estas mujeres (siete de las cuales contribuyeron en este libro), me llamó la atención la vehemencia con la que buscaban al Señor. Su hambre espiritual y su pasión fueron evidentes para todo nuestro equipo.

Dios se movió con poder en los corazones de estas mujeres durante aquella conferencia, y en los próximos meses, el Señor comenzó a enviar un espíritu de avivamiento a muchas de ellas, a sus maridos y a sus iglesias.

Una de ellas era Laura González de Chávez. Mientras Laura y su marido eran testigos de la gran cantidad de vidas tocadas por el mensaje y el ministerio de Revive Our Hearts [Aviva Nuestros Corazones] (¡incluyendo la suya propia!), nos pidieron autorización para traducir al español nuestros libros y recursos, así como mi programa de radio. Nos contaron que los ministerios de sólida enseñanza bíblica para la mujer eran escasos en América Latina, y compartieron con nosotros su deseo de ver el mensaje de Mujer Verdadera extendido por todo el mundo de habla hispana.

Después de mucho dialogar, orar y buscar juntos al Señor, en enero de 2011, Aviva Nuestros Corazones comenzó a transmitirse en República Dominicana y en otros países de América Latina, a través de la voz de Patricia de Saladín.

Por medio de este programa, así como de dos conferencias internacionales celebradas en República Dominicana y más recientemente en México, Dios ha transformado miles de corazones y vidas. ¡El fruto de este ministerio ha sido verdaderamente notable! No puedo evitar preguntarme si mi padre estará «viendo» desde el cielo y gozándose con el cumplimiento de las oraciones que elevó a Dios por esta parte del mundo hace ya más de 50 años.

Es evidente que la mano de Dios está sobre este grupo de creyentes. Estas son mujeres que han tomado decisiones costosas en relación con sus trabajos y familias. Para ellas no se trata solo de teoría: están viviendo el mensaje día tras día, en sus hogares, en sus iglesias y en sus comunidades. ¡Qué alegría es ver que Dios honra su fe!

Estas mujeres sirven como embajadoras para ayudar a otras a experimentar la verdadera libertad en Cristo. Ellas vieron la necesidad que hay de una sólida enseñanza bíblica para mujeres impartida por mujeres, y decidieron tomar el bastón de relevo para enseñar la hermosura de la feminidad bíblica dentro de su propia comunidad.

Sin importar el país, la cultura o el idioma, Dios creó al hombre y a la mujer con un propósito vital específico. Su diseño no es arbitrario, intrascendente u opcional. Ser mujer no es un accidente biológico ni producto del azar. Dios fue intencional cuando nos hizo mujeres y quiere que nosotras descubramos y abracemos con gozo la espectacular belleza de Su diseño.

Este libro te ayudará a explorar lo que significa ser una verdadera mujer de Dios a través de distintas etapas y circunstancias de la vida. Ya sea que estés luchando con lo que significa vivir el diseño creado por Dios, tratando de discernir cómo cumplir Sus propósitos para el matrimonio, la maternidad, la soltería, la juventud, o en tus años dorados; o simplemente si necesitas sabiduría para la vida diaria, descubrirás verdades bíblicas y prácticas que trascienden el tiempo y la cultura.

Las mujeres que contribuyeron en este libro se han convertido en mis amigas personales y queridas. Ellas adoptaron el diseño de Dios y vieron cuán transformador puede llegar a ser. Encontraron paz, gozo, sanidad y propósito, y ahora están floreciendo, ya que descubrieron aquello para lo cual Dios las creó. Por eso, su deseo es transmitir este mensaje a las demás, para reflejar la belleza del evangelio a su mundo, a través de la expresión de su diseño bíblico y verdadero.

A pesar de que las autoras de este libro y yo vivimos en diferentes países, provenimos de distintas culturas y hablamos una lengua materna diferente, el Dios al que servimos sigue siendo el mismo Dios. Su diseño trasciende las costumbres sociales, el tiempo y las circunstancias.

Estoy muy agradecida por lo que el Señor está haciendo a través de estas mujeres y su ministerio. Y me emociona pensar lo que Dios continuará haciendo en el mundo de habla hispana. Mi carga es que podamos contemplar Su gloria cubriendo la Tierra como las aguas cubren el mar, y que alcancemos a ver el cumplimiento de esa maravillosa oración de Salmos 67:1-2:

> *Dios tenga piedad de nosotros y nos bendiga, y haga resplandecer su rostro sobre nosotros; para que sea conocido en la tierra tu camino, entre todas las naciones tu salvación.*

¡Cuán impresionante será ver la cruz de Cristo elevada y Su poder de salvación correr por todas las naciones del mundo! ¡Que así sea!

Que Dios te bendiga a medida que tratas de vivir Su diseño y Su voluntad para tu vida. Mi oración es que te conviertas en una embajadora de este mensaje, dondequiera que Él te haya llamado a servirlo.

Nancy DeMoss Wolgemuth

marzo de 2017

CAPÍTULO 1

Una mujer verdadera vive para la gloria de Dios

POR LAURA GONZÁLEZ DE CHÁVEZ

... al único y sabio Dios, por medio de Jesucristo, sea la gloria para siempre. Amén (Rom. 16:27).

¿En qué consiste la gloria de Dios?

¿En qué consiste la gloria de Dios? ¿De qué se trata exactamente? Hace catorce años esta pregunta ni siquiera pasaba por mi mente. Ese concepto estaba muy alejado de mi cotidianidad. Si me hubieran preguntado en aquel tiempo acerca de la «gloria de Dios», no hubiese sabido qué contestar. Creo que habrían venido a mi mente ángeles, catedrales y cosas religiosas... no sé, quizás habría pensado en un crucifijo, o tal vez en una expresión desprovista de sentido cuando algo salía bien: «¡gloria a Dios!». Ciertamente este concepto estaba totalmente apartado de mi realidad.

La gloria de Dios es un concepto difícil de definir o explicar. Es la manifestación de la santidad de Dios, de Su perfección, de Su grandeza y naturaleza divina. En el libro de Levítico, Dios dice: *Como santo seré tratado por los que se acercan a mí, y en presencia de todo el pueblo seré honrado* (10:3). La Nueva Versión Internacional (NVI) lo expresa de esta manera: *Entre los que se acercan a mí manifestaré mi santidad, y ante todo el pueblo manifestaré mi gloria.* Cuando vemos la hermosura de Su santidad estamos viendo Su gloria.

Cuando hablamos de «dar gloria a Dios» no queremos decir que Él necesita tener esta gloria añadida, sino que las personas lo vean y lo honren como glorioso, que las personas puedan atesorar esa gloria que es sobre toda gloria terrenal y testificar de ella con sus vidas.

Pero tenemos un problema. Romanos dice acerca de Sus criaturas que, *aunque conocían a Dios, no le honraron como a Dios ni le dieron gracias, sino que se hicieron vanos en sus razonamientos y su necio corazón fue entenebrecido* (1:21). ¿Cómo es que el ser humano, creado por Dios, no lo glorifica? El versículo 23 nos da la respuesta: *cambiaron la gloria del Dios incorruptible por una imagen [...] en forma de hombre corruptible, de aves, de cuadrúpedos y de reptiles.*

Muchas de nosotras no hemos cambiado la gloria de Dios por una «imagen» tallada en piedra o madera, pero sí hemos hecho un dios de nosotras mismas y de otras cosas creadas, y dejamos de dar gloria al merecedor de toda gloria. Así, al cambiar la gloria debida a Dios por otras cosas, Pablo menciona: *el nombre de Dios es blasfemado entre los gentiles por causa de vosotros* (Rom. 2:24). Esto quiere decir que, si no estamos glorificando el nombre de Dios, lo estamos blasfemando. Una cosa o la otra; no hay un término medio.

Fuimos creadas a imagen de Dios para reflejar Su gloria, para atesorarlo a Él por encima de todo y para vivir dando honor y gloria a Su nombre. El propósito del hombre y de la mujer es glorificar a Dios y disfrutarlo por la eternidad.[1] En realidad, todo lo creado existe para Su gloria, pero, lamentablemente, la gloria de Dios es cada vez menos visible en Sus criaturas. Esta es la triste condición de todo ser humano. Todos, sin excepción, nos hemos quedado cortos de Su gloria (Rom. 3:23). Cambiamos la gloria de Dios por otras cosas; esa es la raíz y la esencia del pecado. Cometimos un gran pecado en contra de Dios. Es por esto que merecemos Su ira y necesitamos un Salvador.

El pecado dañó esa imagen, pero a través de la redención que tenemos en Cristo, a través de Su vida, muerte y resurrección, esa imagen puede ser restaurada. Su Espíritu nos empodera para creer Su Palabra y ponerla por obra; nos capacita para vivirla en el poder de Su Espíritu y así vivir bíblicamente.

Nuestra vida no nos pertenece. Necesitamos re-orientarla hacia nuestro Dueño, hacia nuestro Creador y rendirnos por completo como sacrificio vivo, viviendo para Su gloria y no para la nuestra. «Una mujer verdadera es aquella cuya vida está siendo moldeada por la Palabra de Dios. Ella es un reflejo de Su gloria».[2]

Dos modelos en mi infancia

Nací en un hogar católico muy religioso. Tengo recuerdos vívidos de mi madre llevándome a la iglesia cada domingo. La

---

[1] Anónimo, *Confesión de fe de Westminster*, consultado el 15 de octubre de 2016. http://www.seguidores.org/portal/seguidores/images/stories/docs/confesiones /confesionWestminster.pdf.

[2] Susan Hunt, *The True Woman* [La mujer verdadera] (Wheaton, IL: Crossway, 1997), 225.

Iglesia de las Mercedes aún permanece allí, en la parte antigua de la ciudad de Santo Domingo. Recuerdo la fragancia a incienso que inundaba el lugar y los altares a los diferentes santos que se alineaban en ambas alas de aquella impresionante estructura. Mi madre era devota ferviente de San Judas Tadeo. Cada vez que llegábamos a la iglesia ella encendía un velón a este santo mientras yo observaba.

A eso se limitaba mi conocimiento de Dios. Nunca vi a mi madre leer la Biblia ni vivir de forma diferente de las demás personas que conocía. Mis años de infancia y adolescencia los viví en una cultura de una fe un poco mística pero carente de la Palabra de Dios. Aparte de la lectura de alguno de los Evangelios durante una misa, la Biblia estaba ausente de nuestras vidas y corazones. Tampoco escuché a nadie cercano a mí hablar de «vivir para la gloria de Dios».

Aproximadamente un mes antes de que yo cumpliera nueve años, mi mamá sufrió un infarto que terminó con su vida. Solo tenía 51 años. Ella había permanecido soltera hasta los 41, época en que conoció a mi padre, un hombre viudo. Hacia el final de la década de 1950 ya se comenzaban a sentir los primeros vestigios de la segunda ola del feminismo. Mirando atrás puedo darme cuenta de que mi madre era un producto de su época; era una mujer independiente, trabajadora, capaz y esforzada. Siendo soltera hasta una edad avanzada, trabajaba para sostenerse y no dejó de hacerlo cuando se casó con mi padre y tampoco cuando llegué a su vida a sus 42 años. Era una mamá presente y preocupada por mis cosas y por el desenvolvimiento del hogar, pero su corazón no estaba allí del todo. Aquello ya era parte de la modernidad, una mujer inteligente no se quedaba en el hogar, aunque los ingresos que aportara no fueran necesarios. Cuando mamá murió, me llevaron a vivir con mi tía, hermana de mi madre. Mi padre me amaba mucho, pero todos entendían que él era un ejecutivo muy ocupado y no podría ocuparse debidamente de una niña de mi edad. Mi tía vivía a dos cuadras de mi casa y sus dos hijos ya eran adultos y ambos estaban casados. Ella amaba a mi madre profundamente y yo vendría a llenar ese espacio que mi madre había dejado. Compartía con mi padre con cierta frecuencia, pero fui criada por mi tía y su esposo, quienes también eran mis padrinos.

Mi tía era una mujer de valores tradicionales cuyo corazón estaba en el hogar. Nunca salió a trabajar afuera. Su esposo tenía buena situación económica y nunca hizo falta que ella lo hiciera. Amaba su hogar. Cultivaba su hogar. El que llegaba de visita sentía que había entrado a un lugar cultivado con amor y entrega. Ella amaba los detalles. No solo era una mujer suave en sus formas, tierna y serena, sino que soportó con dignidad un matrimonio difícil. Temprano en su matrimonio su esposo inició una relación con una amante, con quien tuvo hijos, y mi tía siempre lo supo. Sin embargo, nunca lo mencionó en el hogar. Nunca lo recriminó. Siempre lo respetaba y honraba. Siempre lo sirvió. Siempre habló bien de él delante de los demás.

Aunque católica por tradición, mi tía no era tan religiosa como mi madre, pero su «religión» tenía muchos frutos en la cotidianidad. La recuerdo orando cada mañana, sentada en la terraza con unos libritos de oración. Recuerdo que ella hablaba a menudo con Dios. La escuchaba «hablar sola» y sabía que estaba orando. Mi tía tenía una Biblia y leía algunas porciones. Aunque no puedo decir que su fe era reformada ni que era regenerada, pude ver muchos frutos en su vida, y pude ver otra forma de vivir como mujer y esposa.

Dos vidas. Dos retratos. Dos ejemplos. Nunca entendí cómo estos dos modelos me impactarían hasta años después, cuando tuve un encuentro personal con el Señor y vine a Sus pies, y cuando comencé a aprender y entender mi diseño como mujer en la Palabra de Dios.

La revolución feminista y sus efectos: hemos creído una mentira

La caída cegó nuestros ojos a la gloria de Dios e inclinó nuestro corazón a buscar nuestra propia gloria. Inclinó nuestro corazón a perseguir la autoexaltación, la autoindulgencia y a independizarnos de Dios. En el caso de la mujer, su intento por encontrar la felicidad se tradujo en desechar aquello que Dios había dicho que era «bueno». Al igual que Eva en el Edén, la mujer comenzó a poner en duda la voluntad revelada de Dios y comenzó a dudar acerca de su diseño, de su rol en la creación. Satanás sembró la duda en su corazón sobre lo que a ella más le convenía, de que podía ser como Dios, de que Dios no quería lo mejor para ella. La hizo dudar de la voluntad de Dios. En lugar de ser dirigida por la Palabra de Dios, la mujer comenzó a ser dirigida por el engaño de su propio corazón (Jer. 17:9), y decidió perseguir su felicidad en sus propios términos, en rebeldía contra Dios.

Este anhelo equivocado sembrado en su corazón por el enemigo, encontró eco en la filosofía deformada de la feminidad que comenzó a invadir la cultura, a través de las voces engañosas que nos rodean por todos lados. Una ideología que busca definir, establecer y lograr igualdad de beneficios para las mujeres, tanto a nivel económico, como cultural, político, laboral, social y personal, ha impulsado la revolución feminista. Esto incluye el buen deseo de establecer igualdad de oportunidad para la educación y el empleo.

Lo que inició a finales del siglo XVIII en Europa como un movimiento que perseguía validar los derechos sociales y políticos de la mujer, al transcurrir el tiempo, se tornó en un arma en las manos de Satanás para engañar a las mujeres y destruir familias y hogares. Hacia mediados del siglo XX, el movimiento se había propagado por varios países de Europa y por Estados Unidos. Fue ganando fuerza a medida que las mujeres comenzaron a anhelar y tener acceso a la educación universitaria y al ejercicio de carreras profesionales.

En Francia, por ejemplo, los propulsores del movimiento intentaron reformar las leyes familiares que daban a los hombres control sobre sus esposas. En algunos casos, en realidad, estas leyes eran muy impositivas. Hasta 1965 las mujeres francesas no podían solicitar empleo sin una autorización firmada por sus maridos.

Allí mismo, en Francia, a finales de la década de 1950, la filósofa Simone de Beauvoir ofreció una visión existencialista del tema y decía que a la mujer se le había adjudicado un rol injusto y discriminatorio. Afirmaba que la mujer necesitaba «trascender» y que dicha necesidad era contenida por los hombres. Esta corriente de pensamiento llegó a Estados Unidos a principios de la década de 1960 por medio de la

periodista Betty Friedan, quien transformó los conceptos
más teóricos de Simone de Beauvoir haciéndolos más asimi-
lables y entendibles para la mujer norteamericana promedio,
llevándola a pensar que sus frustraciones existenciales se
debían al rol mismo al que estaba esclavizada y del cual debía
ser liberada. Todas estas ideologías abrieron paso a lo que se
denominó «la segunda ola del feminismo».[3]

Mirando al pasado, ahora con entendimiento, puedo reconocer que mi madre fue un ejemplo de la insatisfacción que
esta mentira sembró en el corazón de la mujer. La ideología
comenzó a capturar corazones y mentes. Mi madre mordió
este anzuelo en los tiempos cuando la segunda ola del feminismo alcanzó la República Dominicana y comenzaban
a sentirse sus efectos. Las mujeres fueron engañadas e
inducidas a pensar que ese era el camino del gozo y la
satisfacción.

Pero como todas las ideas tienen consecuencias, y como
siempre que se desvirtúa la verdad todo se desmorona, este
movimiento feminista nos ha llevado más allá de donde tenía
la intención original de llevarnos. Ahora no solo hablamos
de la igualdad de géneros, sino de la inversión de géneros, de
la fluidez de géneros; esto es, que el género de una persona
puede variar a través del tiempo. Una persona puede ser
identificada en algún punto de su vida como varón, en otro
momento como mujer y en otro momento como una combinación de estas identidades. Una identidad de género fluido
puede sentir que es tanto mujer como hombre (su distinción

---

[3] Mary A. Kassian, *The Feminine Mistake* [El error femenino] (Wheaton, IL:
Crossway, 2005), 71.

no tiene nada que ver con sus genitales ni con su orientación sexual). Puede sentir que es mujer un día y varón otro día y manifestarse como tal.

Todas tenemos una cosmovisión de vida. Somos el producto de nuestra teología o cosmovisión. Una vez que nos desviamos de la verdad, las posibilidades son ilimitadas. Las ideas tienen consecuencias y hemos adoptado ideas egoístas, humanistas, abominables, relativistas de la vida, producto de vivir en este mundo caído. Esta es la cosmovisión prevalente en nuestra generación.

Muchas mujeres de esta generación respiran esta ideología como parte de su cotidianidad y la abrazan sin cuestionarla. Las jóvenes que nacieron durante la década de 1980 y en adelante, realmente no conocen otra cosa que lo que se respira en el ambiente cultural. La ideología del feminismo ha echado raíz al punto de estar totalmente integrada al pensamiento colectivo de la sociedad. Como el pez en el agua, nuestras jóvenes no conciben otra forma de vivir. La ideología está incorporada a nuestra «psiquis social colectiva», como bien señala Mary Kassian en su libro *The Feminist Mistake* [El error feminista], donde señala lo siguiente con relación al feminismo:

> *La filosofía del feminismo es parte de un terremoto posmoderno de proporciones sísmicas. El feminismo propone que las mujeres encuentran la felicidad y el significado a través de perseguir la autoridad personal, la autonomía y la libertad. La sociedad fue mayormente sacudida en el periodo comprendido*

entre 1960-90, pero las consecuencias cataclísmicas continuarán produciéndose en las costas de la cultura como un tsunami...[4]

Kassian continúa:

Hasta mediados del siglo pasado, la cultura occidental como un todo abrazaba la perspectiva judeocristiana de los géneros, de la sexualidad, y del propósito y la estructura de la familia. El matrimonio heterosexual, la fidelidad marital, la concepción y el cuidado de los hijos en una familia intacta eran conceptos altamente valorados y la norma práctica de la sociedad. Muchos estaban de acuerdo en que la responsabilidad primaria del varón era la de liderar, proteger y proveer para la familia, mientras la responsabilidad primaria de la mujer era la de nutrir y cuidar a sus hijos y cuidar del hogar. Las diferencias entre varón y mujer eran aceptadas y rara vez cuestionadas. Más aún, tanto para el hombre como para la mujer, el sentido del deber y la responsabilidad hacia la familia era estimado como más importante que la búsqueda de satisfacción personal. Aunque ellos quizás no hubieran podido identificar la fuente de sus valores, los individuos tenían un sentido de lo que significaba ser hombre y mujer, y acerca de cómo se manifiestan estos roles de acuerdo al género y la relación entre ambos.

---

[4] Ibíd., 7.

La velocidad y la magnitud de la fuerza con la que
este entendimiento fue desmontado son asombrosas.[5]

Las consecuencias han sido desgarradoras: altas tasas de divorcio, hogares rotos, aumento en la cohabitación, desvalorización de la dignidad de la mujer, hijos fuera del vínculo matrimonial, familias monoparentales, niños que se crían sin la presencia de los padres en el hogar, aumentos de abortos, pornografía, homosexualidad, aumento en las enfermedades de transmisión sexual, entre otras cosas, que provocan una acelerada desintegración moral y familiar, y confusión de géneros.

Definitivamente, el feminismo no es el único responsable de la condición moral de la sociedad y las familias, pero en el caso específico de la mujer juega un papel crucial en la manera como ella se percibe y se autodefine, de una forma que va en total oposición al diseño de su Creador, así como a la función que Él le otorgó en la creación y en la sociedad, función que la mujer ha abandonado.

Lo más lamentable es que después del paso de estos años vemos más y más mujeres frustradas, cansadas y decepcionadas. Como bien dice Nancy DeMoss Wolgemuth: «La mujer mordió la manzana y se llenó la boca de gusanos».[6] Las promesas ofrecidas por el feminismo nunca se materializaron. La agenda feminista vino como ladrón para matar y destruir (Juan 10:10). Ha dejado una secuela de relaciones disfuncionales, personas confundidas y familias rotas.

---

[5] Ibíd., 8.

[6] Nancy Leigh DeMoss, *Mentiras que las mujeres creen y la verdad que las hace libres* (Grand Rapids, MI: Editorial Portavoz, 2004), 33.

Dios nos creó para Su gloria

Contrario a lo que las diversas filosofías y corrientes del mundo argumentan, fuimos creadas por Dios para Su gloria: *Trae a mis hijos desde lejos y a mis hijas desde los confines de la tierra, a todo el que es llamado por mi nombre y a quien he creado para mi gloria, a quien he formado y a quien he hecho* (Isa. 43:6-7).

Las verdades fundamentales del feminismo y los conceptos que sostiene están en total oposición a la doctrina bíblica ortodoxa. Este punto de vista filosófico propone un rechazo a la doctrina bíblica de Dios como Creador soberano, a los roles de varón y hembra (Gén. 1–2) y a la estructura familiar como Dios la diseñó. Internalizar esta filosofía nos lleva a interpretar el mundo, nuestras circunstancias y nuestras relaciones de forma totalmente distinta de como fueron diseñadas e instituidas por Dios. Dejamos de vivir teocéntricamente para vivir de una forma antropocéntrica: ahora el hombre —o la mujer— es el centro del universo y es capaz de autodefinirse y de vivir como él —o ella— entienda. No hay valores absolutos y cada cual tiene su propia verdad. La meta es la realización personal.

Esta corriente de pensamiento elimina a Dios de la ecuación. Mary Kassian, en el libro que ya mencionamos, cita a Phyllis Trible quien declara:

> Un feminista que ama la Biblia produce, en opinión de muchos, un oxímoron. Quizás sea ingeniosa como retórica, pero la descripción no ofrece ninguna posibilidad de integridad existencial. Después de todo, si ningún hombre puede servir a dos señores, ninguna

*mujer puede servir a dos autoridades, una autoridad
llamada Escritura y una amante llamada feminismo.*[7]

Lamentablemente, este cáncer no solo ha afectado a la
cultura en general. Nosotras las mujeres somos parte de esa
cultura y adquirimos como por ósmosis la filosofía reinante,
en especial esta del feminismo, y esto lo vemos en los estilos
de vida, prioridades y decisiones de las mujeres que alegan
haber abrazado el cristianismo bíblico.

La vida cristiana práctica se rige por el principio que
afirma que cuando la revelación de Dios se recibe por fe,
nuestra respuesta consecuente o lógica es vivir para la
gloria de Dios. Pero *el pueblo de Dios es destruido por falta
de conocimiento*, dice Dios a través del profeta Oseas (4:6).
Muchas mujeres que confiesan a Cristo como su Señor
y Salvador no están viviendo para Su gloria, ya que han
desestimado su rol y su diseño dado por Dios para adoptar
las formas y costumbres de la cultura y abrazar los ídolos
culturales de nuestros días (el poder, el dinero, la ambición,
la independencia, la realización personal, libertad sexual,
etc.).

Es imprescindible que escudriñemos la Palabra de Dios
para que nuestras mentes sean transformadas y renovadas.
La sana doctrina no está centrada en el hombre, sino en Dios.
Esta incluye implicaciones cotidianas para la vida diaria. Seremos mujeres auténticas en la medida en que nos alineemos
con la Palabra de Dios.

---

[7] Ibíd., 129.

Joel Beeke, en su libro *Living for God's Glory* [Viviendo para la gloria de Dios], afirma que: «El deseo de glorificar a Dios reemplaza aun el deseo de la salvación personal en la persona genuinamente piadosa. Fuimos creados para que Dios fuese glorificado en nosotros, y la persona regenerada anhela vivir este propósito [...] La preocupación más profunda de un hombre piadoso es Dios mismo y las cosas de Dios —la Palabra de Dios, la autoridad de Dios, el evangelio de Dios, la verdad de Dios—».[8]

Como mujeres redimidas debemos anhelar ilustrar o modelar con nuestras vidas lo que significa vivir para la gloria de Dios. Pero las verdades escriturales solo pueden ser espiritualmente discernidas (1 Cor. 2:14) y esta manera de vivir solo puede ser abrazada por una mujer que ha creído en Cristo como su Señor y Salvador, y que se rindió ante la autoridad de la Palabra de Dios y está llena de Su Espíritu. Necesitamos un trasplante de corazón.

La Palabra dice que si Dios no abre nuestros ojos no podremos ver Su gloria, mucho menos vivir para Su gloria. Dios abrió un camino para que la luz brille en las tinieblas. Esa luz es Jesucristo.

¿Qué es el evangelio?

Nuestra mayor necesidad no es temporal; no es un cambio en nuestras circunstancias, no es ser felices ni satisfacer nuestros deseos. Nuestra necesidad más grande es ser perdonadas. El evangelio es «buenas nuevas» porque resuelve el

---

[8] Joel R. Beeke, *Living for God's Glory* [Viviendo para la gloria de Dios] (Lake Mary, FL: Reformation Trust, 2008), 174.

problema más grande de nuestras vidas y es que le dimos la espalda a Dios y necesitamos ser reconciliadas con Él. Dios es santo y justo, y nosotras somos pecadoras. La Palabra de Dios dice que *no hay justo, ni aun uno; no hay quien entienda, no hay quien busque a Dios; todos se han desviado, a una se hicieron inútiles; no hay quien haga lo bueno, no hay ni siquiera uno [...] por cuanto todos pecaron y no alcanzan la gloria de Dios* (Rom. 3:10-12,23).

Al final de nuestras vidas todas compareceremos delante de un Dios santo y seremos juzgadas. Dice la Palabra de Dios que todas merecemos justicia —merecemos la muerte— (Rom. 6:23). Pero Cristo, quien vivió una vida de perfecta justicia y de perfecta obediencia a Dios, nos ha imputado Su santidad a través de Su sacrificio. Cuando murió en la cruz por nuestros pecados, Él pagó nuestra deuda y nos justificó delante de Dios: *Pero Dios demuestra su amor para con nosotros, en que siendo aún pecadores, Cristo murió por nosotros* (Rom. 5:8). Recibimos salvación y vida eterna a través de la fe en el sacrificio de Cristo Jesús a nuestro favor (Rom. 10:9-10).

No hay mensaje más importante y más liberador que el del evangelio. No se trata simplemente de «tener una relación con Dios» o de «encontrar el propósito de tu vida». Si bien esto es parte, tales cosas no son el corazón del evangelio. El evangelio es poder de Dios para salvación para el que cree (Rom. 1:16). Él pagó la deuda que nosotras no podíamos pagar para que podamos vivir la vida que no merecemos. *Al que no conoció pecado, le hizo pecado por nosotros, para que fuéramos hechos justicia de Dios en Él* (2 Cor. 5:21). Ahora nuestro anhelo y ofrenda de gratitud es vivir para Él y para la gloria de Su nombre: *Y por todos murió, para que los que viven, ya no vivan para sí, sino para aquel que murió y resucitó por ellos* (2 Cor. 5:15).

Proyectando una visión bíblica de la feminidad

Y entonces, ¿cómo luce una mujer verdadera de acuerdo con Dios? Una mujer verdadera es una cuyo carácter redimido está siendo moldeado por la Palabra de Dios. Ella es un reflejo de Su gloria.[9] Es una mujer que ama a Jesús por sobre todas las cosas, y ha desarrollado convicciones bíblicas para cada aspecto de su vida, aprendiendo a traer todo pensamiento cautivo a la obediencia de Cristo (2 Cor. 10:5). Es una mujer que no se amolda a la cultura, sino que desea impactarla con su testimonio de fe. Es una mujer que anhela dejar un legado piadoso para las próximas generaciones. Solo Jesús nos capacita para ser mujeres auténticas, y seremos mujeres auténticas en la medida en que nos alineemos con la Palabra de Dios.

Necesitamos proyectar una visión para que las futuras generaciones aprendan a discernir las mentiras y abran los ojos de su corazón a la hermosura de su diseño, que está en peligro de extinción, aun en la iglesia.

Es en la oscuridad que Su luz brilla más. La liberación de la mujer dejó una estela de mujeres insatisfechas, amargadas, cansadas y solas. Muchas de ellas buscan respuestas y soluciones. En última instancia, su anhelo solo puede ser satisfecho con un cambio de corazón (Ezeq. 36:26), abrazando el evangelio de Jesucristo y conociendo y abrazando una visión bíblica de la familia, de la masculinidad y de la feminidad.

---

[9] Nancy Leigh DeMoss, ed., *Atrévete a ser una mujer conforme al plan de Dios* (Grand Rapids, MI: Editorial Portavoz, 2010), 19.

Un llamado a la mujer cristiana de hoy

Cada una de nosotras existe para un solo propósito: traer gloria a Dios. Fuimos creadas por Él y para Él. Sin embargo, hay una batalla dentro y fuera de nuestro corazón. Hay una lucha, hay un enemigo que quiere destruirnos con sus mentiras. Nuestra vida misma depende de si seguimos la VERDAD.

La meta del apóstol Pablo era que la gloria de Cristo fuese valorada en el mundo entero por sobre toda otra cosa creada. Nuestro anhelo como Sus hijas redimidas debe ser el anhelo del apóstol Pablo; que Él obtenga toda la gloria debida a Su nombre (Rom. 16:27). Nuestro anhelo debe ser que Sus virtudes sean vistas como gloriosas sobre toda idea, concepto, posesión, persona, filosofía, cultura o corriente de pensamiento.

No todo está perdido. Servimos a un Dios que está redimiendo todas las cosas y Él nos capacita a través de Su Espíritu para vivir de una forma que traiga gloria a Su nombre, que apunte al evangelio de Cristo. Ese mismo poder nos equipa y nos envía a enseñar a otras mujeres el camino de Su verdad (Tito 2:3-5).

El mundo y las familias de hoy necesitan más mujeres de valentía, de fe, de visión y de acción; Déboras que se levanten para desafiar y retar a la cultura modelando y viviendo los principios de la Palabra de Dios; mujeres que ayuden a restaurar los muros de las familias por medio de vidas rendidas y de testimonios que glorifiquen a su Creador.

Y Dios está llamando a las mujeres a volver a las sendas antiguas: *Paraos en los caminos y mirad, y preguntad por los senderos antiguos cuál es el buen camino, y andad por él;* **y hallaréis**

descanso para vuestras almas (Jer. 6:16, énfasis añadido). Debemos dolernos por el estado en que está la mujer alrededor del mundo; y aun en nuestras mismas iglesias. Debemos pedirle a Dios que nos dé la compasión necesaria que nos lleve a la acción. Él dejó Sus instrucciones para nosotras en la Palabra acerca de cómo hemos de vivir. Como Sus hijas estamos llamadas a tener un efecto preservador en la sociedad y a manifestar Su reino aquí en la Tierra.

A diferencia de otras revoluciones, esta no va a requerir que marchemos por las calles, enviemos cartas al Congreso de la nación, o cosas por el estilo. Requerirá que nos humillemos, que seamos instruidas, que afirmemos y vivamos el patrón bíblico de la feminidad bíblica y que enseñemos los caminos de Dios a la próxima generación. Tendrá lugar primeramente desde nuestras rodillas.[10]

La única forma de hacerlo es obteniendo una visión grandiosa de la gloria de Jesucristo y siendo empoderadas por el poder de Su Espíritu para lograrlo. Oremos que Dios levante un ejército de mujeres dispuestas a vivir contraculturalmente para resistir las mentiras del enemigo, fortalecidas con todo poder según la potencia de Su gloria, para que podamos perseverar de manera paciente y con gozo en medio de esta generación en la que nos ha tocado vivir (Col. 1:10-11).

Cuando oramos que nuestras vidas lo glorifiquen, lo que realmente estamos orando es que nuestro «yo» sea humillado porque no es posible mostrar el poder, la gloria y la hermosura de Dios y al mismo tiempo glorificarnos o auto-

---

[10] Ibíd.

definirnos a nosotras mismas. Debemos estar dispuestas y preparadas para perder nuestras vidas a fin de ganar a Cristo, sin preocuparnos de perder otras cosas que atesoramos o ambicionamos.

Dios tiene un plan: reconciliar todas las cosas con Cristo. Hay murallas que reconstruir; verdades que vivir; mentiras que exponer; mujeres que discipular; verdades que proclamar; y todas nosotras estamos llamadas a unirnos en esta causa, como un solo cuerpo. Tú juegas una parte en ese plan, en esa historia que Él está escribiendo.

Señor, levanta nuestros ojos de nuestros pequeños reinos, anhelos, ambiciones, vidas y filosofías egoístas, y ayúdanos a abrazar la gloria que nos ha de ser revelada. Enséñanos que solo a través de nuestra debilidad seremos fuertes, que el camino hacia ti es el camino de la humildad y la rendición a ti y Tus propósitos, y que es cuando perdemos nuestra vida por Ti cuando realmente la ganamos.

Oramos que un gran ejército de mujeres se una al movimiento y sean motivadas a vivir para Su gloria; mujeres que anuncien el evangelio con sus labios y con sus vidas, que hagan discípulos, que sirvan a Dios con fervor y entrega; mujeres cuya fortaleza está en Dios, que infundan a sus familias, iglesias y comunidades la fragancia de Cristo, para la fama y gloria de Su gran nombre.

Y a toda cosa creada que está en el cielo, sobre la tierra, debajo de la tierra y en el mar, y a todas las co-

sas que en ellos hay, oí decir: al que está sentado en el trono, y al Cordero, sea la alabanza, la honra, la gloria y el dominio por los siglos de los siglos (Apoc. 5:13).

¿Te unirás a este ejército?

|||||||||||||||||||||||||||||||||||||||||||||||||||||||||||||||||||||||||||||||||||||||||||||||||||||||||

Evalúate:

1. ¿Conoces a Jesucristo como tu Señor y Salvador? ¿Has rendido tu vida a Su Señorío?

2. ¿Es tu objetivo defender tus derechos y vivir para autosatisfacerte o vivir para Su gloria?

3. ¿Cuáles mentiras del mundo has abrazado que te impiden vivir para Su gloria?

4. ¿Qué principios o verdades necesitas abrazar para poder vivir para la gloria de Dios? ¿Qué áreas de tu vida necesitas rendir?

CAPÍTULO 2

La mujer en la creación

POR PATRICIA DE SALADÍN

Y dijo Dios: Hagamos al hombre a nuestra imagen, conforme a nuestra semejanza [...] Creó, pues, Dios al hombre a imagen suya, a imagen de Dios lo creó; varón y hembra los creó (Gén. 1:26-27).

Las personas que hemos vivido la transición del siglo xx al xxi fuimos testigos de una revolución tecnológica. Las computadoras, los teléfonos inteligentes y todos los dispositivos digitales convirtieron este tiempo en la era de la información. Si cuentas con uno de estos aparatos puedes decir que tienes «información a la mano». Lo que sea que se te ocurra investigar está a un «clic» de distancia. Como dice el profeta Daniel en su libro, hablando del tiempo del fin: *Muchos correrán de aquí para allá, y el conocimiento aumentará* (12:4).

¡Qué buena descripción de cómo lucen nuestras vidas! No obstante, si me pidieran que describa con una palabra la época que nos ha tocado vivir, creo que escogería la palabra CONFUSIÓN. Al estar expuestas a tanta información, le hemos dado oído a muchas voces, y a pesar de tener mucho conocimiento, el resultado ha sido más confusión. Toda esta información no nos ha acercado a Dios y a Su Palabra, sino que hemos escogido alejarnos de Él y de Su revelación. Pretendiendo ser sabias nos hicimos necias, y cambiamos la verdad de Dios por la mentira, honrando y dando culto a las criaturas antes que al Creador (Rom. 1:22-23).

Esta confusión es muy evidente entre las mujeres. Podemos verla manifestada en mujeres descontentas, desanimadas, deprimidas, desencantadas, desorientadas y, en muchas ocasiones, desesperadas. La gran mayoría corre de aquí para allá, con mucha información y conocimiento, pero sin saber responder preguntas tan básicas como: ¿de dónde vengo? ¿Quién soy? ¿Hacia dónde voy? Y a esto se le suma que todas las respuestas que pudieran intentar dar a esas preguntas se encuentran centradas en una cosmovisión egoísta: yo.

Las respuestas a esas preguntas pueden hacer la diferencia entre la vida y la muerte, la bendición y la maldición. La incapacidad de responderlas nos lleva invariablemente a distorsiones en áreas vitales de la vida diaria, que es precisamente de lo que estamos siendo testigos en esta generación. No tener las respuestas a preguntas clave como: ¿Qué significa ser mujer? ¿qué significa estar casada o ser soltera? ¿Qué significa ser madre, abuela, hermana, amiga? ¿Cómo me conduzco en las distintas esferas de la vida?, ha traído como resultado gran parte de la disfunción que vemos a nuestro alrededor. De manera que una mujer confundida no solo tiene repercusiones sobre su propia vida, sino también sobre su familia, la sociedad y la cultura.

Susan Hunt, citando a Alexis de Tocqueville y a John Angell James, deja bien claro la importancia de la mujer en la vida de una nación:

Pero mientras leo, veo y escucho, me pregunto si no se habrá perdido algo esencial y fundamental de la cultura. El filósofo francés Alexis de Tocqueville descubrió este ingrediente secreto cuando viajó a través de Estados Unidos de América en 1831 [...] escribió lo siguiente en su libro Democracy in America [Democracia en Estados Unidos de América]: «Ninguna comunidad libre jamás existió sin moral y [...] la moral es el trabajo de la mujer. En consecuencia, cualquier cosa que afecte a la mujer, sus opiniones, tiene una gran importancia política en mis ojos».[11]

John Angell James, predicador del siglo xix también estaba apercibido de la posición de la mujer como corazón de la cultura:

La mayor influencia sobre la Tierra, para bien o para mal la posee la mujer. Estudiemos la historia de las edades pasadas, la época del barbarismo y de la civilización, del este y del oeste, del paganismo y el cristianismo, de la antigüedad y de la Edad Media, de los tiempos medievales y modernos; y encontraremos que nada separa tan claramente estas épocas como la condición de la mujer.[12]

---

[11] Hunt, *The True Woman*, 21.
[12] Ibíd.

El hecho de que toda esta confusión sea una realidad entre las mujeres en general no debe extrañarnos, pero el que se encuentre dentro de la iglesia debe preocuparnos y llevarnos a hacer algo al respecto en la generación que nos ha tocado vivir, para poder dejar un legado y afectar no solo nuestra época, sino también a las próximas generaciones.

Testimonio personal

Permíteme contarte un poco de mi historia. Nací dentro de una familia católica romana y soy la mayor de cinco hermanos. Durante mi infancia crecí en medio de cierta instrucción religiosa. Sabía que la Biblia era considerada la Palabra de Dios (aunque nunca la leía), conocía la historia de Adán y Eva, veía películas de la pasión de Cristo durante la Semana Santa, junto a mucha otra información de índole espiritual o religiosa, pero nunca me detuve a pensar si toda esa información era cierta o no. Creía que había un Dios, un cielo y un infierno. Estaba segura de que iría al cielo por ser una buena niña, así que, si la historia era verdadera o no, entendía que no hacía una diferencia y no tenía repercusiones sobre mi vida. Así llegué a la edad adulta; a los 19 años me casé y al poco tiempo mi esposo y yo conocimos al Señor Jesucristo como Dios, Señor y Salvador de nuestras vidas. Esto produjo un cambio de 180 grados en todo nuestro mundo.

La Biblia pasó a ser el Libro y nuestra regla de fe y práctica. De repente, sus páginas eran la carta personal de Dios para nosotros y necesitábamos saber qué decía Él. En nuestros primeros años como creyentes abrazamos de corazón que toda la Escritura es inspirada por Dios y útil (2 Tim. 3:16) y, como consecuencia, todo lo que dice es verdad relevante para nuestra vida aquí y ahora y para la eternidad.

El relato de la creación en seis días, la creación del primer hombre y la primera mujer, todo esto tomó una nueva perspectiva sabiendo que es la Palabra de Dios. Como dice el Libro de Hebreos 11:3-5, por la fe entendemos que lo que se ve fue hecho de lo que no se ve. *En el principio creó Dios los cielos y la tierra* (Gén. 1:1); con solo pronunciar palabra hizo el mundo y todo lo que en él hay, a través del mandato de Su voz. Sus héroes, sus promesas, sus personajes, sus historias... toda ella es relevante y preciosa.

Fue así como la historia de Adán y Eva y la caída del hombre pasaron de ser un mito a convertirse en una verdad. Hoy entiendo por qué hay un énfasis tan marcado en decir que toda esta historia no es real, aun entre personas denominadas cristianas. Pero si no creemos lo que Dios dejó establecido como los orígenes del mundo, no solo perdemos respuestas cruciales a preguntas sobre nuestra existencia (quién soy, de dónde vengo, y hacia dónde voy), sino que quedamos en el vacío, y nuestra fe tendría su base en una historia que es una mentira.

El relato del Génesis tiene grandes implicaciones en la definición de género, roles, la relación de Dios con el hombre, del hombre con el hombre, el evangelio, el pecado, la comunicación, el matrimonio, las relaciones sexuales, etc., pero para los fines de este capítulo, hablaremos del concepto de feminidad bíblica y, más específicamente, vamos a buscar respuestas a nuestras interrogantes, en especial, qué significa ser mujer según la mente y el diseño de Dios.

Por haber nacido en la segunda mitad del siglo xx, conocía, aunque no de manera completa o perfecta, lo que significaba ser hombre y ser mujer y lo que se esperaba a grandes rasgos de los roles de cada uno. A pesar de ser esposa de pastor, mi comprensión de estas verdades era incompleta. Aun sin saberlo, mi identidad venía de ser esposa y madre. La definición de mi propósito en la vida estaba basada en mis roles, no en mi identidad como hija de Dios. Mi ministerio era ser ayuda de mi esposo y ocuparme de las tareas del hogar y de mis hijos. Así resumiría lo que entendía del concepto de feminidad bíblica en mis primeros años de cristiana.

Los años pasaron y gracias a la bondad y la paciencia de Dios, con la madurez tanto física como espiritual fuimos creciendo en nuestra fe. Y fue así, en el tiempo en que Dios consideró oportuno, que Él proyectó mucha más luz sobre esa historia del Génesis. El Señor usó a hombres y a mujeres piadosos como Nancy DeMoss Wolgemuth, Susan Hunt, John Piper, Mary Kassian y otros quienes a través de sus libros, estudios, conferencias, como la conferencia True Woman 2008 [Mujer verdadera 2008] y las subsiguientes, fueron transformando mi vida. Pero, sobre todo, Dios a través de Su Palabra fue mostrándome la belleza de Su diseño, y muchas de las repercusiones que esto tenía sobre mi vida y las vidas no solo de mis hijas y nietas, sino de tantas mujeres que viven ignorando estas verdades, presas del engaño del maligno, confundidas. Esta ignorancia, confusión o engaño afectó a la mujer, la familia, la iglesia, la sociedad y la cultura como un todo.

Así comenzó mi anhelo no solo de conocer más sobre este tema sino también de proclamar esta verdad gloriosa para que muchas mujeres pudieran abrazar con gozo y libertad el plan maestro y el diseño de Dios para sus vidas como mujeres. Si hoy hiciéramos una encuesta para conocer lo que piensan las mujeres y aclarar la confusión reinante o llegar a un consenso, tendríamos tantas opiniones como personas encuestadas. Por eso, para hablar de este tema y no entrar en el relativismo imperante quiero que vayamos a la Verdad absoluta, a la Escritura. En las primeras páginas de la Biblia encontramos la historia que estuvimos mencionando, la historia de los orígenes del mundo y su creación, y la historia de nuestros primeros padres, Adán y Eva. Sé que es una historia familiar para la mayoría de nosotras. No en vano la Biblia es el libro más leído de todos los tiempos. Hemos oído ese relato de una forma u otra, ya sea como un mito, un cuento, en clase de religión, en la iglesia o en diferentes contextos y ambientes.

Tal vez pienses que es una historia demasiado antigua, ¿cómo puede una persona en el siglo XXI estar hablando de Adán y Eva? Así pensaba yo, pero quiero invitarte a que dejes a un lado los prejuicios y busquemos juntas lo que esa historia puede decirnos al día de hoy. No me refiero a si conoces o no el relato, sino a qué es lo que tú crees acerca de esta historia.

Es mi deseo y mi oración que mientras lees toda esta información puedas ir escudriñando tu corazón y poniendo lo que has creído frente a lo que Dios dice y que puedas rendirte a Su Palabra y abrazar tu diseño divino.

El Diseñador y Su diseño

Todo comienza con Dios. «En el principio Dios...». Él es la fuente y el origen de todo. En Él vivimos, nos movemos y existimos (Hech. 17:28). Todo lo que vemos vino a la existencia por ese Dios a quien no vemos y por el poder de Su Palabra. En Génesis 1:26-27 leemos:

> Y dijo Dios: Hagamos al hombre a nuestra imagen, conforme a nuestra semejanza [...] creó, pues, Dios al hombre a imagen suya, a **imagen de Dios** lo creó; **varón y hembra** los creó (énfasis añadido).

Él nos hizo varón y hembra, y a Su imagen, con el propósito de que mostráramos esa imagen, cada uno, según su diseño particular: el hombre como hombre y la mujer como mujer.

Él pudo haber hecho referencia a muchos otros aspectos que hablaran de la semejanza de estas criaturas a su Creador, pero en ese versículo se limita a decir que los hizo varón y hembra.

Iguales en valor y dignidad delante de Él. Esto es lo que hace al hombre y a la mujer especiales sobre todo lo creado. *Nuestra dignidad y valor se encuentran en ser creados a imagen de Dios.* Este es nuestro punto de partida: *Ambos, el hombre y la mujer, fuimos diseñados por Dios, para reflejar Su imagen a través de nuestras diferencias particulares y nuestras identidades individuales como hombre y mujer.*

Ya que Dios es nuestro Creador, Su Palabra nuestra autoridad y nuestro propósito es reflejar Su imagen, a Él y solo a Él debemos hacerle las preguntas: ¿Quién soy? ¿Cuál es mi diseño? ¿Bajo qué autoridad debo funcionar? ¿Para qué me hiciste?

En Génesis 1 Dios nos dio una visión muy general, pero en Génesis 2 Él se toma la molestia de que podamos ver con más detalle esta impresionante creación.

Entonces el Señor Dios formó al hombre del polvo de la tierra, y sopló en su nariz el aliento de vida; y fue el hombre un ser viviente. Y plantó el Señor Dios un huerto hacia el oriente, en Edén; y puso allí al hombre que había formado (Gén. 2:7-8).

Adán fue formado primero, en señal de autoridad y se le dio dominio. Dios lo formó artísticamente del polvo de la tierra, sopló sobre él Su propio aliento, y lo colocó en el precioso huerto que había creado para él. Le dio las instrucciones de cómo cuidarlo y también de cómo conducirse en su nuevo hogar.

Imaginemos la escena de Dios formando al hombre. Cuando Él creó al varón, lo creó con todos los detalles que iban de acuerdo al diseño que tenía en mente... « Cuando todavía no existía el varón ni la mujer, Dios tenía un plan. Él escribió la historia. Conocía el final. Y, cuidadosamente, formó al varón y a la mujer para manifestar la gloria de esta historia espectacular».[13]

Entonces el Señor Dios tomó al hombre y lo puso en el huerto del Edén, para que lo cultivara y lo cuida-

---

[13] Ibíd., 101, 52.

ra. *Y ordenó el Señor Dios al hombre, diciendo: De todo árbol del huerto podrás comer, pero del árbol del conocimiento del bien y del mal no comerás, porque el día que de él comas, ciertamente morirás.* (Le dio las instrucciones morales que debían regir la vida en el huerto). *Y el Señor Dios dijo: No es bueno que el hombre esté solo; le haré una ayuda idónea. Y el Señor Dios formó de la tierra todo animal del campo y toda ave del cielo, y los trajo al hombre para ver cómo los llamaría; y como el hombre llamó a cada ser viviente, ése fue su nombre. Y el hombre puso nombre a todo ganado y a las aves del cielo y a toda bestia del campo, mas para Adán no se encontró una ayuda que fuera idónea para él. Entonces el Señor Dios hizo caer un sueño profundo sobre el hombre, y éste se durmió; y Dios tomó una de sus costillas, y cerró la carne en ese lugar. Y de la costilla que el Señor Dios había tomado del hombre, formó una mujer y la trajo al hombre. Y el hombre dijo: Esta es ahora hueso de mis huesos, y carne de mi carne; ella será llamada mujer, porque del hombre fue tomada* (Gén. 2:15-24).

Es interesante notar que es Dios quien dice que la soledad no es buena para el hombre y hace que Adán ponga nombre a todos los animales del huerto, para mostrarle así su soledad. Cada animal tenía su pareja, mas para él no se halló compañera. Una igual en valor y dignidad, pero diferente. Y es así, como cuando todo estuvo listo, Dios lo hace caer en un sueño profundo, y de él mismo, de Adán, de su costado, ahora forma lo que Él llamó mujer o varona, porque del varón fue tomada. Cuando Adán despierta, se encuentra con este increíble regalo de Dios y pronuncia el primer poema de la Escritura: *Esta es ahora huesos de mis huesos y carne de mi carne [...]*.

En ese contexto perfecto, Dios declara antes de crear a Eva que Él la haría *para* Adán, y la haría una *ayuda idónea.* Cada una de estas escenas y cada una de esas palabras tienen repercusiones.

Quizás te preguntes, ¿por qué todo este preámbulo? ¿Por qué no ir directo a la parte que nos atañe como mujeres? Creo que es vital entender la Escritura como un todo, y en este caso todo este orden de creación nos ayuda a tener el cuadro completo de cómo eran las cosas cuando la primera mujer fue creada y entró en escena, y cómo eran las cosas antes de la entrada del pecado en el mundo. Solo entonces podremos ubicarnos nosotras mismas y a través de esta historia ver dónde y cómo fuimos creadas y cómo era nuestro diseño original.

Dios dejó establecido un orden, Adán fue creado primero y estuvo primero en el huerto, estaba solo y era la autoridad. Cuando Eva fue creada, debía funcionar bajo la autoridad de su esposo, siendo creativa y libre, igual en valor y dignidad como persona, pero con funciones y roles diferentes. La descripción de su puesto era clara, Dios dijo: *No es bueno que el hombre esté solo, le haré* ayuda idónea.

Y no es hasta el v. 21 que el Señor Dios comienza el proceso de crear a la mujer. Adán había sido formado del polvo de la tierra y colocado en el huerto; se le habían dado instrucciones, había nombrado a todos los animales en pareja y es entonces que Él le trae de su propio cuerpo la cosa más hermosa que Adán había visto: una mujer, su mujer.

Ahora, por un momento quisiera que tú y yo usemos nuestra imaginación y nos pongamos en el lugar de Eva. Abres los ojos, Dios te acaba de crear del costado de este hombre que encontraste en el huerto, en este lugar paradisíaco, perfecto. Una historia de amor perfecta. Y este hombre, líder, siervo, amante, protector y proveedor te dice: *Fuiste creada para terminar con mi soledad y ser mi ayuda idónea.* ¡No se hallaba completo sin ella! ¡Vaya! Una mujer sin pecado, estaba feliz con todo esto:

— Fui creada a imagen de Dios.

— Fui creada para este hombre.

— Fui creada bajo su autoridad.

— Fui creada para complementar.

— Adán le dio las instrucciones detalladas de la vida en el huerto.

Cuando la primera esposa fue presentada a su marido, seguramente su corazón estaría rebosando de gozo por haber sido creada para él. No podría haberse sentido más satisfecha, porque estaba cumpliendo el propósito por el cual había sido diseñada. Había sido hecha del varón, para el varón y dada como un regalo al varón.[14]

---

[14] Ibíd., 81.

La palabra hebrea que se utiliza cuando Adán dice: esta es ahora hueso de mis huesos y carne de mi carne, será llamada mujer o varona, es *Ishsha* que habla de suavidad y fortaleza, fuerte y delicada a la vez.

Ese hermoso regalo de Dios fue un ser altamente relacional, igual a él y venía para complementarlo, para ser su compañera en el huerto.

Ahora, en el huerto, en esta primera relación entre iguales, se veía claro que había una autoridad, que había una sumisión implícita y también que era una relación de ayuda y complemento.

Vamos a explicar qué significan estos términos en su esencia original. Porque, parte de la confusión y el desprecio que la mujer siente por su diseño, es que estas palabras no llevan hoy el significado que originalmente tuvieron en la mente de Dios.

Autoridad / Sumisión

En Adán y Eva tenemos dos seres humanos que se complementaban: un hombre líder, protector y siervo, y una mujer ayuda idónea sujeta a ese liderazgo. Dios diseñó una unidad preciosa y complementaria entre el hombre y la mujer para que funcionaran en armonía. El huerto era un lugar de felicidad. Ambos desempeñaban sus roles con alegría y en plena comunión con su Creador.

Pero en este punto surge la pregunta sobre esa relación de autoridad / sumisión ¿Cómo luce esto? ¿Qué implica esa autoridad? ¿Qué es la sumisión? ¿Cuándo surge el término sumisión? ¿Con la creación? ¿Con el matrimonio? Cuando asisto a conferencias de mujeres y hago esta pregunta muchas de ellas piensan que fue el resultado de la caída.

Quizás te sorprenda que el concepto de sumisión en sí no comenzó con la creación. Para que haya orden, debe haber una autoridad. Dios es nuestra autoridad suprema, y como un Dios de orden, Él estableció que las cosas en Su creación se lleven a cabo bajo parámetros específicos. En el huerto del Edén, Dios, como autoridad suprema de todo lo que existe, designó a Adán como autoridad en el huerto, él respondía directamente a Dios, y Eva llegó a estar bajo la autoridad de Adán. Pero este concepto va más allá del tiempo porque se halla en la esencia de Dios mismo.

Nosotras creemos en un Dios Trino: Padre, Hijo, Espíritu Santo, que interrelacionan de manera perfecta y armoniosa. El Hijo está sujeto eternamente al Padre, de manera voluntaria. El Padre fue el autor del plan de redención, el Hijo lo llevó a cabo y el Espíritu Santo es quien lo aplica.

Así como el Padre y el Hijo son iguales en cuanto a Deidad y en todos sus atributos, pero distintos en cuanto a sus roles, así el hombre y la mujer son iguales en cuanto a sus personas y su valor, pero son distintos en los roles que Dios les ha asignado. Así como Dios el Hijo está eternamente sujeto a la autoridad de Dios el Padre, así planeó Dios que las esposas estén sujetas a la autoridad de sus esposos...

Nosotros podemos aprender de esta relación entre los miembros de la Trinidad, que la sumisión hacia una autoridad legítima es una virtud noble. Es un

privilegio. Es algo bueno y deseable. Es la virtud que
ha sido demostrada por el eterno Hijo de Dios.[15]

Cuando leemos las declaraciones de Cristo: *[Vine]... no para*
hacer mi voluntad sino la voluntad del que me envió (Juan 6:38,
énfasis añadido), o no se haga mi voluntad, sino la tuya
(Luc. 22:42), o me deleito en hacer tu voluntad (Sal. 40:8), o
más aún, [mi vida] nadie me la quita, sino que yo la doy de mi
propia voluntad (Juan 10:18), tenemos que reconocer que no
se trata de otra cosa sino de sumisión a la voluntad del Padre.

Entonces podríamos decir que, en la creación, al estampar
Su imagen en nosotras, Dios le dio a la mujer el gran privilegio de reflejar una sumisión que se halla en la relación trini-
taria, pero más específicamente, Dios le concedió el privilegio
de reflejar a Cristo y Su sumisión al Padre.

La Biblia enseña que todos estamos bajo alguna autoridad.
Pero en el caso de la mujer esa sujeción viene primero en el
contexto de su hogar paterno, donde nace, y debe estar sujeta
a sus padres y luego, si Dios le concede casarse, entonces Él
le brinda la preciosa oportunidad de mostrar la relación de
Cristo y Su iglesia en su relación con su esposo, estando sujeta al Él, así como la iglesia está sujeta a Cristo.

Volviendo a Eva, antes de que el pecado entrara en el
mundo, ella podía reflejar de manera perfecta, mediante su
sumisión a Adán, la imagen de Cristo en Su sumisión al Padre
y la imagen de la Iglesia sujeta a Cristo.

---

[15] Wayne Grudem, «The Key Issues in the Manhood-Womanhood Controversy
and the Way Forward» [Los temas clave de la controversia masculinidad-femini
dad y el camino a seguir] (Wheaton, IL: Crossway, 2002), 19-71.

Como dice el pastor John Piper citado en el libro *Mujer Verdadera 101*:

> *La esencia de la feminidad madura es la libre disposición a afirmar, recibir y sustentar la fortaleza, el liderazgo de hombres respetables de manera congruente a las diferentes relaciones de una mujer.*[16]

El otro aspecto que queda claramente expresado como parte del diseño de Dios es que nos hizo **ayuda idónea** porque no era buena la soledad del hombre.

En este pasaje la palabra hebrea que se utiliza para describir el término *ayuda idónea* es la palabra *ezer*. En el Antiguo Testamento esta palabra a menudo se usa para referirse a Dios como nuestro Ayudador.

> *Esta nueva creación que el hombre necesita es llamada «ayuda» (ezer). Cualquier sugerencia de que esta palabra en particular denota una que solo tiene un estatus de subordinación o de asociación a otro de más rango es refutada por el hecho de que esa misma palabra se usa para describir la relación de Jehová con Israel. Él es el ayudador de Israel porque Él es el fuerte de Israel.*[17]

---

16 Mary A. Kassian y Nancy Leigh DeMoss, *Mujer Verdadera 101* (Grand Rapids, MI: Editorial Portavoz, 2014), 93.

17 Victor P. Hamilton, *The Book of Genesis, Chapters 1–17* [El libro de Génesis, capítulos 1-17], parte de la serie The New International Commentary on the Old Testament [Nuevo comentario internacional del Antiguo Testamento] (Grand Rapids, MI: Wm. B. Eerdmans, 1990), 175–176.

Susan Hunt en su libro *Women's Ministry in the Local Church*
[El ministerio de la mujer en la iglesia local] provee un listado
de algunos de los versículos que hacen referencia a Dios como
nuestro Ayudador y el significado que conlleva el término:[18]

- **Él defiende:** Éxodo 18:4 «[Moisés]... había dicho: El Dios
  de mi padre fue mi ayuda, y me libró de la espada de
  Faraón».

- **Él mira y acoge al desvalido:** Salmos 10:14 «Tú lo has
  visto; porque has contemplado la malicia y la vejación,
  para hacer justicia con tu mano. A ti se acoge el desvalido; tú has sido amparo del huérfano».

- **Él sostiene:** Salmos 20:2 «Que desde el santuario te en-
  víe ayuda, y desde Sion te sostenga».

- **Él ayuda y protege:** Salmos 33:20 «Nuestra alma espera
  al Señor; Él es nuestra ayuda y nuestro escudo».

- **Él libera de la angustia:** Salmos 70:5 «Mas yo estoy
  afligido y necesitado; oh Dios, ven pronto a mí. Tú eres
  mi socorro y mi libertador; Señor, no te tardes».

- **Él rescata al pobre, al menesteroso y al débil:**
  Salmos 72:12-14 «Porque él librará al necesitado cuando clame, también al afligido y al que no tiene quien le
  auxilie. Tendrá compasión del pobre y del necesitado,
  y la vida de los necesitados salvará. Rescatará su vida
  de la opresión y de la violencia, y su sangre será preciosa ante sus ojos».

- **Él consuela:** Salmos 86:17 «Porque tú, oh Señor, me has
  ayudado y consolado».

---

[18] J. Ligon Duncan y Susan Hunt, *Women's Ministry in the Local Church* [El ministerio de la mujer en la iglesia local] (Wheaton, IL: Crossway, 2006), 34-35.

El rol de ayuda idónea que tiene la mujer implica fortaleza. Ella está llamada a apoyar el liderazgo del hombre y a facilitarle su funcionamiento en el rol que Dios le asignó. Ella está para defender, apoyar, proteger, socorrer al débil y al necesitado, para consolar. Todas estas palabras se relacionan con la imagen de Dios que la mujer lleva plasmada de una manera especial y femenina.

Nosotras constantemente clamamos a Dios por Su ayuda, por Su socorro, para que sea escudo y defensor nuestro. Y si Dios no se avergüenza de llamarse Ayudador de Su pueblo ¿no deberíamos nosotras llenarnos de gozo al saber que esta característica de Dios fue estampada en nosotras de manera especial en la creación? Llevamos en nosotras Su imagen.

Nacemos con esa imagen, morimos con esa imagen. Por lo tanto, debemos desechar la idea de que solo somos ayuda idónea si tenemos un esposo. Esa idea está incompleta en su definición. No es consistente con el carácter de Dios. Nuestro Dios, como Creador, no activa un diseño y lo desactiva (en el caso de que se activara con el esposo, y se desactivara si la mujer enviuda o pierde el estatus por cualquier otra circunstancia).

Las mujeres no fuimos creadas en una especie de limbo esperando con los dedos cruzados que llegara aquel que activaría el diseño. Más bien, en el plan eterno de Dios, ese diseño data de antes de la fundación del mundo y se activa cuando nace cada mujer y toma diferentes características a lo largo de la vida de esa mujer según los roles que vaya desempeñado a través de su existencia. No pasa de moda, trasciende las culturas, aplica a todos los niveles socioeconómicos.

Pero el diseño de ser ayuda es extraño en nuestra época y estar bajo autoridad es ofensivo en un mundo caído y relativista.

El problema

El pecado del hombre ha hecho estragos en todas las esferas de la vida, incluyendo nuestras relaciones. Cuando miramos a nuestro alrededor a las relaciones entre hombres y mujeres, nos llenamos de dolor al ver las distorsiones. En el caso específico de los matrimonios, podemos observar los abusos que se llevan a cabo diariamente delante de nuestros ojos. En ocasiones es difícil creer que el llamado a la mujer a someterse a su esposo pudiera venir de parte de Dios, de un Dios bueno y sabio. Ciertamente ninguna de nosotras está casada con Cristo, y por excelente que sea un esposo, nunca va a llenar las expectativas que nosotras como mujeres tenemos porque somos pecadores. Como mujeres cristianas vivimos en una lucha constante, no solo contra nuestro pecado, sino contra el pecado de nuestro cónyuge.

Las historias de abuso contra la mujer, llenan nuestros corazones de dolor y sabemos que muchas mujeres viven presa del temor. Sin embargo, como nuestro Dios conoce nuestra naturaleza y sabe que nos amedrentamos, Él nos llama a hacer el bien sin temer ninguna amenaza (1 Ped. 3:6). El temor nunca debe llevarnos a dudar de la perfecta sabiduría de Dios. Dios conoce nuestra condición, por lo tanto, seguir Sus lineamientos siempre será mejor que guiarnos por nuestros sentimientos. Debemos conocer cuál es Su voluntad en cada situación y para eso muchas veces debemos buscar ayuda espiritual y de las autoridades que correspondan a cada situación. Nuestra experiencia jamás debe llevarnos a poner en tela de juicio el plan perfecto de Dios para el matrimonio. ¿Cómo podemos reconciliar esta realidad del mundo de hoy y del pecado con el plan perfecto de Dios?

Cuando Dios creó a Adán y a Eva, ellos estaban en un estado de perfección. Cada uno cumplía con su rol de manera perfecta. Adán estaba feliz, siendo el responsable primario de su familia, el proveedor. Eva estaba feliz de estar bajo su autoridad y de ser la ayuda perfecta para Adán. Pero todo cambió en el momento que Eva decidió escuchar la voz de otro consejero en el huerto.

La serpiente era el más astuto de todos los animales salvajes que el Señor Dios había hecho. Cierto día le preguntó a la mujer:

—¿De veras Dios les dijo que no deben comer del fruto de ninguno de los árboles del huerto?

—Claro que podemos comer del fruto de los árboles del huerto —contestó la mujer—. Es sólo del fruto del árbol que está en medio del huerto del que no se nos permite comer. Dios dijo: "No deben comerlo, ni siquiera tocarlo; si lo hacen, morirán".

—¡No morirán! —respondió la serpiente a la mujer—. Dios sabe que, en cuanto coman del fruto, se les abrirán los ojos y serán como Dios, con el conocimiento del bien y del mal.

La mujer quedó convencida. Vio que el árbol era hermoso y su fruto parecía delicioso, y quiso la sabiduría que le daría. Así que tomó del fruto y lo comió. Después le dio un poco a su esposo que estaba con ella, y él también comió. En ese momento, se les abrieron los ojos, y de pronto sintieron vergüenza por su desnudez. Entonces cosieron hojas de higuera para cubrirse (Gén. 3:1-7, NTV).

Génesis 3 relata la entrada de un intruso, de un consejero no invitado. El hombre y la mujer, en su libertad de decisión, escogieron desobedecer a Dios. En realidad, la mujer, Eva, esa ayuda idónea que debía estar bajo autoridad, alteró todo el orden de la creación, usurpó el rol que no le correspondía, tomó el asunto en sus manos y le dio oídos a ese consejero, y abierta y deliberadamente, desobedeció la orden explícita de Dios. Invirtió el orden de autoridad, desobedeció y tomó del fruto del árbol que se le había prohibido, y dio a su marido, el cual también comió. Así llegó el día más negro de la historia de la humanidad.

Todo cayó bajo maldición, la raza humana y toda la creación sucumbió bajo los efectos del pecado de nuestros primeros padres, y hoy todo sufrimiento, dolor, enfermedad, tristeza tienen su origen en aquel día.

Puedo imaginarme el horror de Eva. Ella puso a correr una maquinaria terrible de juicio y dolor. Volvamos a ponernos en el lugar de Eva. Qué terrible ver que había tomado una decisión tan trágica. Debe de haberse preguntado una y mil veces:

¿Por qué escuché la voz de la serpiente?

¿Por qué le di lugar en mi corazón?

¿Por qué usurpé el lugar que no me correspondía?

¿Por qué desobedecí la orden expresa de Dios?

Si tuviera la oportunidad de volver atrás la historia...

Y es allí donde se encuentra toda la raza humana. Todo ser humano nace bajo la maldición de aquel pecado de nuestros primeros padres. La Biblia enseña que como el pecado entró en el mundo por un hombre y por el pecado la muerte, así la muerte pasó a todos los hombres por cuanto todos pecaron (Rom. 5:12). Dios nos creó a ti y a mí para que reflejemos Su imagen, vivamos para Él y para Su gloria. Pero la realidad es que el pecado nos apartó tanto de ese Dios que nos creó, que por eso no sabemos quiénes somos, qué significa ser mujer, o ser esposa o madre, hermana, hija, etc.

Es ahí donde nos encontrábamos tú y yo como mujeres, muertas en delitos y pecados, desobedientes, rebeldes, duras y necias de corazón, confundidas. Despreciamos el diseño de Dios, y de ahí en adelante, a nosotras las mujeres nos molesta lo que significa ser ayuda idónea y estar bajo autoridad y en especial bajo la sujeción al marido. Vivimos en una época en la que nadie tiene que decirnos qué debemos hacer, cómo o cuándo debemos hacerlo y mucho menos sujetarnos a ninguna autoridad y en especial a ningún hombre.

El diseño divino no encaja. La mujer detesta que se le diga que tiene que someterse y ayudar. Ella ataca, contradice, compite y se defiende. En medio de nuestra confusión tenemos definiciones equivocadas de los términos que Dios usó en nuestro diseño de creación. Ahora la mujer socava la autoridad en vez de sujetarse a ella. Y busca su satisfacción en cisternas rotas que no retienen agua.

Todo esto que sentimos que combate contra nuestros deseos de agradar a Dios es, en efecto, el resultado de la caída. Hay una rebeldía contra nuestro Diseñador y por ende contra nuestro diseño original.

Pero Dios, que es un Dios misericordioso, omnisciente y soberano, no se sorprendió ante la desobediencia de Sus hijos; ese día, el plan de redención de la humanidad, concebido en la mente eterna de Dios desde antes de la fundación del mundo, también se puso en marcha. Él pudo haber destruido y desechado para siempre a Sus criaturas, pero, aunque a partir de entonces todos nacemos bajo pecado, todos nacemos enemigos de Dios, todos nacemos muertos espiritualmente, en el mismo relato de Génesis 3 tenemos la promesa de un Redentor. Adán y Eva recibieron, y en especial Eva, las tiernas misericordias de Dios. Ese Dios misericordioso y fiel se acuerda de que somos polvo.

Y ahora quizás te estarás preguntando: ¿Cuál es la solución? ¿Cómo puedo conocer más y vivir ese diseño? ¿Cómo vivir de tal manera que agrade a Dios? ¿Qué puedo hacer?

La solución: el evangelio

Esa es la buena noticia después de las malas noticias. Adán y Eva decidieron desobedecer a Dios y se apartaron de Él. Nosotras no podemos resolver este problema. Sin embargo, ahí mismo, en el huerto del Edén, también vemos de una forma maravillosa la misericordia y la gracia de Dios:

Él nos creó.

Nosotros pecamos y nos apartamos de Su cuidado y amor. Él, en Su infinito amor, se acerca a Adán y a Eva, igual que hoy se acerca a nosotras y nos llama por nuestro nombre, **nos enfrenta con nuestro pecado** y nos ofrece nuevas vestiduras de salvación. Para eso vino Cristo, para librarnos de esa esclavitud. Aquel que había engañado a la mujer iba a ser aplastado por la descendencia de esa misma mujer.

Y pondré enemistad entre tú y la mujer, y entre tu simiente y su simiente; él te herirá en la cabeza, y tú lo herirás en el calcañar (Gén. 3:15).

Ahí mismo Dios prometió un Salvador. Uno que vino para deshacer las obras del diablo. Vino para librarnos de la maldición del pecado, que no solo nos incapacita para cumplir con nuestro diseño, sino que nos separa de nuestro Creador.

Por eso es que únicamente la mujer que conoce a Cristo y abraza la verdad y rechaza la mentira, que está siendo transformada por el poder del evangelio, es la que puede cumplir con su diseño. No a la perfección, con pecado remanente, con una gran lucha muchas veces, pero sí con un poder que va más allá de ella misma que la capacita para vivir la vida de fe.

La nueva vida en Cristo nos da la libertad y el poder para vivir conforme a este diseño divino. A través del Espíritu Santo, podemos deleitarnos en las diferencias

entre el hombre y la mujer, vivir de acuerdo a las nor-
mas de la Escritura y permitir que la masculinidad y
la feminidad reciten el magnífico poema de Dios.[19]

Debemos reconocer que somos pecadoras y que fuimos
engañadas, o fuimos rebeldes o estuvimos sinceramente confundidas, porque si confesamos nuestros pecados Él es fiel y
justo para perdonarnos y limpiarnos de nuestra maldad y al
confesarlos y apartarnos alcanzamos misericordia (1 Jn. 1:9;
Prov. 28:13). Entonces el Señor nos perdona y a través de Su
Santo Espíritu nos capacita para ser esas «ayudas idóneas»
para lo cual Él nos creó.

Eva: madre de todos los vivientes

Y el hombre le puso por nombre Eva a su mujer,
porque ella era la madre de todos los vivientes. Y el
Señor Dios hizo vestiduras de piel para Adán y su
mujer, y los vistió (Gén. 3:20-21).

Pero aún hay más en esta porción de la Escritura. Dios sigue
derramando Su gracia y misericordia. Adán vuelve a ponerle
nombre a su mujer y ahora la llama Eva, que significa «dadora de vida».

Dios le concedió a la mujer el gran privilegio de dar vida,
ella es la que tiene la facultad de llevar en su seno una
criatura durante nueve meses para que nazca un nuevo ser

---

[19] Kassian y DeMoss, *Mujer Verdadera 101*, 184.

en el mundo. Pero, como decíamos anteriormente, no solo somos ayuda idónea de un esposo, sino que nuestro diseño es mucho más amplio, nuestro Dios en Su infinita misericordia y en el orden espiritual permite que toda mujer tenga la posibilidad de ser «dadora de vida». No solo la mujer que puede concebir y dar a luz físicamente es dadora de vida. Este no es un regalo solo para unas cuantas, Dios le dio la capacidad de dar vida a toda mujer.

El propósito de Dios es que toda mujer, casada o soltera, fértil o infértil, sea dadora de vida. Sin importar su estado civil, ocupación o edad, el propósito principal de una mujer debe ser glorificar a Dios y extender Su reino al reproducirse y dar fruto espiritual.[20]

En esta nueva etapa, después de haber pecado, después de la promesa de un Salvador, después de haberlos cubierto de vestiduras de pieles, quedando implícito el derramamiento de sangre para cubrir su pecado y su desnudez, Dios le da la promesa gloriosa de ser dadora de vida.

En mi nuevo entendimiento de esta verdad salta a la vista que la mujer, en su diseño original, tiene el gran privilegio de reflejar la imagen de Dios, de una forma distintivamente femenina. El hombre debe reflejar la imagen de Dios como varón y nosotras como mujeres.

Toda esa confusión que no les permite a algunas mujeres responder a preguntas clave queda disipada al conocer a ese

---

[20] Ibíd., 210.

Dios diseñador que nos creó y diseñó tan perfecto plan de redención. ¿Quién soy? Soy mujer, no por casualidad sino por diseño divino. Fui concebida mujer en la mente de Dios desde antes de la fundación del mundo, en un momento en la historia; nací mujer y seré mujer para toda la eternidad. ¿De dónde vengo? Vengo de la mente sabia y creadora de un Dios omnisciente, todopoderoso y soberano que hizo todas las cosas para Su gloria y para mi bien.

¿Hacia dónde voy? Si creí en Cristo, fui adoptada dentro de la familia de Dios y sé que esta vida presente no lo es todo. Hay una vida eterna de plenitud y gozo para todo aquel que cree que Jesucristo es el Hijo de Dios que vino a este mundo, derramó Su sangre preciosa, tomó el lugar de castigo que yo merecía, vivió una vida perfecta, murió y resucitó y ahora está a la diestra de Dios intercediendo por los Suyos. «Yo soy la resurrección y la vida; el que cree en mí, aunque muera, vivirá» (Juan 11:25).

Mi diseño femenino no es asunto de preferencias u opiniones, sino de un Dios creador, perfecto, bueno, que plasmó en mí Su imagen. Eso es grandioso. Esa verdad eleva mi entendimiento de un plano horizontal a uno vertical. Yo tengo una dignidad y un valor como mujer que nada ni nadie puede robarme o cambiar, porque viene de Dios mismo. Esa es mi misma esencia, sin importar mis circunstancias o la etapa de la vida en que estoy. Soy hija de Dios. Cuando nuestras almas están ancladas a esa verdad, no hay cantos de sirenas ni opiniones humanas que puedan alterar tan gloriosa declaración: *[...] y conoceréis la verdad, y la verdad os hará libres* (Juan 8:32).

||||||||||||||||||||||||||||||||||||||||||||||||||||||||||||||||||||||||||||||||||||||||||||||

Evalúate:

1. ¿Cambió de alguna manera tu perspectiva de tu rol como mujer al leer sobre tu diseño en la creación de Dios?

2. ¿Puedes señalar algunos de los conceptos equivocados que habías abrazado y cómo la Palabra de Dios trajo luz sobre ellos?

3. ¿Cuál es el concepto de sumisión que domina en tus relaciones?

4. ¿Es tu sumisión a tu esposo una oportunidad de reflejar a Cristo?

5. ¿De qué manera se manifiesta en tu vida diaria que eres ayuda idónea?

6. Si estás actualmente en una situación de abuso en tu matrimonio, te recomiendo ir a tu pastor para que te ayude a transitar por este conflicto de manera bíblica. Si deseas orientación sobre este tema en particular, te invito a leer algunos de nuestros recursos en la página de AvivaNuestrosCorazones.com.

CAPÍTULO 3

Una visión divina del matrimonio

POR MARGARITA DE MICHELÉN

Y vio Dios todo lo que había hecho, y he aquí que era
bueno en gran manera (Gén. 1:31).

Al escribir sobre este tema lo primero que vino a mi mente fue: ¿Puedo decir algo nuevo acerca de este tema cuando tantos hombres y mujeres estudiosos de la Escritura, con más experiencia, conocimiento y fidelidad que yo ya lo han hecho? ¿No estaría abundando sobre lo mismo? ¿Qué puedo aportar? ¿Qué puedo añadir?

Ciertamente me uno al escritor de Eclesiastés cuando dice: *¿Hay algo de que se pueda decir: Mira esto es nuevo? Ya existía en los siglos que nos precedieron (Ecl. 1:10).* Sin embargo, luego de orar al Señor, de consultar con mi esposo y evaluar nuestro matrimonio (que está lejos de la perfección), llegué a la conclusión de que aunque los principios bíblicos son eternos e inmutables, los mismos se han aplicado en el pasado, se aplican en el presente y se seguirán aplicando hasta que el Señor regrese, cada matrimonio es único y particular, y por lo tanto, Dios, el Dios de la diversidad, en Su misericordia, gracia y sabiduría se manifiesta de forma única y particular en cada pareja que Él unió. Por tanto, amadas hermanas y amigas, puedo compartir algo de la obra gloriosa que nuestro común Señor y Salvador hizo y sigue haciendo en mi matrimonio: ¡Hacerlo un trofeo de Su gracia!

Antes de entrar en materia deseo hacer un breve recuento de cómo Dios me alcanzó con Su eterna salvación cuando andaba muerta en mis delitos y pecados, y cómo Él transformó mi visión de la mujer y del matrimonio, por Su pura gracia.

De las tinieblas a Su luz admirable

Soy la mayor de cinco hermanos. El hogar en que crecí era el típico hogar católico de los años 60: un padre proveedor y una madre dedicada a su familia y al hogar. Puedo cerrar mis ojos y remontarme a esa niñez feliz donde todo giraba en torno al hogar: mi madre organizando cada cumpleaños. O la preparación de la época más esperada: la Navidad. Poner el arbolito, preparar la cena, esperar a la familia y, por supuesto, recibir los regalos. Las vacaciones en casa de los abuelos, donde entre juegos, cuentos, comidas especiales, teatro, disfraces y muchas travesuras, las horas y los días se iban volando.

En algún punto de la vida, ese hogar que, desde la perspectiva de una niña pequeña, lucía seguro y estable, empezó a tambalearse. Mis padres comenzaron a tener dificultades y fui testigo de fisuras e incongruencias en el carácter de mi padre, al cual adoraba, pero quien, de forma lenta y sutil, fue bajando del pedestal donde yo lo tenía. Mi madre, por otro lado, hacía la labor titánica de llevar adelante una familia y un hogar lo más establemente posible.

Poco a poco en mi interior se iniciaba una lucha: empecé a resentir del hecho de que la mujer siempre llevaba la carga más pesada y la parte más difícil del matrimonio. Me fijé como meta que jamás le toleraría a un hombre aquellas cosas que a mi vista parecían injustas y hasta abusivas. Según crecía y entraba al final de mis estudios secundarios, la meta seguía en pie: «Me haría independiente lo más rápido posible». Asumí todo ese pensamiento feminista de la época, y empecé a evaluar posibilidades. Fue así como justo después de graduarme, obtuve un trabajo con el cual podía mantenerme y pagar mis estudios universitarios. El día que cumplí 18 años, sencillamente me fui de la casa paterna. Fue una locura de mi juventud, y también la causa de mucho dolor para toda mi familia.

El lugar que «escogí» para vivir (el cual con el paso del tiempo entendí que «fue escogido» por Dios) resultó ser un hogar cristiano. Allí, por primera vez en mi vida, escuché el evangelio. ¡Oh, los caminos del Señor, misteriosos e inescrutables, pero muy seguros! Aunque estudié en un colegio católico, nunca había escuchado que debía convertirme a Jesucristo, que Él volvería por segunda vez a buscar a Su Iglesia, que no existía eso que llamaban purgatorio, y que estaba destituida de la gloria de Dios, por lo que merecía el infierno. Todas estas enseñanzas conmocionaron mi corazón, pero no me condujeron a la conversión. Dios debía llevarme aún más abajo para que viera mi gran necesidad de Él y comprendiera lo necio que era el camino que había escogido. Debía destruir uno a uno los ídolos que había erigido en mi corazón.

En 1979, con tan solo 19 años quedé embarazada. ¡Otra herida más para mi familia! Pero como era obstinada y determinada, creí que me las podía arreglar por mí misma. Lo que sucedió a continuación fue que perdí el empleo. Con lo que había ahorrado, y con el dinero recibido por la liquidación, pude mantenerme hasta dar a luz. Durante todo ese tiempo de soledad mucho de lo oído acerca de la Palabra empezó a venir a mi mente. Tomó vida el texto de Lucas 11:11-13 que declara: *O suponed que a uno de vosotros que es padre, su hijo le pide pan; ¿acaso le dará una piedra? O si le pide un pescado; ¿acaso le dará una serpiente en lugar del pescado? O si le pide un huevo; ¿acaso le dará un escorpión? Pues si vosotros siendo malos, sabéis dar buenas dádivas a vuestros hijos, ¿cuánto más vuestro Padre celestial dará el Espíritu Santo a los que se lo pidan?* Entendí que Dios era un Padre, pero también sabía que no podía llamarle mi Padre. Entendí que era pecadora, y el cielo, el infierno y la cruz fueron términos que no podía sacar de mi mente.

En 1980 nació mi pequeña hija a la cual llamé Patricia y tan pronto la tuve en mis brazos, lloré durante un largo rato, pues sabía que había roto el corazón de mis padres: «un hijo es un pedazo de tu propio corazón». Aunque aún no lo percibía así, Dios estaba obrando y quebrantándome. Luego de dar a luz, hice las paces con mis padres y volví a la casa paterna. Sin embargo, no podía dormir. Constantemente ponía mi mano sobre la nariz de mi niña para ver si respiraba; temía que algo le pasara. Dentro de mí decía: «Sí hay un infierno, no solo me dirijo hacia allí, sino que existe la posibilidad de que, si mi bebé no conoce de Jesús y del evangelio, ella también tenga ese destino». Esto sencillamente me era difícil de sobrellevar.

Así que, movida por ese llamado irresistible y determinante de un Dios paciente y perdonador, que me persiguió, me rodeó con cuerdas de amor, me sacó del lodo y me lavó, lo acepté de corazón y me rendí a Sus pies. El 19 de octubre de 1980, tres meses después del nacimiento de mi hija, fui a un culto de la iglesia a la cual hasta día de hoy pertenezco y entregué mi vida al Señor, pues no podía resistirme más a Su dulce llamado por medio de la Palabra predicada. En ese mismo instante, sentí ser liberada del gran peso de mi pecado, y experimenté un gozo que solo puede entenderlo una que fue perdonada. Rogué que de esas cenizas Él sacara algo hermoso, que me permitiera restituir todo lo que había hecho mal, y que me diera gracia para criar a esta pequeña en Sus caminos y para Su gloria.

Empecé a entender un poquito que: [...] *donde el pecado abundó, sobreabundó la gracia; para que así como el pecado reinó en la muerte, así también la gracia reine por medio de la justicia para vida eterna mediante Jesucristo nuestro Señor* (Rom. 5:20-21). De inmediato mi vida se volcó a aprender de la Palabra, y aprender todo lo que necesitaba para este nuevo caminar con Cristo y para criar a mi hija en Sus caminos. Asistía a todos los cultos, entablé amistad con otros creyentes maduros y piadosos que me enseñaron el ABC del evangelio. Cada sábado por la noche asistía a la Sociedad de Jóvenes, junto a mi inseparable compañera, mi pequeña.

Una noche, bajaba por las escaleras con la niña en brazos, tropecé y caí dando vueltas. Lo único que me preocupaba era si la niña estaba bien, pues no paraba de llorar. La revisaron y comprobaron que no había recibido lesión alguna. Quien sí estaba lesionada era yo. El joven encargado de la Sociedad de Jóvenes (al cual no conocía) se acercó y me tranquilizó. Me dijo que sus padres llevarían a la bebé a casa de los míos y que a mí debían llevarme al hospital para hacerme los chequeos necesarios y ver que no me hubiera roto algún hueso. Me dolía todo el cuerpo. Gracias a Dios no había lesiones, aunque sí muchos moretones. Pasé esa noche en observación, y al día siguiente fui dada de alta. Esa misma tarde recibí la visita del muchacho que me había auxiliado. Lo acompañaba otro joven estudiante del Seminario. Ambos venían de parte de la iglesia para ver cómo seguía. Me conmovió que se preocuparan por mí.

Para no hacer larga la historia, el encargado de la Sociedad, Eric Michelén, fue movido por Dios a fijarse en mí luego de la caída. ¡Ah, los caminos que Dios usa para juntar a los suyos!

En octubre de 1981, por la tierna y sorprendente providencia de un Dios bueno y fiel, nos casamos. ¡Dios estaba contestando aquella oración que desde mi corazón le había hecho el día de mi conversión, solo que más abundantemente de lo que había pensado o pedido! Me regaló un esposo y un padre para mi hija. La bendición de Noemí para sus nueras, Dios me la estaba dando a mí: *Que el Señor os conceda que halléis descanso, cada una en la casa de su marido* (Rut 1:9). Luego de tantos dolores, tropiezos y sinsabores, el Dios y Padre de misericordias estaba creando algo hermoso de mis cenizas; una hermosura a la que llamo: «¡Un trofeo de Su gracia!».

Por esa misma gracia que nos unió, este año celebramos 35 años de matrimonio. Fue una feliz y santificante unión, la cual no estuvo exenta de retos, crisis, dificultades, adaptaciones y diferencias. No puedo decir que todo ha sido «un lecho de rosas». Somos dos pecadores procurando vivir el ideal divino, que se va forjando día a día en medio de todos los altibajos, providencias, etapas cambiantes y desafíos que la vida va presentando, según el propósito y el beneplácito de un Dios que desea ver a Su Hijo reflejado tanto en Eric como en mí. Y esto conlleva dolor, lágrimas, esfuerzos, oración y pedir perdón una y otra vez.

A esta unión Él añadió tres hijos más: Elisa, Eric Yamil y Yamil Elías. Hoy nuestras dos hijas están casadas, y junto a sus esposos, nos regalaron seis preciosos varones que son las «coronas» que hicieron rebozar nuestro hogar, nuevamente, con alegrías y risas infantiles. También nuestro hijo menor está casado, por lo que tenemos otra hija. Nuestro hijo mayor aún permanece soltero. Mi constante ruego a Dios, *quien empezó esta obra*, es que toda nuestra casa y descendencia sea para la alabanza de Su nombre y que juntos por toda la eternidad lo honremos y sirvamos.

Todo lo que soy y todo cuanto tengo, toda transformación obrada en mi corazón y todo cuanto he aprendido al lado de mi amado «Booz», ha sido por Su pura y bendita gracia, sin la cual hoy seguiría perdida en el error y el pecado. Con solo pensarlo, se me estremecen las entrañas y el corazón. No encuentro mejores palabras que las que expresó Pablo, para dar a conocer el júbilo y la gratitud de mi corazón por lo que Él hizo conmigo:

Pero Dios, que es rico en misericordia, por causa del gran amor con que nos amó, aun cuando estábamos muertos en nuestros delitos, nos dio vida juntamente con Cristo (por gracia habéis sido salvados), y con Él nos resucitó, y con Él nos sentó en los lugares celestiales en Cristo Jesús, a fin de poder mostrar en los siglos venideros las sobreabundantes riquezas de su gracia por su bondad para con nosotros en Cristo Jesús. Porque por gracia habéis sido salvados por medio de la fe, y esto no de vosotros, sino que es don de Dios; no por obras, para que nadie se gloríe. Porque somos hechura suya, creados en Cristo Jesús para hacer buenas obras, las cuales Dios preparó de antemano para que anduviéramos en ellas (Ef. 2:4-10).

Es mi deseo y oración al Señor que en este breve capítulo acerca del matrimonio, pueda transmitir algunas de las verdades que a lo largo de todos estos años Él me enseñó y me sigue enseñando. Que estas palabras sean de estímulo a cada mujer casada, pronta a casarse o soltera, pues no importa el estado en que nos encontremos, o la edad que tengamos, hay un **Esposo**, con el cual nos relacionaremos toda la vida, y dependiendo de nuestra relación con Él, podremos esparcir gozo y bendición a los que están a nuestro alrededor. Seguir Sus directrices es lo que nos da descanso; es lo que nos permite ser «hechura» (en griego, *poiéma*, de donde el latín deriva *poema*) para así proclamar Sus virtudes. Es lo que nos ayudará a andar en esas obras que Él de antemano preparó, y así traer bendición a nuestros esposos y familia.

Es lo que también nos permitirá vivir con plenitud nuestro rol de esposas.

El verdadero esposo

Creo de todo corazón que una relación sólida con el Señor es lo que da sustento y coherencia al vivir cristiano, sin importar el estado en que nos encontremos. Me fascina, y a la vez me sorprende, ver cómo el Dios alto y sublime se ha identificado con imágenes diferentes para darnos a entender un poco quién es Él, cómo nos ama y lo que está dispuesto a hacer por los suyos. Las imágenes nos ayudan a captar las cosas. Ver cómo se nos presenta el Dios Trino en la Escritura nos servirá de ejemplo y de guía en nuestras vidas.

Una de esas imágenes es la del Novio y Esposo. Estas palabras encierran varios significados: amor, deleite, gozo, alegría, sentido de pertenencia, de protección, de provisión. Solo tenemos que oír mencionarse uno de esos nombres, y de inmediato se nos agita el corazón, la mente empieza a soñar y es de lo único que hablamos. Ya sea nuestro novio o el de una amiga, lo celebramos y festejamos. Si hablamos de bodas, entonces el asunto toma fuerza. Quienes tenemos el privilegio de estar casadas, de haber casado a hijas, hermanas o amigas, sabemos que hasta el día de la boda, ese será el tema del cual se hablará en el desayuno, la comida y la cena. ¡Y en otros momentos también!

Tener un novio con miras a que se convierta en esposo es maravilloso. Tan es así que luego de que Dios (en la primera cita amorosa de la historia) presentara a los primeros esposos, e hiciera un recuento de Su creación, nos deja por escrito lo siguiente:

Y vio Dios todo lo que había hecho, y he aquí que era bueno en gran manera (Gén. 1:31).

Si un esposo terrenal es algo «bueno en gran manera», ¿no crees que si Dios se nos presenta como un Esposo es algo que va más allá de ser «bueno en gran manera»? Él nos dejó esta imagen de Sí mismo con un propósito, y en la medida en que entendamos tal propósito nuestra relación con Él crecerá, se profundizará, nos hará florecer y experimentar todo cuanto nuestro corazón de mujer necesita. De nuestra relación con Él, también obtendremos la inspiración para llevar a cabo todo cuanto nos asigne en nuestro rol femenino.

Colocarnos cada día bajo la «sombra de nuestro Amado» tanto en oración, como en estudio y meditación de la Palabra nos traerá todo el conocimiento de Su persona, para que la imitemos, y a la vez, la sabiduría para guiar cada área de nuestras vidas, en este caso nuestro matrimonio. De nuestro amor y pasión por Él fluirá nuestro amor y pasión por nuestros esposos.

Porque Él nos amó primero, y es también el parámetro del amor, podremos amar a ese prójimo que vive con nosotras desde que nos levantamos hasta que nos acostamos: nuestro esposo. Como le amaremos con amor divino, pasaremos por alto las ofensas, esas cosas que nos decepcionan, no tendremos expectativas irreales, y buscaremos de todo corazón amar según nos enseña 1 Corintios 13:4-8. Este pasaje describe la esencia del amor puro y sin egoísmo. Amar así es contrario a nuestra naturaleza pecadora.

Pero como tenemos un Esposo que nos dice: *Con amor eterno te he amado, por eso te he atraído con misericordia*

(Jer. 31:3), eso que de gracia recibimos (un amor y misericordia no merecidos), de gracia podemos también dar. Con Su ayuda podemos extender un amor que es paciente, sufrido, constante, que no envidia, no se jacta, no es orgulloso, no es egoísta, no se enoja fácilmente, no guarda rencor, no se deleita en la maldad, se regocija en la verdad, todo lo disculpa, todo lo cree, todo lo espera y todo lo soporta, a esos hijos suyos que nos regaló como compañeros.

Dios honra el matrimonio. Dentro de ese ministerio, Él espera que seamos colmados de alegría, que podamos expresarnos amor íntimo (lo cual es muy importante para nuestros esposos), que tengamos hijos y que se prevenga la inmoralidad. Pero lo más relevante del matrimonio es que por medio de este, damos a conocer al mundo el amor de Dios por Su pueblo. Este incomparable amor es un amor que lo llevó a dar a Su Hijo como el Novio abnegado que vino a morir por Su Iglesia (el pueblo de Dios) y con la cual se desposará eternamente en aquel día de las Bodas del Cordero.

Si perdemos de vista esta visión divina y el privilegio que viene con ella, perderemos de vista el motivo fundamental del matrimonio. Entonces toda esta relación nos parecerá monótona, mecánica y rutinaria. Pero la relación de Dios con nosotras no es así. Es una relación fluyente, renovada y enriquecedora. Él cada día renueva Sus misericordias (Lam. 3:23). Constantemente recuerda Su pacto de amor (Heb. 8:8,12; 10:16,17). Cada día tiene ante Sus ojos la visión de *planes de bienestar y no de calamidad, para daros un futuro y una esperanza* (Jer. 29:11). Este es el tipo de relación que Él desea que nosotras representemos cada día.

El matrimonio es un evento el día de la celebración y consumación; luego llegará a ser un «estilo de vida» al cual Dios nos llamó, y al cual nos comprometimos, con el fin de representar una historia de amor única, preciosa, eterna, de pacto y llena de misericordia: la historia de la redención. Nuestro matrimonio es el lugar que Dios nos asignó como mujeres casadas, y con esto contribuimos a un fin mucho más elevado que casarnos y ser felices: mostrar algo de Su carácter, Sus atributos y Su obrar. ¡Esto es demasiado maravilloso y sublime!

Entender que Dios es mi Esposo, que me otorgó el privilegio de representar algo de Él en mi propio matrimonio, que Él es la fuente primaria de mi satisfacción y plenitud, dio un descanso inmenso a mi alma, pues me libró de buscar que sea mi esposo quien llene la eternidad de mi alma (que solo el Dios eterno puede llenar). También me libró de colocarlo en el lugar que solo le corresponde a Él.

El ejemplo que nos inspira: Jesús —modelo de sumisión, servicio abnegado y amor puro—

Un matrimonio, por más bueno y piadoso que sea, tiene grandes retos delante de sí. Tomar cada día nuestra cruz, dar muerte a nuestra carne y hacer las cosas a la manera de Dios requiere de una fe sencilla, constante y a la vez determinante.

Debido a que todavía estamos sujetas a la ley del pecado (aunque no vivimos un estilo de vida pecaminoso), nuestro yo se resistirá a la voluntad de Dios. Esto nos causa dolor y frustración. Sin embargo, cuando aceptamos la invitación de Jesús que dice: *Tomad mi yugo sobre vosotros, y aprended de mí, que soy manso y humilde de corazón, y hallaréis descanso para vuestras almas. Porque mi yugo es fácil y mi carga ligera* (Mat. 11:29-30), es cuando nos paramos sobre el fundamento más seguro y efectivo para dar muerte al yo, a la carne y al pecado.

Edificar sobre el hermoso carácter de Jesús nos traerá bendición, paz y verdadera felicidad. Esto es así ya que Él es la Roca inconmovible, que da seguridad, estabilidad y firmeza, no solo a nuestra vida, sino a toda empresa que Él nos ponga por delante. Él es también el Príncipe de Paz, quien puede calmar cualquier agitación del alma mientras llevamos a cabo dicha empresa. Solo pisando sobre las huellas de Jesús podremos modelar la sumisión a la que somos llamadas, a servir abnegadamente y a amar con pureza.

Algo que me reta continuamente es ver cómo aquel que es el Primogénito de toda la creación, en quien todo fue creado, por medio de Él y para Él; el que tiene la preeminencia en todo, y en quien habita toda la plenitud (Col. 1:15,16,18,19) estará sujeto por toda la eternidad al Padre. En 1 Corintios 15:28 leemos: *Y cuando todo haya sido sometido a Él, entonces también el Hijo mismo se sujetará a aquel que le sujetó a Él todas las cosas, para que Dios sea todo en todos.*

El Dios Padre, el Dios Hijo y el Dios Espíritu Santo son iguales en Deidad, pero cada uno tiene Su función y área designada para ejercer Su soberanía. Cuando entendemos que el hombre y la mujer somos iguales en dignidad ante el Dios Trino, porque llevamos Su imagen, pero que por Su soberana voluntad, Él designó al hombre para ser cabeza y líder, y a la mujer para ser ayuda y seguidora, deberían acabarse todos los argumentos que se levantan en el corazón. Entonces, de buena gana, sin resistir, y con corazón rendido (interna y externamente), dejar que «nuestro deseo sea para nuestro marido». ¿Por qué? Porque queriéndolo o no, la voluntad de Dios se cumplirá, y tarde o temprano, tendremos que rendirnos si queremos que nuestro matrimonio funcione. Entender que la sumisión es un acto de adoración nos ayudará a ser más intencionales en procurar nuestra rendición ante Su sabiduría infinita.

Si Cristo se sujetó a la voluntad del Padre desde antes de la fundación del mundo, cuando se hizo hombre, hizo la voluntad del que lo envió, y por la eternidad seguirá sujeto al Padre, ¿quiénes somos nosotras para no someternos? Recordemos que toda insinuación de rebelarnos a lo establecido por Dios proviene del enemigo de nuestras almas, el cual con toda su furia quiere impedir que hagamos la voluntad de nuestro Señor.

Otros dos aspectos de la vida de Cristo que han de estimularnos como esposas son Su servicio y hacer el bien. En Marcos 10:45 leemos: *Porque ni aun el Hijo del Hombre vino para ser servido, sino para servir, y para dar su vida en rescate por muchos*. Con esto se nos enseña que nuestra verdadera grandeza está en servir a otros, y no hay mejor oportunidad para trabajar en esta área, que en el matrimonio. Es una vida de servicio constante.

Cuando vamos a Lucas 12:37, vemos que Su actitud de servicio estará presente aun en la gloria: *Dichosos aquellos siervos a quienes el señor, al venir, halle velando; en verdad os digo que se ceñirá para servir, y los sentará a la mesa, y acercándose, les servirá*. En esta parábola vemos que se nos insta a velar esperando el regreso de nuestro Amo y Señor, pero mientras lo esperamos, el servicio ha de ser una marca que distinga a los suyos. La recompensa de velar será que Él ¡nos sentará en Su mesa y nos servirá!

En el aspecto de hacer el bien, vemos lo que nos enseña de Jesús Hechos 10:38: ... *cómo Dios ungió a Jesús de Nazaret con el Espíritu Santo y con poder, el cual anduvo haciendo bien y sanando a todos los oprimidos por el diablo; porque Dios estaba con Él.* Como la vida cristiana consiste en vivir la vida de Cristo, en el poder del Espíritu Santo, para gloria de Dios y bien del prójimo, lo más coherente es que también nosotras andemos haciendo el bien. Al ver esto, de inmediato viene a mi mente Proverbios 31:12: *Ella le trae bien y no mal todos los días de su vida.* ¿A quién ella le trae bien? A su marido.

La sumisión y el servicio abnegado que como esposas debemos dar a nuestros esposos es el amor puro en acción. Como vimos anteriormente, 1 Corintios 13 presenta un esbozo de cómo luce el amor que Dios requiere. Este amor en toda su plenitud solamente Jesús lo cumplió, pues Él es amor. Su amor fue activo; nos lo enseñó primero amando a Su Padre, al someterse y hacer toda Su voluntad, y luego al hacerse Siervo Sufriente que dio la vida por los suyos. Si permanecemos aferradas a Cristo, podremos amar como Él amó, y cumplir lo que Pablo exhorta en Efesios 5:2: ... *y andad en amor, así como también Cristo os amó, y se entregó a sí mismo por nosotros, ofrenda y sacrificio a Dios, como fragante aroma.*

El Espíritu Santo nos capacita para cumplir nuestro rol adecuadamente

En el capítulo acerca de la mujer en la creación se nos

mostraron algunas de las asignaciones que Dios dio a la mujer: ser «ayuda idónea» y «dadora de vida». Ser ayuda y dar vida son características de Dios el Padre que Él se complace en modelar por medio de nuestra feminidad. Son a la vez características que también pertenecen al Espíritu Santo. *Porque la ley del* **Espíritu de vida** *en Cristo Jesús [me] ha libertado de la ley del pecado y de la muerte* (Rom. 8:2, énfasis añadido), ahora puedo «dar vida» a otros, empezando por mi esposo. *Y porque... de la misma manera también el* **Espíritu nos ayuda** *en nuestra debilidad...* (Rom. 8:26, énfasis añadido), podemos también imitarlo cuando los «ayudamos» y «damos sostén» en sus debilidades. Nuevamente digo: ¡asombroso!

En el Antiguo Testamento vemos que el Espíritu capacita a personas ordinarias para tareas extraordinarias: profetas, jueces, reyes, etc. Pero de una manera preciosa lo vemos venir sobre «el Tronco y Vástago de Isaí», el Mesías prometido: *Y reposará sobre Él el Espíritu del Señor, espíritu de sabiduría y de inteligencia, espíritu de consejo y de poder, espíritu de conocimiento y de temor del Señor* (Isa. 11:2).

Y es ese mismo Espíritu el que está a nuestra disposición para aquellas labores y tareas que Dios nos encomendó en nuestros matrimonios, las cuales a veces nos parecen titánicas y demasiado grandes para sobrellevarlas. Diariamente debemos pedirle Su ayuda para enfrentar los retos, desafíos, pruebas y tormentas que se nos presentan.

Saber que no estamos solas, y que Él se nos describe a sí mismo como: Garantía, Guía, Consolador, Consejero, Maestro, Abogado, Defensor, Intercesor, Ayudador, Espíritu de Sabiduría, Espíritu Santo de la promesa, quien mora en nosotros es algo que sin duda alguna puede obrar grandes transformaciones en nosotras de modo que, como mujeres sabias, edifiquemos nuestros matrimonios y hogares.

Siendo receptoras de tantas bendiciones estaremos capacitadas por el Espíritu para:

- Fortalecer y animar a nuestro esposo   Hechos 9:31
- Aconsejarlo   Juan 14:16
- Orar e interceder por él   Romanos 8:26
- Mantener la unidad   Efesios 4:3
- Dar gozo y paz   Romanos 14:17
- Consolar, sanar   Isaías 61:1-3
- Dar alegría   Isaías 61:1-3
- Restaurar, ministrar   Isaías 61:4,6

Como vimos, como Sus hijas, no es pequeño el privilegio al cual el Dios Trino nos llamó. Porque para gloria suya fuimos creadas, nuestras asignaciones son simplemente... ¡hermosas!

Al analizar nuestra tarea vemos cómo fuimos llamadas para crear un impacto de repercusiones eternas en nuestros matrimonios, familia, hogar, sociedad e iglesia. Fuimos llamadas a cohesionar, unir, animar, interceder, santificar y edificar. Para estas cosas, ¿quién será suficiente? ¡Nadie! Pero contamos con la gloriosa y persuasiva promesa de que: *... el que comenzó en vosotros la buena obra, la perfeccionará hasta el día de Cristo Jesús* (Fil. 1:6). Así que: ¡Ánimo! El que está por nosotras es mayor que cualquier reto, desafío o encomienda.

La mujer es una bendición para su marido

Hasta ahora hemos visto imágenes del Dios Trino, a través de las cuales se nos han mostrado características de Él que debemos imitar y representar. Hay otras imágenes que la Palabra nos presenta. Por medio de cosas de la vida diaria, se nos transmiten ideas de lo que Él espera de nosotras. Veamos algunas:

▸ **Una vid que lleva frutos:** En Salmos 128 vemos que una de las bendiciones de un hombre temeroso del Señor era tener una esposa que: *será como fecunda vid en el interior de tu casa* (v.3). Una vid en Israel representaba paz y bienestar. Era una de las posesiones más preciadas. También significaba abundancia.

Nosotras fuimos creadas para dar a nuestros esposos todas las bendiciones que estén a nuestro alcance. Debemos ser causa de bienaventuranza, dicha y gracia para ellos, y esto en abundancia. Podremos producir estos frutos solo si nos mantenemos unidas a la Vid verdadera que es Jesucristo. Bien nos dice Él en Juan 15:5: *Yo soy la vid, vosotros los sarmientos, el que permanece en mí y yo en él, ese da mucho fruto, porque separados de mí nada podéis hacer.*

¿Quieres llevar fruto de calidad que traiga felicidad a la vida de tu esposo? Entonces aférrate con todas tus fuerzas al único que es capaz de hacernos producir frutos. De Él recibimos toda bendición con la cual podremos bendecir a quien amamos. Sin Él nada podemos hacer. Filipenses 4:13 nos da un excelente estímulo: *Todo lo puedo en Cristo que me fortalece.* ¡En Su fortaleza podremos llevar frutos en abundancia!

▸ **Una corona:** Proverbios 12:4 declara: *La mujer virtuosa es corona de su marido, mas la que lo avergüenza es como podredumbre en sus huesos.*

Una corona, tiara o diadema, es símbolo de realeza, hermosura, respeto, dignidad, durabilidad, grandeza y majestad. Una corona es lo que distingue a un rey. Por otro lado, la palabra «virtuosa», en el idioma hebreo *jayil* (Strong #2428), tiene un significado muy interesante. Hace referencia a un ejército, riquezas, valentía, fuerza, virtud.[21] Se utiliza en 1 Crónicas 5:18, cuando se describe a los hijos de Rubén, de Gad y a la media tribu de Manasés como un ejército de hombres valientes, hombres de guerra; *que traían escudo y espada y tiraban con arco, y que eran diestros en batalla.*

Cuando, con la ayuda de Dios, coronamos a nuestros maridos con respeto, dignidad y hermosura, y ponemos a su disposición nuestra fuerza, capacidad, habilidad, entereza, valentía y carácter moral, estamos afirmando y realzando su masculinidad y, por lo tanto, los estamos ayudando a que sean los hombres que Dios quiere que sean.

Por llevar Su imagen, ambos somos coronas (Sal. 8:5-6). Una forma en que llevamos esa gloria y honra es cuando hacemos lo que Dios nos encomendó, pues estamos funcionando según Su diseño. El hombre recibe gloria y honra cuando es coronado por las virtudes de su esposa y la mujer recibe gloria y honra al coronar a su esposo.

En 1 Corintios 11 se nos instruye acerca de la adoración pública; allí el hombre dirigía y la mujer, como señal de sumisión, llevaba un velo. El punto a destacar aquí no es el asunto del velo en sí mismo, sino ver los principios detrás de tales instrucciones. En el versículo 7 leemos: *Pues el varón no debe*

---

[21] James Strong, s.v. n.º 2428, *Nueva concordancia Strong exhaustiva* (Nashville, TN: Grupo Nelson, 2002), 40.

cubrirse la cabeza, ya que él es la imagen y gloria de Dios; pero la mujer la gloria del varón. Queridas hermanas y amigas, «ser la gloria de nuestros esposos» es nuestra gloria, y lo representamos cuando somos sus coronas.

Lo contrario a ser corona es ser «carcoma de sus huesos». ¿Qué hace la carcoma? Daña, roe, destruye. ¿Cómo somos carcoma? Cuando abatimos, debilitamos, avergonzamos, arruinamos, fastidiamos, batallamos, reñimos, creamos conflictos, somos espíritu de contradicción, somos indomables, inestables y les hacemos la vida difícil a nuestros esposos. Es lo contrario a tener «un espíritu afable y apacible» (1 Ped. 3:4). ¡Seamos mujeres virtuosas y valientes poniéndonos cada día el «escudo de la fe» y tomando «la espada del Espíritu que es la palabra de Dios» (Ef. 6:16-17), a fin de «coronar» y no «carcomer»!

▶ **Un bien; benevolencia:** Proverbios 18:22 *El que halla esposa halla el bien y alcanza el favor del Señor.*

La definición de «bien», en hebreo *tob* (Strong #2896), incluye variados significados, todos muy interesantes: benévolo, bondadoso, cualquier cosa correcta, agradable o alegre; placer, prosperidad, suavidad, tesoro. También significa éxito, favor, feliz, fino, gusto, hermosura, abundancia, dicha, bienestar. Es lo opuesto a la pena y la maldad.[22] Esta palabra va más allá de lo que conocemos como simplemente «bueno». En Génesis 1 se usa siete veces cuando Dios evalúa Su creación. Aparece también en Ezequiel 34:14: *Las apacentaré en buenos pastos, y en los altos montes de Israel estará su apacentadero. Allí reposarán en apacentadero bueno, y apacentarán*

---

[22] Ibíd., s.v. n.º 2896, 47.

en ricos pastos sobre los montes de Israel.

¿Captas la idea? Así como Dios da buenos pastos y nos provee lugar donde podamos descansar y refrescarnos con seguridad, porque Él es el verdadero Pastor; así como Él procura todo lo bueno para nosotras, las mujeres, que somos Sus hijas, debemos procurar todo lo que traerá bien, descanso y frescura a nuestros maridos. Ese bien ha de abarcar todo lo que él es: su alma y corazón, su cuerpo, su mente, sus emociones, sus necesidades sexuales. Con el bien que le prodigamos, ellos estarán plenos.

La palabra «benevolencia», en hebreo *ratsón* (Strong #7522), encierra significados similares: deleite, favor, gozo, gracia, grato, gusto, aceptable, agradable, agrado, contentamiento, estima, deseo, afecto.[23] Debemos anhelar manifestar todas estas características y actitudes a nuestros esposos.

▶ **Una herencia:** Proverbios 19:14 *Casa y riquezas son herencia de los padres; pero la mujer prudente viene del Señor.* ¡Cómo nos encanta heredar algo! Casi siempre, lo que se hereda es algo de mucho valor. Ya sea económico o sentimental, eso que heredamos, lo atesoramos.

La palabra «herencia», en hebreo *nakjalá* (Strong #5159), significa: heredad, herencia, posesión, algo heredado, ocupación, una reliquia, una finca, un patrimonio.[24] En pocas palabras: nosotras somos la «herencia» que nuestro sabio y amante Padre les regaló a nuestros esposos.

El Dios de los cielos, dueño, amo y Señor de todo, se preocupa por Sus hijos, de modo que del cielo les envía

---

[23] Ibíd., s.v. n.º 7522, 126.
[24] Ibíd., s.v. n.º 5159, 86.

herencia por medio de sus esposas. Esto tiene gran relevancia. ¿Por qué? Porque de entre todas las opciones que
existían, Él escogió la «herencia adecuada» para cada uno de
ellos. Esto implica que cada esposa es la ideal para su esposo,
y no otra. Saberlo nos guardará de comparaciones fútiles.
Resulta maravilloso que Dios mismo es nuestra herencia,
y a la vez nos permite ser una herencia de Sus manos que
haga feliz y pleno al esposo que nos dio. ¡Qué gran valor nos
asignó Dios!

▶ **Un deleite para sus ojos:** Ezequiel 24:16 *[...] he aquí, voy a*
quitarte de golpe el encanto de tus ojos. Este es un pasaje triste.
Dios le quita la vida a la esposa del profeta con la intención
de dar un mensaje a la casa de Israel. Como nación, ellos
perderían el santuario, símbolo de la deleitosa presencia
de Dios, perderían toda pertenencia, e irían al cautiverio.
Pero quisiera enfocarme en la metáfora que Dios usa para
referirse a ella: *el deleite de tus ojos,* como traduce la versión
Reina-Valera Revisada 1960.

La palabra «deleite», en hebreo *makjmád* (Strong #4261),
significa delicioso; de ella se deriva la palabra deleite, que
hace referencia a un objeto de amor o deseo; algo precioso, codiciable, deseable.[25] Según el Diccionario Pequeño
Larousse, «deleite» es placer del ánimo o de los sentidos. También encierra la idea de alegrar y complacer.[26]

Esta palabra nos enseña que el Dios que nos creó no solo
es un Dios deleitoso, sino que se complace en darnos placer.

---

[25] Ibíd., s.v. n.º 4261.
[26] Larousse, s.v. «deleite», *El pequeño Larousse ilustrado 2010* (México: Larousse
Mexico, 2009), 321.

Demos un vistazo a la creación, ¡toda ella es un deleite para nuestros sentidos! Vemos cosas hermosas, percibimos el aroma de las flores, sentimos brisas suaves, oímos el cantar de las aves y gustamos de deliciosas frutas. Lo que vemos en la creación va más allá de los sentidos y nos lleva al deleite del alma.

En Proverbios 3:17 se nos dice de la sabiduría: *Sus caminos son caminos deleitosos, y todas sus veredas paz.* Como sabemos, temer a Dios es sabiduría, y Cristo es la Sabiduría. Por lo tanto, cuando tememos a Dios y nos aferramos a Cristo gustamos del verdadero deleite. Este deleite nos conduce a experimentar *toda buena dádiva y todo don perfecto que desciende de lo alto, del Padre de las luces, en el cual no hay mudanza, ni sombra de variación* (Sant. 1:17).

Uno de esos dones es el sexo. Proverbios 5:18-19 manifiesta: *Sea bendita tu fuente, y regocíjate con la mujer de tu juventud, amante cierva y graciosa gacela; que sus senos te satisfagan en todo tiempo, su amor te embriague para siempre.* Nuestro maravilloso Dios, en quien hay *deleites para siempre* (Sal. 16:11), ¡desea que nos deleitemos con nuestros esposos! Algo más: este deleite terrenal es un preámbulo de aquel que gozaremos eternamente con Él. *Porque como el joven se desposa con la doncella, se desposarán contigo tus hijos; y como se regocija el esposo por la esposa, tu Dios se regocijará por ti* (Isa. 62:5).

Reconociendo todo esto, pide al Señor que te haga sensible a esa necesidad de «deleite sexual» que tiene tu esposo. Es muy, pero muy importante para ellos (Dios los hizo así). Quizás muchas de nosotras no tengamos tan imperiosa necesidad, y a veces somos poco sensibles, sin darnos cuenta de que con esto hacemos que les sea más difícil lidiar con la tentación. Así que con la ayuda del Señor: ¡a deleitar! Recomiendo leer el Libro de Cantares, y tener a la mano buenos libros cristianos sobre el tema, a fin de que *sea el matrimonio honroso en todos y el lecho matrimonial sin mancilla* (Heb. 13:4).

▸ **Una tejedora**

Las personas que tejen por lo regular hacen preciosas obras de arte usando hilos de diversos colores. El tiempo de confección varía según la complejidad del diseño. Luego exhiben su labor ante la mirada de aquellos que la observarán y darán su veredicto acerca de su belleza, comentarán lo intrincado del diseño, etc. Así sucede con el matrimonio. Es una obra de arte que toma tiempo elaborar. Muchas veces el hilvanado será fácil; otras veces se harán enredos y puntadas incorrectas, y habrá que descoser todo para empezar de nuevo. ¡Gloria a Dios, pues Él es el Señor de innumerables comienzos!

Cada una de nosotras como esposas estamos tejiendo la obra de arte que Dios nos otorgó. La palabra «esposa» en el idioma inglés es *wife*, que proviene de la palabra *weef* (productora) o *weaver* (tejedora o hilandera).

Nosotras, cuales tejedoras hábiles, cada día estamos «bordando», «tejiendo» nuestros matrimonios cuando ponemos por práctica todo lo que hemos mostrado en este capítulo. Podemos fomentar las relaciones, marcar el tono del hogar, hacer la paz en medio de los conflictos, dar goce, alegría y deleite, de modo tal que nuestros esposos anhelen llegar a casa porque allí encontrarán «la puerta del cielo».

Para poder abarcar todas las dimensiones que se requieren al tejer un matrimonio a la manera de Dios, debemos echar mano del recurso imprescindible de la oración. Somos hijas de Eva y de Sara, y al igual que ellas queremos tener todo bajo control, solucionarlo, arreglarlo... pero muy pronto nos damos cuenta de que en realidad no controlamos nada, sino que solo Dios es quien tiene el control total.

Por eso es importante que seamos mujeres de constante oración, pues *Si el Señor no edifica la casa, en vano trabajan los que la edifican* (Sal. 127:1). Edificamos cuando oramos. En una antigua oración puritana del libro: *El valle de la visión*, leí algo que me impactó: «Que toda preocupación la torne en oración».[27] Puedo dar testimonio de que he obtenido más sobre mis rodillas, que hablando. Esto ha sido todo un reto porque nos encanta hablar y dar consejos... aun sin que nos los pidan.

Todos los cambios, reformas y arreglos que necesitan nuestros esposos y nosotras, solamente Dios puede efectuarlos. Así que, hermanas, tejamos confiadas, tejamos en oración y más oración.

Unas últimas palabras

No quiero cerrar este capítulo dando tan siquiera la más ligera impresión de haberlo alcanzado ya, ni que ya sea perfecta. Como toda mujer creyente, sigo adelante, a fin de poder alcanzar aquello para lo cual también fui alcanzada por Cristo (Fil. 3:12-14). Al igual que todas ustedes estoy en un proceso, confiando en quien es poderoso para guardar mi depósito hasta aquel día (2 Tim. 1:12).

Como señalé en mi testimonio, soy la primogénita de cin-

---

[27] Arthur Bennett, *El valle de la visión* (Carlisle, PA: Banner of Truth, 2014), 126.

co hermanos. Los primogénitos son «líderes naturales»; les encanta tomar el mando, quieren tener todo bajo control. Te imaginarás cómo han de ser mis luchas diarias. En muchas ocasiones soy vehemente cuando digo las cosas; me he visto defendiendo mis puntos de vista con fortaleza y precisión; en otras ocasiones presiono cuando quiero algo o corrijo con poca gracia los defectos, por lo que muestro poca sensibilidad. ¡Solo Dios sabe las lágrimas que he derramado por esto!

No fueron una ni dos las veces las que, queriendo ayudar, con buena intención (otras por querer prevalecer), eché a perder las cosas, y pequé. Mi esposo también es un primogénito, pero a él Dios sí le ha ordenado ser líder, llevar la delantera, trazar las pautas, y hasta cierto punto, tener las cosas bajo control... ¡Sobre todo a mí! Él ha sido muy fiel en su encomienda.

Me mostró que si tengo algo que decirle, lo primero que debo tener en cuenta es cómo abordarlo. Debo evaluar la forma como digo las cosas, el tono con que lo comunico y el momento oportuno para exponerlas. También me ha señalado en muchas ocasiones que, cuando estemos en un grupo, me cuide de hablar mucho, de interrumpir, y por sobre todo, que sea buena oidora. ¿He logrado algo? Sí y no. Sí, porque no estoy en donde estaba antes, y no, porque estoy lejos de donde debo estar. Debí ir aprendiendo que estas son una de las cosas que Dios usó para que mi yo «mengüe», de modo que Cristo pueda «crecer» más en mí.

¿Ves por qué digo que las batallas se ganan de rodillas? Cada vez que hago las cosas a la manera de Dios y en oración, soy bendecida y bendigo; pero cuando paso por alto estas cosas, ofendo a mi Señor, no soy de bendición para mi esposo y siento dolor a causa de mi pecado. ¡Gracias a Él por Su perfecto perdón! Saberme perdonada me ayuda a continuar ese largo camino de la piedad y la santidad.

Para concluir, hemos visto que nuestra encomienda como esposas tiene repercusiones aquí y en la eternidad. Hoy más que nunca el mundo necesita ver matrimonios funcionando a la manera de Dios. Matrimonios que modelen un amor verdadero, el cual no tiene como opción el divorcio o la separación, ni el distanciamiento, porque lo que un matrimonio encierra es algo más elevado que ser felices o sentirnos realizadas. Encierra darle gloria a un Dios hermoso, santo y perfecto, que muestra en Su trinidad la verdadera armonía y comunión, las cuales tanto ansía el ser humano.

Por ese Dios vale la pena cualquier esfuerzo, negación o sacrificio. Nosotras «hemos sido puestas para un tiempo como este», para que contrarrestemos todo cuanto el mundo osadamente quiere redefinir acerca del género, el sexo, la feminidad, el matrimonio y la familia, y exclamar a viva voz: ¡A la ley y al testimonio!, recordando que *El cielo y la tierra pasarán, mas mis palabras no pasarán* (Luc. 21:33).

||||||||||||||||||||||||||||||||||||||||||||||||||||||||||||||||||||||||||||||||||||||||||

Evalúate

1. ¿Consideras que tu primer Esposo, Dios, más allá de ser bueno, es «bueno en gran manera»? ¿Por qué?
2. ¿Vas cada día a la «sombra de tu amado» para hallar en Él todo lo que necesitas para tu vida y la piedad?
3. ¿Es tu amor por tu esposo renovado, de pacto, que

procura el bien y da esperanza?

4. ¿De qué manera te impacta el hecho que Cristo se sujetará al Padre por toda la eternidad?

5. ¿Descansas en la ayuda del Espíritu Santo para ser la «ayuda» de tu esposo?

6. ¿Procuras cultivar esas formas hermosas que la Biblia nos enseña para bendecir a tu amado?

7. ¿De qué maneras estás tejiendo (o no) tu matrimonio y tu hogar?

8. El matrimonio va más allá de sentirte feliz o realizada. ¿Comprendiste lo que esto implica?

CAPÍTULO 4

Maternidad: una misión sagrada

POR SARAH JEREZ

La mujer [...] se salvará engendrando hijos, si permanece en fe, amor y santidad, con modestia (1 Tim. 2:14-15).

Una madre renuente

«¡No quiero!».

Esas palabras salen con frecuencia de la boca de Zoé, mi hija mayor. Aquella no era la primera vez que se oponía a mis instrucciones. Yo había separado la tarde para trabajar en este capítulo, pero fui interrumpida *por milésima vez* cuando escuché a Zoé vociferar:

—¡Mami! ¡Ven a ver lo que hizo Noah!

Me paré de inmediato y encontré la habitación de los niños cubierta en talco en las camas, en la ropa, en los juguetes. Respiré profundamente al darme cuenta de que una vez más mis planes para el día habían sido alterados. Pasaría la tarde limpiando. En medio del caos, Zoé me dice que tiene que ir al baño, pero no llega a tiempo. Ahora hay un charco de orina en el baño. Otro reguero para limpiar.

—Zoé, ¡sal del baño, que te vas a resbalar!

—¡No quiero!

—Zoéééé, sal aho...

Escuché un golpe. Efectivamente, se había resbalado sobre el charco, cayó de cabeza en la tina, y se golpeó la barbilla. Se había cortado y estaba sangrando. Otro cambio de planes. Salimos corriendo para el hospital.

Talco. Orina. Sangre. Suturas. Accidentes. Regueros. Interrupciones. Y todo eso en una sola tarde. La maternidad se siente tan ordinaria en el día a día que uno se pregunta ¿puede ser verdad que esto tiene un propósito trascendente? Como mujer, quiero hacer cosas de significado y ser reconocida por mis dones y talentos. No quiero que queden descuidados y perdidos detrás de los bastidores de la maternidad, dentro de las cuatro paredes de mi hogar. Por eso, la actitud que caracteriza a mi hija también la veo en mí todos los días. Frecuentemente en mi corazón digo «¡No quiero!». No quiero someterme a la asignación de Dios para mi vida.

Ser madre y tener una familia siempre me pareció una parte natural de la vida que llegaría algún día. Durante mi juventud meditaba mucho sobre mi futuro y los sueños que quería perseguir, y todos giraban alrededor de mí. Cuando el Señor en Su gracia me abrió los ojos a la verdad del evangelio, Él cambió mi corazón. Ahora yo entendía que debía vivir para la gloria de Dios, pero no entendía qué implicaría esto. Yo quería vivir para *Su gloria*, pero a *mi* manera. Dios me estaba llamando a rendir mis sueños a Sus pies y aceptar Su voluntad para mi vida —*Su asignación dentro de Su misión*—.

Cuando nació mi primera hija me di cuenta de que ser madre no era sencillamente una parte más de mi vida y comprendí cuán poco preparada estaba para abrazar este nuevo rol. Aunque pensaba que tenía una perspectiva bíblica acerca de la maternidad, mi corazón estaba enfocado en mí —mi tiempo, mis ambiciones, mis metas—. A través de Su Palabra y de otros recursos, como Aviva Nuestros Corazones, el Señor fue abriendo mis ojos a la grandeza del llamado de ser esposa y madre, y el valor que tiene este papel en el reino de Dios. El Señor me llevó a renunciar a todos mis sueños y planes personales para abrazar completamente este supremo llamado de la maternidad. Cinco años después, y ahora con tres niños, peleo a diario la batalla de la rendición. Tengo que renovar todos los días el compromiso que un día hice con el Señor de abrazar Su voluntad para mi vida.

Definitivamente, no tengo lo que muchas llamarían «pasta de madre». No encuentro que soy la persona más indicada para escribir sobre este tema. Entonces, ¿qué hago escribiendo un capítulo sobre la maternidad? Soy una joven de 26 años con tres niños de edades menores a los cinco años. No me considero una experta, en lo más mínimo. Más bien, me considero una madre novata muy necesitada del Señor. Todos los días veo las evidencias de que es solo la gracia de Dios lo que nos sostiene como familia. Pero gracias a Dios, ese es el único requisito verdadero —total dependencia del Señor y confianza en la gracia de Su evangelio—. No descanso en mi propia sabiduría y experiencia, sino en la gracia y sabiduría de Dios que me da a través de Su Espíritu y Su Palabra. No leerán los consejos de una experta, sino que juntas iremos a la Palabra y buscaremos allí cuál es la visión de Dios acerca de la maternidad.

Así que, hermanas, *les ruego por las misericordias de Dios que presentemos nuestros cuerpos como sacrificio vivo y santo, aceptable a Dios, que es nuestro culto racional. Y no os adaptemos a este mundo, sino seamos transformadas mediante la renovación de nuestra mente, para que verifiquemos cuál es la voluntad de Dios: lo que es bueno, aceptable y perfecto* (Rom. 12:1-2, parafraseado). Pidámosle a Dios que nos ayude a poner a un lado lo que nosotras *queremos* para nuestras propias vidas y nos muestre la meta que *debemos* perseguir.

Muchas mujeres piensan que para ser madre hay que tener un llamado especial, pero no es así. Para ser madre solo hay que tener un corazón rendido a la voluntad de Dios y ser dependiente de Su gracia. La meta de este capítulo es presentar una perspectiva bíblica acerca de la maternidad como algo más allá de una simple decisión o carrera, presentarla como una asignación sagrada y llena de significado eterno. Juntas veremos que la maternidad es mucho más que cambiar pañales, hacer que los niños se comporten bien y tener una familia de portarretrato. Estamos involucradas en una obra trascendente —la gran obra de redención de almas eternas por parte de nuestro Dios—.

La maternidad después de la caída: ¿dónde estamos?

A través de toda la Biblia podemos ver que Dios tiene en alta estima el rol de madre. Él lo considera como un rol de gran honor. Aunque Dios es Padre, en la Escritura Él usa imágenes maternales para referirse a sí mismo (Isa. 66:13). En la fundación del mundo, Dios creó a la mujer, sacándola del costado de Adán y dijo que ella sería «ayuda idónea» para él (Gén. 2:18-23) y es llamada «madre de todos los seres vivientes» (Gén. 3:20). La mujer tendría un rol esencial en el orden de la creación. Todas seríamos madres —mujeres que crean y nutren vida—.

Aunque el diseño de Dios para la mujer era perfecto y bueno, entró el pecado en escena y tuvo efectos devastadores: *Y pondré enemistad entre tú [la serpiente] y la mujer, y entre tu simiente y su simiente; él te herirá en la cabeza, y tú lo herirás en el calcañar. A la mujer dijo: En gran manera multiplicaré tu dolor en el parto, con dolor darás a luz los hijos; y con todo, tu deseo será para tu marido, y él tendrá dominio sobre ti* (Gén. 3:15-16). La guerra quedó declarada. Satanás estaría en guerra contra la mujer y su simiente —en última instancia contra el hijo de María, Jesucristo—. La maternidad se convertiría en algo doloroso, desde la concepción hasta la muerte. Pero Dios en Su gran misericordia y de acuerdo con Su gran plan de redención, a través de la misma mujer por la cual entró el pecado al mundo —de su simiente— salvaría al mundo.

Pero la guerra aún no ha terminado. Muchas generaciones más tarde todavía estamos peleando la batalla contra la serpiente. Obtuvimos la victoria final en Jesucristo, pero Satanás todavía busca socavar el plan de Dios. De manera evidente en nuestros días vemos cómo la maternidad está siendo atacada. Satanás ha permeado la sociedad con mentiras acerca de las madres y los niños porque él conoce el valor que ellos tienen para el reino de Dios.

Los días en que la sociedad admiraba a las madres —esas mujeres que sacrificialmente se entregaban por el bien de su familia— quedaron en el olvido. El feminismo ha vendido la mentira de que la mujer debe buscar hacer solo lo que le da satisfacción y plenitud instantánea, que la maternidad es un sacrificio innecesario y que ella debe buscar su valor en logros fuera del hogar. La autora y madre, Erin Davis dice: «Nuestra cultura ama la idea de la maternidad, pero cuando se ha terminado el "baby shower", el mensaje claro es que poner tus talentos, tiempo, energía y pasión hacia ser madre es un error».[28]

El mensaje prevalente en la sociedad es que los niños son un inconveniente y ser madre es un obstáculo para ocupaciones mayores y más satisfactorias. Las que sí han abrazado el rol de madre lo hacen como les parece más conveniente, con frecuencia sacrificando a sus hijos y familias en el altar del éxito a la manera del mundo. Persiguiendo promesas vacías de que lo pueden tener todo, muchas mujeres abandonaron su responsabilidad de tener, nutrir y cuidar, y mucho menos criar a sus hijos en el temor del Señor.

¿Cómo podemos hacer avanzar la obra de Dios cuando estamos bajo la influencia del mundo y vivimos nuestras vidas enfocadas en metas vanas? Es tan fácil ser engañadas por el enemigo, ser envueltas en las formas y cosmovisión del mundo. Satanás nos quiere distraer de la misión sagrada que nos fue encomendada. Abrazar la maternidad bíblica es

---

[28] Erin Davis, *Beyond Bath Time* [Más allá de la hora del baño] (Chicago, IL: Moody Publishers, 2012), 18.

ir directamente en contra de la cultura y de nuestra propia naturaleza pecaminosa y egocéntrica. Tenemos que rechazar las mentiras del mundo, rendir nuestras opiniones personales acerca de la feminidad y la maternidad, y abrazar la visión de Dios sobre ellas.

Dios está obrando y nos llama a cumplir nuestro papel. *En Su gracia y misericordia, os dio vida a vosotros, que estabais muertos en vuestros delitos y pecados, en los cuales* anduvisteis **en otro tiempo según la corriente de este mundo, conforme al príncipe de la potestad del aire,** *el espíritu que ahora opera en los hijos de desobediencia, entre los cuales también todos nosotros en otro tiempo vivíamos en las pasiones de nuestra carne, satisfaciendo los deseos de la carne y de la mente, y éramos por naturaleza hijos de ira, lo mismo que los demás.* **Pero Dios,** *que es rico en misericordia, por causa del gran amor con que nos amó, aun cuando estábamos muertos en nuestros delitos, nos dio vida juntamente con Cristo (por gracia habéis sido salvados), y con Él nos resucitó, y con Él nos sentó en los lugares celestiales en Cristo Jesús,* **a fin de poder mostrar en los siglos venideros las sobreabundantes riquezas de su gracia por su bondad para con nosotros en Cristo Jesús.** *Porque por gracia habéis sido salvados por medio de la fe, y esto no de vosotros, sino que es don de Dios; no por obras, para que nadie se gloríe. Porque somos hechura suya,* **creados en Cristo Jesús para hacer buenas obras,** *las cuales* Dios **preparó de antemano** *para que anduviéramos en ellas* (Ef. 2:1-10, énfasis añadido).

Dios nos salvó para buenas obras que Él preparó de antemano para que anduviéramos en ellas. Cuando venimos al conocimiento de Dios y a la salvación por medio de Jesucristo, pasamos de ser esclavas de maldad a ser esclavas y siervas de Dios. Dios tiene un propósito glorioso que Él ha designado para nosotras. Cada una de nosotras, cuando fuimos salvadas de la muerte y de nuestra vana manera de vivir, también fuimos llamadas a vivir para Él. Como les dice el apóstol Pablo a los corintios: *por todos murió, para que los que viven, ya no vivan para sí, sino para aquel que murió y resucitó por ellos* (2 Cor. 5:15). Pablo continúa diciendo que Dios, *quien nos reconcilió consigo mismo por medio de Cristo [...] nos dio el ministerio de la reconciliación [...] Por tanto, somos embajadores de Cristo, como si Dios rogara por medio de nosotros; en nombre de Cristo os rogamos: ¡Reconciliaos con Dios!* (2 Cor. 5:18-20).

De manera que la vida cristiana se trata de vivir para Dios a través de una vida de servicio a los demás. Él nos dio el ministerio de la reconciliación. A través de nuestras vidas rendidas a Él, Dios está reconciliando a las personas con Él por medio de Su Hijo Jesucristo. Pero, ¿qué tiene esto que ver con la maternidad? ¿Qué tiene que ver nuestro diseño como mujeres con este ministerio de la reconciliación?

La maternidad como medio de redención

Para entender nuestro papel en la redención, hay que volver al principio. Como mujeres, fuimos creadas para ser ayuda y dadoras de vida. Es interesante notar que justo después de la caída Adán le pone nombre a su mujer: *Y el hombre le puso por nombre Eva a su mujer, porque ella era la madre de todos los vivientes* (Gén. 3:20). Aun en este mundo caído, ahora plagado de pecado, dolor y muerte, la mujer es llamada «Eva», que en hebreo significa «vida», y es llamada «madre de todos los

vivientes». De ella vendría vida —toda una simiente—. Dios
diseñó a la mujer para llevar a cabo esta misión de concebir
y levantar una nueva generación. Con el pecado vino la
promesa de redención (Gén. 3:15).

Aunque el pecado corrompió la maternidad, a través de
ella Dios obraría redención. Por la gracia multiforme de Dios,
la misma mujer que pecó tendría la oportunidad de participar
en la redención de la humanidad. Dice Pablo a su discípulo
Timoteo: *Porque Adán fue creado primero, después Eva. Y
Adán no fue el engañado, sino que la mujer, siendo engañada
completamente, cayó en transgresión.* **Pero se salvará engendrando hijos,** *si permanece en fe, amor y santidad, con modestia*
(1 Tim. 2:13-15, énfasis añadido). Este pasaje resulta confuso
para algunas mujeres.

Pablo les da instrucciones a los hombres y las mujeres de la
iglesia de Éfeso en la que Timoteo era pastor y les explica el
papel de cada uno dentro de la congregación. Pablo no estaba
diciendo que la mujer se ganaría la salvación a través de la
maternidad. John Piper explica:

> ... los dolores de la maternidad —incluso si duran toda
> una vida— no son la palabra final de Dios para las
> mujeres. Dios tiene la intención de salvar a la mujer.
> Tiene la intención de que sean «coherederas» junto al
> hombre de la gracia de la vida (1 Ped. 3:7). Así como
> el hombre debe ocuparse en su salvación bajo la
> maldición de las futilidades y miserias de su trabajo
> (Gén. 3:18-19), millones de mujeres deben encontrar
> su salvación bajo los dolores y las miserias de la ma-

*ternidad. El camino de la salvación es el mismo para
ella como para todos los santos: «continuar en la fe,
amor y santidad, con dominio propio» [...] Jesucristo
es el Salvador que se hizo maldición por nosotros
(Gál. 3:13). El aguijón de la maldición se ha eliminado.
No nos puede condenar más. La fe en Él es el vínculo
con el Salvador. El amor, la santidad y el dominio
propio son los frutos de esta fe.*[29]

En Cristo, la maldición se convirtió en bendición. El
evangelio le trae esperanza a la mujer. Lo que para ella era
maldición se convertiría en canal de salvación. Por tanto, la
maternidad es un megáfono para el evangelio (Tito 2:5,11-14)
por lo que expresa y por lo que hace en y a través de nosotras.
Por medio de la fiel labor de una madre, la Palabra de Cristo es
proclamada y el valor de Su sacrificio es exaltado. A medida
que vivimos nuestro diseño adornamos la doctrina de nuestro Señor Jesucristo (Tito 2:10). *Derrotamos a Satanás una y
otra vez con un arsenal de madres comprometidas, fieles a la
responsabilidad que les ha sido dada.*[30] A través de la maternidad, participamos en la redención de todas las cosas mientras
levantamos una generación consagrada a Dios y apasionada
por Cristo. *Su labor [de la madre] en nutrir hijos en el temor del*

[29] John Piper, «How Are Women Saved Through Childbearing?» [¿Cómo se
salvarán las mujeres teniendo hijos?], articulo subió en DesiringGod.org el 10 de
junio de 2014. http://www.desiringgod.org/articles/how-are-women-saved
-through-childbearing.
[30] Dorothy Patterson, «Biblical Theology of Womanhood: Old Testament - Lecture 6» [Teología bíblica de la maternidad: El Antiguo Testamento - lección 6],
subido en YouTube.com el 22 de septiembre de 2014 por el Seminario Bautista
Teológico Southwestern. https://www.youtube.com/watch?v=sd7j-FJveWE.

Señor es su participación privilegiada en la obra de Dios de unir todas las cosas en Jesús (Ef. 1:10).[31]

No solo es la maternidad un medio de redención de la próxima generación, sino que también es un medio de Dios para la redención y renovación de la misma madre. La misión de la maternidad sirve para nuestra consagración al Señor. Nosotras mismas somos guardadas de la tentación y purificadas mientras nos enfocamos en la misión que Dios nos encomendó. Mientras seguimos el ejemplo del amor sacrificial de Cristo y obedecemos Sus mandamientos, Él nos va transformando más y más a Su imagen y semejanza (2 Cor. 3:18).

Abraza la misión sagrada de la maternidad

Tu maternidad no se trata de ti ni de tus hijos, sino de la gloria de Dios. La labor aparentemente trivial que hacemos a diario como madres es parte de la misión que Dios diseñó para que cumplamos Sus propósitos eternos. «La maternidad es una vocación de vida digna y agotadora asumida por una mujer que ha resuelto entregarse por completo a la labor de nutrir hijos piadosos desde el ambiente de un hogar piadoso [...] Una madre está manejando cosas de mucha mayor magnitud. Ella está manejando almas que permanecerán para siempre».[32]

Detrás de las ocupaciones aparentemente comunes, hay una misión de gran valor y con significado trascendente. Aun lo más trivial lo estás haciendo para la gloria de Dios

---

[31] Gloria Furman, *Treasuring Christ When Your Hands Are Full* [Atesorando a Cristo cuando tienes las manos ocupadas] (Wheaton, IL: Crossway, 2014), 17.

[32] Mark Chanski, *Womanly Dominion: More Than A Gentle and Quiet Spirit* [Dominio femenino: más que un espíritu apacible y tranquilo] (Amityville, NY: Calvary Press, 2008), 90, 108.

(1 Cor. 10:31). Las repercusiones de vivir esta misión con enfoque, diligencia y fidelidad son eternas e incalculables.

Sally Michael, madre, autora y fundadora del ministerio Niños Deseando a Dios, dice: «Somos embajadoras de Dios con el ministerio de reconciliación y discipulado, por el que trabajamos proclamando a Cristo con la sabiduría y energía que Él nos da. Ser madres, como embajadoras de Dios, es un alto llamado, digno de nuestros mayores esfuerzos, nuestra firme devoción, y oraciones más fervientes».[33] Tenemos que despojarnos del viejo hombre, de las mentiras del enemigo, y de nuestras percepciones y emociones acerca de la maternidad, y abrazar la verdad de la Palabra de Dios acerca de ella.

Pero primero debemos *abrazar la perspectiva de Dios acerca de los hijos.* Como mencionaba anteriormente, Satanás quiso rebajar el valor de los niños. Lo vemos en la medida en que menos mujeres muestran interés en tener hijos hasta el punto de considerar eliminarlos de su vientre a conveniencia. Rachel Jankovic, autora y madre de seis, lo expresa de esta manera:

La verdad es que hace años, aún antes de que esta generación de madres hubiese nacido, nuestra sociedad tomó una decisión acerca del lugar que ocupan los niños en la lista de cosas importantes. Cuando se legalizó el aborto, lo hicimos ley. Los niños son inferiores en valor que la universidad. Inferiores a viajar por el mundo, por supuesto. Su lugar está debajo de tener la

---

33 Sally Michael, *Mothers: Disciplers of the Next Generations* [Madres: Discipuladoras de las próximas generaciones] (Minneapolis, MN: Children Desiring God, 2013), 39.

*libertad de salir de noche cuando se quiera. Por debajo
de perfeccionar tu cuerpo en el gimnasio. Por debajo
de cualquier trabajo que puedas tener o esperas conseguir. De hecho, los niños quedan por debajo de tu deseo
de sentarte y arreglarte los dedos de los pies, si eso es lo
que quieres hacer. Por debajo de todo. Los niños son la
última cosa en lo que deberías gastar tu tiempo.*[34]

Dicho de esta manera suena muy desagradable, pero tristemente es la realidad que se esconde detrás de la manera como
vemos que las mujeres hoy día establecen sus prioridades. Los
niños son costosos, inconvenientes, ocupan nuestro tiempo, pero
contrario a todas las cosas en las que gastamos nuestro tiempo
y recursos, ellos tienen un valor eterno. Son almas creadas por
Dios que perdurarán para siempre y que nos son encomendados
a nosotros durante un tiempo para un valioso propósito.

Acerca de los hijos, la Palabra nos dice: *He aquí, don del
Señor son los hijos; y recompensa es el fruto del vientre. Como
flechas en la mano del guerrero, así son los hijos tenidos en la
juventud.* **Bienaventurado** *el hombre que de ellos tiene* **llena** *su
aljaba; no será avergonzado cuando hable con sus enemigos en la
puerta* (Sal. 127:3-6, énfasis añadido). También Jesús enfatizó
el valor de los niños al manifestar: *Dejad a los niños, y no les
impidáis que vengan a mí, porque de los que son como éstos es
el reino de los cielos* (Mat. 19:14).

---

[34] Rachel Jankovic, «Motherhood Is a Calling and Where Your Children Rank»
[La maternidad es un llamado y el lugar donde se ubican tus hijos], subió en el
blog el 14 de julio de 2011. http://www.desiringgod.org/articles/motherhood
-is-a-calling-and-where-your-children-rank.

Dios usa palabras como «don», «recompensa», «flechas» contra el enemigo y llama «bienaventurado» a quien los tiene. Que el Señor nos dé amor por lo que Él ama. Como mujeres, creadas para dar y nutrir vida, debemos tener corazones abiertos a la bendición de tener hijos. Debemos pedirle al Señor que escudriñe siempre nuestras motivaciones a la hora de considerar este tema. Si el Señor no te dio hijos biológicos, el llamado de dar vida aún es para ti. Ya sea a través de la adopción o la maternidad espiritual, todas estamos llamadas a participar en el nuevo nacimiento y la reproducción de discípulos de Cristo, manifestando amor por la próxima generación.

Dios nos llama a *abrazar la Gran Comisión* (Mat. 28:18-20). La maternidad se trata de eso. Dios nos dio el ministerio de la reconciliación. Muchas queremos salir y evangelizar por el mundo, pero ¿quién le está predicando y enseñando a nuestros hijos? Dios le dio una influencia y oportunidad a la madre que no le ha dado a ninguna otra persona en sus vidas. Si Dios te dio hijos, no tienes que buscar muy lejos a quienes evangelizar e instruir. Sobre el tema, la esposa, madre y autora Gloria Furman afirma: «El diseño de Dios para la mujer de nutrir vida va de acuerdo con la Gran Comisión. La obligación del pueblo de Dios no es simplemente llenar la Tierra con bebés, sino de multiplicar fieles portadores de la imagen de Dios a través de la procreación y el discipulado —de hacer discípulos en las naciones—».[35]

---

[35] Gloria Furman, «10 Things You Should Know about Motherhood» [Diez cosas que usted debería saber sobre la maternidad], subió en el blog de Crossway el 2 de mayo de 2016. https://www.crossway.org/blog/2016/05/10-things-you -should-know-about-motherhood/.

La misión de la madre es de evangelización, instrucción y discipulado. Es mostrarles a sus hijos el glorioso evangelio de Cristo, motivarlos a arrepentirse de sus pecados y aceptar a Jesús como Salvador y Señor y que sean fieles discípulos suyos. Tenemos el mandato de enseñarles todo el consejo de Dios en todo tiempo y pasar Su Palabra a la próxima generación (Deut. 6:5-9; Sal. 145:4):

> [...] **contaremos a la generación venidera** *las alabanzas del Señor, su poder y las maravillas que hizo. Porque Él estableció un testimonio en Jacob, y puso una ley en Israel, la cual* **ordenó a nuestros padres que enseñaran a sus hijos; para que la generación venidera lo supiera, aun los hijos que habían de nacer;** *y éstos se levantaran y lo contaran a sus hijos,* **para que ellos pusieran su confianza en Dios,** *y no se olvidaran de las obras de Dios, sino* **que guardaran sus mandamientos** (Sal. 78:4-7, énfasis añadido).

Todos los días, con nuestras acciones y palabras, tenemos oportunidad de mostrarles la belleza y gloria de Jesucristo a nuestros hijos. Hasta el acto más pequeño puede sembrar en sus corazones amor por Dios y deseo de vivir para Cristo. Queremos proclamar a Cristo, amonestando y enseñando a nuestros hijos con toda sabiduría, a fin de poder presentarlos perfectos en Cristo (Col. 1:28-29). Como la abuela y la madre de Timoteo lo instruyeron en la Escritura y en la fe (2 Tim. 1:5; 3:14-15), así queremos ser usadas por Dios para extender el reino de Cristo en la Tierra.

Por consiguiente, Dios nos llamó a **abrazar una vida de servicio.** Como vimos al principio, Dios nos diseñó para ser *ezer*, «ayuda». Somos, por naturaleza, colaboradoras y ayudantes. Para una madre, las necesidades que demandan «nuestra ayuda» pueden ser interminables. La maternidad es un llamado a vivir una vida desprendida, de servicio a los demás, empezando por nuestro esposo e hijos. La labor de una madre es seguir el camino de nuestro Maestro y Salvador, de rendición y humillación por amor al otro, con miras a que sus hijos lleguen a recibir la vida eterna (Juan 13:13-15; Fil. 2:3-8).

Nuestra vida no dará fruto eterno si no morimos a nosotras mismas y vivimos para otros (Juan 12:24-25; Rom. 12:1). Frecuentemente, tenemos la tentación de escapar de las demandas diarias del hogar. Sin embargo, no quisiéramos mirar hacia atrás luego y darnos cuenta de que no estuvimos tan presente en sus vidas como hubiésemos querido. Debemos amar sin límites, dar hasta gastarnos, cuidar a los pequeños y débiles. Una madre «hace los sacrificios necesarios para hacer las cosas rutinarias y ordinarias que mueven el evangelio hacia adelante».[36]

En la mayoría de los casos, no es a través de los grandes movimientos y actos que la causa de Cristo avanza, sino a través de vidas de entrega total. A veces no nos damos cuenta de cuán importantes son esas pequeñas cosas que hacemos. ¿Sabías que cada vez que limpias a tu niño, muestras el corazón del Salvador que vino a limpiarnos de nuestra suciedad? Cada vez que le das de beber y de comer, Cristo lo

---

[36] Ibíd.

ve y te espera una recompensa (Mat. 10:42; 18:5; 25:42-45). Cada vez que te quedas hasta tarde sosteniendo conversaciones difíciles con tu hijo adolescente, muestras el cuidado del Pastor de nuestras almas que nos guía en Su verdad. Le das gloria a tu Salvador y haces el evangelio brillar frente a los ojos de tus hijos. Nuestra vida cuenta para el reino cada vez que nos entregamos completamente. La única vida que vale la pena vivir es una vida desprendida.

Vivir esta vida sacrificial es algo que no podemos hacer con nuestras propias fuerzas. Para llevar a cabo esta misión debemos **abrazar nuestra insuficiencia.** Nos gusta sentirnos capaces y hacer lo que nos resulta fácil. Pero Dios nos está llamando a abrazar una misión más grande que nosotras mismas, que jamás podríamos llevar a cabo solas.

Aprovecho para resaltar la importancia de ejercer la maternidad en comunidad, con un conjunto de mujeres sabias —solteras, esposas, madres, abuelas— que abrazaron el llamado de Dios y Su diseño para la mujer que nos puedan apoyar, animar y exhortar en el camino (Tito 2:3-8; Heb. 10:24-25). La influencia que ejercen sobre nosotras las personas con quienes nos relacionamos es muy fuerte. Dios nos manda a pertenecer a una comunidad de creyentes que juntos puedan crecer en el amor y conocimiento de Cristo (Ef. 4:15-16). La maternidad puede ser una senda muy solitaria y es importante no aislarnos. Necesitamos a nuestro alrededor mujeres con el mismo sentir con quienes podamos orar, buscar consejo, compartir luchas y experiencias, y estudiar la Palabra.

Desde que nació mi primera hija he pertenecido a grupos de madres que me sirvieron de refrigerio y estímulo. Si no

tienes uno, quizás puedes empezar con dos o tres madres
más y orar o estudiar un libro juntas. También puedes buscar
a una mujer mayor que ya ha pasado la etapa de crianza que
pueda aconsejarte.

Las mujeres solteras pueden ofrecer de su tiempo para
cuidar a los pequeños de una madre cansada, sirviéndole de
apoyo, y al mismo tiempo pueden invertir una en la vida de la
otra. También ella podría servir en la escuela dominical o en
el cuidado de niños de su iglesia. Es importante que nuestros
hijos vean que somos parte de una comunidad de discípulos
de Cristo que juntos lo siguen, viviendo las mismas convicciones y valores, dando apoyo así a nuestra misión en casa.

No pretendamos llevar a cabo la encomienda de levantar
una generación para Cristo con nuestras fuerzas. En nuestra
maternidad, que la *que habla, que hable conforme a las palabras
de Dios; [la] que sirve, que lo haga por la fortaleza que Dios da,
para que en todo Dios sea glorificado mediante Jesucristo, a
quien pertenecen la gloria y el dominio por los siglos de los siglos*
(1 Ped. 4:11). Estamos llamadas a buscar nuestro poder y
sabiduría en Dios solamente. Tenemos que abrazar una vida
de dependencia—en la Palabra, en la oración y en el poder del
Espíritu Santo. Despojémonos de la autosuficiencia y aferré-
monos a la vid (Juan 15:4-5). Que podamos «seguir Su patrón,
confiar en Sus promesas y nutrir en Su poder».[37]

El mundo está obsesionado con encontrar cómo ser
madres perfectas y cómo criar perfectamente. Pero la madre
cristiana puede descansar en la realidad de que solo hay Uno

[37] Ibíd.

perfecto y que Él vivió y murió por ella. «Los padres más efectivos son aquellos que se simplifican porque ellos creen que la Biblia es suficiente».[38] Busca al Señor intencionalmente. Medita en Su Palabra. Recurre primero a la oración. Que toda la información e ideas del mundo no te carguen y te desenfoquen de la misión.

Sally Michael nos exhorta:

Para criar a nuestros hijos fiel y apropiadamente, debemos orientar nuestras vidas alrededor de Cristo. Él es la Fuente, el Sostenedor y Meta de nuestra maternidad [...] Como madres, tenemos la tentación de ser consumidas por las ocupaciones de la vida —preparar alimentos, cambiar pañales, llevar a los niños a la escuela, lavar la ropa, atender una gran cantidad de tareas para manejar un hogar y una familia— y descuidar nuestro desarrollo espiritual. No solo es esto un suicidio personal espiritual, sino que también es perjudicial para nuestros hijos. Si queremos nutrir la fe de nuestros hijos, debemos, primero, nutrir nuestra propia relación creciente con el Dios vivo. Debemos estar armadas espiritualmente para el día, lo cual significa hacer lo que debemos hacer para preservar nuestro tiempo con Dios. No podemos ser buenas embajadoras si no estamos reuniéndonos con el Rey.[39]

---

[38] William Farley, «Padres con el poder del evangelio», Conferencia-Taller de Padres en el Colegio Cristiano Logos de Santo Domingo, República Dominicana, el 11 de septiembre de 2015.

[39] Michael, *Mothers*.

Muchas veces fallaremos delante de Dios y de nuestros hijos y debemos tomar esos momentos como oportunidades para modelar nuestra dependencia en Cristo y buscar Su perdón. Muchas veces, después de una mala noche con una niña enferma o un recién nacido hambriento, sentiremos que no podemos abrir los ojos, mucho menos sobrevivir el día. Descansemos en Él. Cuídalos, que Él cuidará de ti. *Como pastor apacentará su rebaño, en su brazo recogerá los corderos, y en su seno los llevará; guiará con cuidado a las recién paridas* (Isa. 40:11). Todo lo puedes en Cristo que te fortalece (Fil. 4:13).

Nuestra necesidad como madres, finalmente, nos lleva a **abrazar a Cristo como supremo Señor y Tesoro sobre todas las cosas.** Antes de darnos el mandato de enseñar la Palabra a nuestros hijos, el libro de Deuteronomio nos anima: *Amarás al Señor tu Dios con todo tu corazón, con toda tu alma y con toda tu fuerza. Y estas palabras que yo te mando hoy, estarán sobre tu corazón* (Deut. 6:5-7). «Nuestra lucha primaria a la hora de criar a nuestros hijos no es subyugar sus voluntades, saber cómo enseñarles la Biblia, o hasta cómo orar por ellos. Nuestra mayor lucha estará en amar y adorar a Dios sobre todas las cosas, para que podamos sobreabundar en impartir ese amor a nuestros hijos...».[40]

Se trata de Cristo. Nuestro rol de madre debe fluir de nuestro amor por Cristo y nuestra relación con Él. Es el amor de Cristo nuestro motor (2 Cor. 5:14). No somos suficientes por nosotras mismas ni para nuestros hijos. Solo

---

[40] Ibíd.

hay Uno que es suficiente para nosotras y nuestros hijos: ¡Jesucristo!

Al final de todo, nuestra identidad no descansa en ser madres. No busquemos nuestro valor en nuestros hijos ni en nuestro desempeño como madres. No son el centro de nuestras vidas. Nuestra identidad no descansa en nuestra asignación. Cristo no solo es suficiente para la maternidad, sino también para satisfacer tu alma. Tu identidad no se encuentra en tu rol como madre, ni tu plenitud en tus hijos. ¡Solo Cristo nos da sentido, propósito y satisfacción eterna! Él es nuestra única esperanza. Él es el objetivo y el fin de tu vida y de tu maternidad.

Esperando una cosecha

¿Qué pasaría si todas abrazáramos este llamado de todo corazón? La Palabra nos dice: *La mujer se salvará engendrando hijos,* **si permanece** *en fe, amor y santidad, con modestia* (1 Tim. 2:15, énfasis añadido). Estamos llamadas no simplemente a engendrar hijos, sino a *permanecer*. La maternidad es una carrera de larga distancia y requiere perseverancia en la fe. En una sociedad de resultados inmediatos, la maternidad se percibe como pérdida de tiempo y esfuerzo. Por el pecado en el mundo, en nosotras y en nuestros hijos, el camino será difícil, pero pongamos nuestra esperanza en la gracia que será revelada en el día de la revelación del Señor Jesucristo (1 Ped. 1:13; Rom. 8:18).

En ocasiones se hace difícil ver más allá de lo cotidiano y todo se siente más trivial. Sin embargo, el Señor, en Su bondad, nos muestra destellos de gloria —dulces momentos y conversaciones con nuestros hijos—, tesoros en Su Palabra. En todo momento, sin importar cuán cotidiano o difícil sea, hay esperanza, hay gracia, hay gozo, porque Dios está allí. Solo necesitamos ojos para ver. Seguimos adelante con la eternidad frente a nuestros ojos. No se trata del aquí y el ahora, esta es una encomienda con frutos eternos y una inversión en el reino celestial.

Algunas de nosotras no veremos fruto de este lado de la eternidad. La maternidad, así como la vida cristiana, es un llamado a la fidelidad, aunque no veamos resultados. La realidad es que la salvación de nuestros hijos no depende de nosotras, pero estamos llamadas a ser fieles mayordomas de la encomienda que Dios nos dio (Mat. 25:20-30). ¡Pero la cosecha vendrá! (Gál. 6:9). *Al igual que en toda gran obra, requiere tanto tiempo, esfuerzo, trabajo, fuerza, fe y paciencia. Pero criar hijos piadosos es el trabajo más importante en la eternidad.*[41]

Nuestra meta no es simplemente criar niños felices, exitosos y que aporten a la sociedad, sino que estamos preparando a nuestros hijos para el día del juicio y para una eternidad con Dios. ¿De qué vale haber provisto una vida privilegiada para nuestros hijos y que pasen su eternidad lejos de Dios? En el día a día, mientras cuidamos e instruimos a nuestros hijos naturales y espirituales, en las buenas y en las malas, oremos como el pastor Jonathan Edwards: «¡Señor, pon la

---

[41] Sally Clarkson, «Parenting: It All Starts with Your View of God» [Paternidad: Todo comienza con su visión de Dios], subió en el blog el 21 de marzo de 2011. http://sallyclarkson.com/blog/parenting-it-all-starts-with-your-view-of-god.

eternidad como sello en mis ojos!».[42] Por tanto, hermanas, *estad firmes, constantes, abundando siempre en la obra del Señor, sabiendo que vuestro trabajo en el Señor no es en vano* (1 Cor. 15:58).

‖‖

Evalúate

1. ¿De qué forma influyó la cosmovisión del mundo tu perspectiva de los hijos y de la maternidad?

2. ¿Con frecuencia ves a los niños como una inconveniencia o los ves como una bendición y como una encomienda? ¿De qué manera se ve esto en tu día a día?

3. Si eres soltera o esposa sin hijos aún, ¿tienes deseos de ser madre algún día? ¿Sí o no? ¿Por qué?

4. ¿Qué cosas o ambiciones personales están compitiendo con tu llamado de madre?

5. ¿En cuál(es) área(s) crees que tienes que conformar tu maternidad a la Palabra de Dios? ¿Qué cambios podrías hacer para responder adecuadamente al llamado de Dios?

6. ¿Cómo estás obedeciendo la Gran Comisión de discipular activamente a tus hijos?

7. ¿Te encuentras con frecuencia renuente a servir a tus hijos? ¿De qué maneras podrías servirlos mejor diariamente?

---

[42] Muchos autores diversos atribuyen esta frase a Jonathan Edwards.

8. ¿De qué maneras prácticas estás procurando ejercer la maternidad en comunidad?

9. ¿Con cuánta frecuencia dependes de otras fuentes de sabiduría para la crianza de tus hijos? ¿Estás haciendo de la oración y de la lectura de la Palabra un hábito en tu vida?

10. ¿Buscas tu gozo y satisfacción en tu desempeño como madre o en Cristo? Pídele al Señor que te muestre de qué maneras estás depositando tu fe, gozo y plenitud en otras cosas.

CAPÍTULO 5

Una visión bíblica para las jóvenes: respondiendo al llamado de Tito 2

POR BETSY DE GÓMEZ

> [...] que enseñen a las jóvenes a que amen a sus mari-
> dos, a que amen a sus hijos, a ser prudentes, puras,
> hacendosas en el hogar, amables, sujetas a sus maridos,
> para que la palabra de Dios no sea blasfemada. Asimismo,
> exhorta a los jóvenes a que sean prudentes; muéstrate
> en todo como ejemplo de buenas obras, con pureza de
> doctrina, con dignidad, con palabra sana e irreprochable,
> a fin de que el adversario se avergüence al no tener nada
> malo que decir de nosotros (Tito 2:4-8).

Una de las historias favoritas de mis hijos es la del gran tractor rojo.[43] Los campesinos de una aldea lo habían conservado
durante generaciones, solo ellos sabían cómo encenderlo y
entre todos los pobladores lo empujaban para cosechar la

---

[43] Francis Chan, *El gran tractor rojo y la pequeña aldea* (Grand Rapids, MI: Editorial Portavoz, 2012), 14.

tierra y tener alimento suficiente para la aldea. Les tomaba tres meses arar todo el campo; les causaba mucho trabajo y sudor mover por ellos mismos esa maquinaria gigante por todo el campo, pero al final del trimestre y después de mucho cansancio, lo lograban.

Todo cambió un día cuando uno de los campesinos encontró un libro de su tatarabuelo mientras limpiaba el ático; se trataba del manual del gran tractor rojo. Este libro explicaba cómo se construyó el tractor y todas las cosas geniales que podía hacer. De acuerdo con el libro, si se utilizaba correctamente, el tractor podía avanzar por sí mismo y el campo entero se podría sembrar en un solo día. De manera que el campesino salió corriendo a contarles a todos la buena noticia, pero nadie le creyó. **¿Cómo es posible que ese tractor pueda moverse por sí solo?**, exclamó uno de los aldeanos. **¡Eso parece un cuento de hadas!**, gritó una señora. Todos se reían de él.

Pero eso no lo detuvo, después de largas noches siguiendo las instrucciones del manual, el campesino David pudo reparar el gran tractor y en una sola noche sembró todo el campo, al otro día todos estaban asombrados. Desde ese momento la aldea no solo producía alimentos para los suyos, sino que proveía para todas las aldeas vecinas y se convirtió en la más fructífera de toda la región.

Hay una estrecha relación entre ese tractor y nosotras hoy en día. La forma en que pensamos, las filosofías que hemos creído, las mentiras que se convirtieron en parte esencial de lo que somos, son simplemente el resultado de no conocer el manual de nuestro fabricante. Al igual que aquellos campesinos, estamos tratando de empujar con mucho esfuerzo el tractor de nuestra vida y en el camino terminamos cansadas y heridas. La presión que el mundo ejerce sobre las jóvenes es casi imposible de resistir, el peso sobre los hombros de las chicas que tratan de encajar en el rompecabezas roto de esta cultura las va destruyendo poco a poco.

¿Por qué las jóvenes necesitan tener una visión de la feminidad bíblica?

Pienso que todo el problema radica en que estamos tratando de funcionar de una forma totalmente opuesta a la que fuimos creadas. Necesitamos regresar al manual de instrucciones para obtener una visión correcta de nuestra identidad como mujeres.

Desde que eras una niña estuviste recibiendo mensajes contrarios a la Palabra de Dios que poco a poco entrenaron tu mente y deformaron tu capacidad para encontrar y ver la belleza que hay en el diseño de Dios para ti. Esos mensajes están en la televisión, en el cine, en las redes sociales y en las imparables notificaciones de tu teléfono inteligente. Pero no solo están allí, también están en los labios de tus maestras, de tus familiares y, tristemente, es posible que incluso estén en los labios de las mujeres a quienes más admiras.

Tal vez, sin darte cuenta hayas abrazado el feminismo (lee el capítulo 1) como tu propia verdad, defines tu valor como mujer por las cosas que tienes o deseas tener, y te has colocado en el centro de tu vida. Quizás la palabra sumisión para ti es un sinónimo de debilidad; es posible que pienses que el concepto de ser ayuda idónea solo combina con las fotos en blanco y negro de tus abuelas y que la prudencia solo **existe para eliminar toda la diversión en la vida.**

Las jóvenes de hoy y el oscuro panorama moral en el que viven

¿Qué caracteriza a una mujer joven hoy en día? ¿Cuáles son sus prioridades y anhelos? Me embarga una terrible tristeza al ver que las chicas de este tiempo están cautivadas por lo que tienen delante de sus ojos, el presente las controla. Es como si las escuchara decir: «¿El futuro? Para qué perder tiempo pensando en las cosas que aún no llegan si tengo que vivir intensamente lo que tengo por delante».

Pero no estoy hablando solo de las jóvenes que están en consciente rebeldía contra Dios, me refiero a las jóvenes que asisten fielmente a la iglesia cada domingo. Ellas se acostumbraron a tener una «vida de iglesia», pero no tienen sus pies firmes en la verdad. Al ser bombardeadas con todo tipo de invitación a pecar, ceden ante cualquier relación impura, haciendo clic en páginas pornográficas, rompiendo límites en sus relaciones con el mismo sexo, desechando toda instrucción de sus padres, rebelándose contra las autoridades y finalmente se desconectan física y emocionalmente de su familia.

¿Te imaginas un mundo donde el 90% de los adolescentes de 16 años ya vieron pornografía y el 80% de los jóvenes entre 15 y 17 años ya tuvieron exposición a la pornografía cruda?[44] ¿Un mundo donde el 62% de las jóvenes ya fueron expuestas

---

[44] Anugrah Kumar, «Apologist Josh McDowell: Internet the Greatest Threat to Christians» [Apologista Josh McDowell: El internet es la mayor amenaza para los cristianos], subió en christianpost.com el 16 de julio de 2011. http://www.christianpost.com/news/internet-the-greatest-threat-to-christians-apologist-josh-mcdowell-says-52382/.

a la pornografía[45] y en el que muy probablemente haya un aumento continuo en el sexteo (el intercambio de fotos o videos personales con contenido de desnudez total o parcial).

¿Cuál es el resultado? Corazones rotos, vidas desorganizadas, heridas que no cicatrizan y almas endurecidas.

Luz en medio de la oscuridad

Pero... ¿por qué ocurre esto? El pecado afectó todas las áreas de nuestras vidas, nuestro concepto de Dios y de nosotras mismas. Distorsionó los hermosos colores del diseño con el cual fuimos creadas. Y aunque esto parezca una película de terror, la buena noticia es que el evangelio trae luz a este panorama sombrío y tiene el poder de redimir y restaurarnos. Ya no tienes que ser arrastrada por la presión del mundo, ya no tienes que cargar el terrible peso de las mentiras de esta cultura. Ahora puedes correr al manual de vida, que es la Palabra de Dios.

Fue en el Edén donde el pecado apagó las luces que nos permiten ver la belleza de nuestro diseño (lee el capítulo 2), pero Dios no nos dejó a oscuras, no nos dejó a ciegas; Él nos pintó en Su Palabra un hermoso cuadro de cómo luce la feminidad bíblica en la vida de una joven, que cuando es vivido en el poder de Su Espíritu trae gloria a Su nombre y honor a Su Palabra. Además de mostrarnos el estándar, nos presenta cuál es la mejor manera de entenderlo y recibirlo.

---

[45] Chiara Sabina, Janis Wolak y David Finkelhor, «The Nature and Dynamics of Internet Pornography Exposure for Youth» [La naturaleza y la dinámica de la exposición de pornografía en el internet para la juventud] (*CyberPsychology & Behavior*, vol. 11, n.º 6, 2008), p. 691. http://www.unh.edu/ccrc/pdf/CV169.pdf.

¿Por qué Dios manda a las ancianas a enseñar a las jóvenes?

Me preguntaba cuál es la razón por la que Dios encomienda a las mujeres mayores a entrenar a las más jóvenes y me llamó mucho la atención que no es una sugerencia ni un consejo que las ancianas pueden seguir, en realidad es un mandato. No tenemos que ir muy lejos para encontrar la respuesta.

La inclinación natural de las mujeres jóvenes (y en cualquier etapa de su vida) es a rebelarse contra Dios y Su plan. Es la tendencia pecaminosa de la «Eva» que tenemos dentro. Nuestra naturaleza de maldad intenta contradecir la verdad de Dios constantemente. Porque como consecuencia del pecado ahora nuestro deseo será atentar contra lo que Dios dijo. Es esa voz interna que te dice: «¡Ahora mi madre piensa que es la dueña absoluta de mi vida!». «¿Por qué no puedo hacer las cosas a mi manera?, ¡déjame tomar mis propias decisiones!».

Mantenemos un diálogo interno que nos empuja a querer caminar lejos de lo que ya Dios estableció. Es por eso que necesitamos con urgencia ser enseñadas y entrenadas para la piedad. **El mandato de Dios para las ancianas es una muestra de gracia para las jóvenes, es una muestra redentora de amor.** Dios no quiere que crezcas escuchando solo la voz del maligno cada vez que enciendas la televisión o te conectes en las redes sociales; por eso, en el contexto de la iglesia local, Él se asegura de colocar mujeres a tu alrededor que se encarguen de recordarte el evangelio, de recordarte cómo luce el hermoso diseño que el mundo trata de opacar.

¡Qué honor tenemos! Dios envió a Su Hijo perfecto para pagar el precio de nuestra condena. Nos salvó con Su vida

perfecta, con Su muerte en nuestro lugar y con Su resurrección nos dio una nueva vida. Pero además de tan grande
e inmerecido favor, también comisionó a mujeres que nos
instruyan de manera que ahora podamos vivir para Su gloria
y para honrar Su Palabra. La labor de una anciana en tu vida
es una muestra de la gracia y el amor de Dios para ti, es un
recordatorio viviente de Su misericordia.

El rol de una joven al responder al llamado de Tito 2

La iglesia es idea de Dios, Él la fundó y la sostiene hasta Su regreso. Tu lugar en esta comunidad de fe no se limita a asistir al
servicio especial para jóvenes un día a la semana; el propósito
de Dios al colocarte allí es que, además de ser alimentada con
Su Palabra, puedas desarrollar relaciones redentoras que te
ayuden en tu caminar con el Señor. De manera que el grupito
de amigas de tu misma edad no debe ser tu único círculo social en tu vida. Dios mismo te invita a acercarte a las mujeres
maduras en la fe a tu alrededor y te encomienda la responsabilidad de responder a su enseñanza. Es probable que en
este punto de tu vida pienses que lo último que necesitas es a
una señora diciéndote cómo debes vivir, pero te aseguro que
lo único que traerá es protección y sabiduría para tus días.

Mi hijo, Josué, siempre se queja porque le molesta ponerse
el cinturón de seguridad. Del mismo modo, es probable que
haya momentos en los que te sientas muy determinada y
fuerte, y no quieras esa protección para tu vida, pero la vida
no se detiene y el pecado no tendrá misericordia de ti cuando
un camión de tentación quiera arrollarte.

... que enseñen a las jóvenes... (Tito 2:4a).

¿Sabes lo que Dios hace en el momento en que comisiona a las ancianas a entrenar a las más jóvenes en la piedad? ¡Él está comisionándote a ti! El texto posee un llamado activo para las ancianas, pero hay una voz pasiva que sugiere que las jóvenes respondan al desafío de ser enseñables. Todo entrenamiento necesita de la colaboración del entrenado. Necesitas un corazón enseñable, humilde, transparente, que esté dispuesto a ser intencional y disciplinado. Pero sobre todo, necesitas amar al Señor; es de ese caudal que fluye todo lo anterior.

Para asumir el reto es importante que cultives tres actitudes totalmente contraculturales, pero que te harán el camino más fácil en tu jornada de convertirte en una joven verdadera.

Cultiva un corazón enseñable

Un corazón enseñable es una cualidad por excelencia de aquellos que desean aprender, y estaba presente en los discípulos de Jesucristo y también en la relación de Cristo con Su Padre (Juan 5:30). La falta de disposición a recibir la verdad lleva a la oscuridad espiritual.[46]

La Biblia está repleta de instrucciones acerca de esta virtud, imprescindible en nuestro caminar con Dios y es la única manera para alcanzar sabiduría. Necesitamos un corazón dispuesto a desechar las mentiras a las que se ha aferrado y

---

[46] Martin H. Manser y Guillermo D. Powell, s.v. «corazón enseñable», *Diccionario de temas bíblicos* (Bellingham, WA: Software Bíblico Logos, 2012).

deseoso de aprender lo que Dios manifiesta en Su Palabra.

Esa actitud nos facilitará el camino. Mira cómo el apóstol Pablo lo describe en Hebreos 5:11:

Acerca de esto tenemos mucho que decir, y es difícil de explicar, puesto que os habéis hecho tardos para oír.

A tu mentora se le hará más difícil explicarte y enseñarte si no tienes ningún deseo de aprender, si expresas apatía y demuestras desinterés. Por el contrario, si cultivas un corazón enseñable y prestas tus oídos con diligencia a la instrucción, te aseguro que será más fácil desenterrar la falsedad que ha estado enraizada en tu mente. Cerrar tus oídos a la instrucción bíblica te hará torpe espiritualmente, pero escuchar y aceptar el consejo de Dios te hará sabia el resto de tus días.

Escucha el consejo y acepta la corrección, para que seas sabio el resto de tus días (Prov. 19:20).

A final de cuentas cuando endureces tu corazón ante la enseñanza bíblica de tu mentora o de las mujeres que modelan con su vida la Palabra de Dios, estás rechazando la gracia que Dios te extiende. ¡Desecha la necedad! ¡Corre hacia la instrucción!

Cultiva la humildad

La llave hacia un corazón enseñable es la humildad. Alguien dijo que el camino a la humildad es un corazón enseñable. Es una misma vía que te lleva a los dos destinos, una no puede existir sin la otra y una es el resultado de la otra.

Una joven que cultiva un corazón enseñable reconoce que no se las sabe todas, está consciente de cuál es su lugar delante de Dios, recibe el consejo bíblico con gratitud, se rinde a la voluntad de Dios y no mide consecuencias al calcular el costo de hacer lo que Dios ordena en Su Palabra. Donde encontramos la calle sin salida es en el camino del orgullo, que se encuentra en dirección contraria a la humildad. El orgullo nos invita a aferrarnos a nuestros propios ideales, nos hace sentir que no necesitamos ser enseñadas porque nos dice que nadie puede ser superior a nosotras. Nos seduce para que creamos la mentira del Edén: «Tú puedes ser tu propia autoridad, tú puedes ser tu propio Dios».

¡Qué horrible trampa! El orgullo es la semilla de nuestro pecado, cuando nos amamos más a nosotras mismas que a Dios y no reconocemos Su autoridad sobre nosotras. Cuando caemos en su red somos atrapadas por todo tipo de engaño y destrucción.

*El orgullo lleva a la deshonra, pero con la humildad
viene la sabiduría* (Prov. 11:2, NTV).

¿Por qué necesitamos desechar el orgullo? En 1 Pedro 5:5 vemos que se instruye, probablemente a los líderes jóvenes, a someterse a la autoridad de los ancianos y luego invita a toda la congregación a vestirse de humildad los unos con los otros, y luego, de la palabra «porque», nos enseña la verdadera razón: *Dios resiste a los soberbios, pero da gracia a los humildes.* ¡Ahí está la clave! Dios se opone al orgulloso. Si algo necesitas en este camino es tener a Dios de tu lado, no como tu opositor.

La Palabra de Dios es muy clara al decir que Dios habita con el humilde de corazón (Sal. 25:9; 138:6; Prov. 3:34; Sant. 4:6; Isa. 57:15)[47] y no solo eso, sino que también le extiende gracia. Es esa gracia que tú necesitas para ser entrenada en la piedad.

Cultiva una vida transparente

El mandato a las ancianas de enseñar no fue dado para que se ejerciera en la Universidad de Jóvenes Virtuosas, fue dado para que se desempeñara en la iglesia local. No se trata de un plan de clases de las cuales te gradúas cuando obtienes una nota satisfactoria. Esta dinámica fue diseñada por Dios para que tomara lugar en el contexto de una comunidad de fe, donde los redimidos comparten sus vidas y crecen juntos. Ese fue el tipo de discipulado que Cristo nos enseñó y que la iglesia primitiva modeló.

La vida cristiana no fue diseñada por Dios para que la vivamos de forma autónoma e independiente; la marca de un cristiano siempre será una vida en comunidad. Un corazón enseñable y un espíritu humilde deben ir acompañados de una vida transparente. Nancy DeMoss Wolgemuth lo expone de esta manera: «Necesitamos vivir sin techo ni paredes».[48] En esa dinámica podemos ser realmente enseñadas, nuestra tendencia natural es esconder nuestras faltas, pero la Palabra de Dios nos exhorta a ser prontas en confesar nuestros pecados unas a otras para que seamos sanadas (Sant. 5:16).

---

[47] Ibid., s.v. «humilde de corazón».
[48] Nancy Leigh DeMoss, *Brokenness: The Heart God Revives* [El quebrantamiento: El corazón que Dios revive] (Chicago, IL: Moody Publishers, 2005), 130.

Si no eres honesta en cuanto a tus luchas y necesidades con tu mentora o con esa mujer mayor que está tratando de discipularte, será muy difícil que sanes de las heridas que el pecado te ha producido. Sé intencional en rendir cuentas de tus luchas, de tu pecado, de tus tentaciones y de tus necesidades, eso te hará sentir muy vulnerable pero paradójicamente es una puerta a la libertad que ya Cristo compró para ti en la cruz. Y asegúrate de hacerlo con la persona correcta, fíjate que a quienes Dios comisionó fue a las ancianas, no a tu mejor amigo o al hermano que tiene interés en tu vida espiritual.

Esa anciana puede ser una líder en la iglesia, una mujer piadosa de mayor edad o puede ser una mujer joven más madura que tú en la fe o probablemente la mejor persona para hacer esa labor sea tu propia madre. Recuerda que el mandato de enseñar a las jóvenes no exige que la «anciana» tenga títulos de preparación teológica, todo lo que necesitas es ser entrenada por una mujer que ame a Dios con todo su corazón y se haya rendido al diseño de Dios para su vida. Pídele sabiduría al Señor y busca consejo pastoral si no sabes a quién acudir.

El camino correcto

Confieso que tengo un pésimo sentido de orientación, soy capaz de extraviarme hasta en las calles del vecindario en el que crecí. Puedo pasar por el mismo lugar todos los días, pero no logro memorizar el nombre de la calle, el color de las casas o la esquina correcta en la que debo girar.

En una ocasión me dirigía al trabajo de mi madre y no

tomé la salida correcta, comencé a notar que algo estaba raro cuando llegué a la autopista del aeropuerto; lo peor fue que estaban reparando la calle y no pude regresar al lugar donde debía por un largo trayecto. Así que, como no puedo confiar en mi memoria, cuando me dirijo a un destino necesito tener a mano mi GPS para asegurarme, no solo de que llegaré al destino final, sino de que no perderé tiempo. Algo parecido fue lo que sucedió en mi adolescencia. Yo tenía muy claro que el propósito de mi vida era glorificar a Dios, pero no sabía cuál era la forma correcta para llegar a ese fin. Si sabes cuál es tu destino final, pero no tienes idea de cómo llegar ahí, posiblemente perderás mucho tiempo en caminos equivocados.

Fuimos creadas con el propósito de glorificar a Dios con nuestras vidas, para alabanza de la gracia que recibimos en Cristo (Ef. 1:5-6), para dar a conocer las virtudes de aquel que nos *llamó de las tinieblas a su luz admirable* (1 Ped. 2:9). ¡Esa es la razón por la cual existimos!, ¿pero cómo la llevamos a cabo?

Las voces de las celebridades de este mundo, las mentiras y promesas falsas de nuestra generación siempre te llevarán por caminos que terminan en lugares incorrectos, te conducirán por atajos que solo te causarán heridas y dolor. Como el camino de la autorealización personal que te coloca en el centro de tu mundo, el camino de una carrera profesional como tu única garantía de sustento y seguridad financiera, o quizás el atajo de conseguir lo que quieres a través de tu cuerpo. Todos esos caminos son calles sin salidas, callejones que se tornan oscuros una vez que entras en ellos, porque Dios no nos creó para servirnos a nosotras mismas.

La satisfacción y el gozo provienen de rendirnos a la autoridad de Cristo y Su Palabra.

Si volvemos a Tito 2, veremos que hay una manera de no fallar en el camino:

> ... que enseñen a las jóvenes a que amen a sus maridos, a que amen a sus hijos, a ser prudentes, puras, hacendosas en el hogar, amables, sujetas a sus maridos, para que la palabra de Dios no sea blasfemada (Tito 2:4-5).

La razón por la que Dios comisiona a las ancianas a enseñar a las más jóvenes el fundamento de la feminidad bíblica es que ambas, ancianas y jóvenes, cumplan con el propósito por el cual fueron salvas: glorificar a Cristo y anunciar las virtudes del evangelio con sus vidas. Cuando una mujer en cualquier etapa de su vida deja de cultivar las cualidades mencionadas en este pasaje, blasfema el nombre de Dios porque su conducta niega la fe que profesa.

Matthew Henry, en su comentario de este pasaje, declara: «La palabra de Dios y el evangelio de Cristo son puros, excelentes, y gloriosos, en sí mismos; y su excelencia debe ser expresada y mostrada en la vida y la conducta de quienes lo profesan...».[49]

La manera en que vivimos adorna o desacredita el evangelio. Si nuestro estilo de vida está rendido al evangelio y al

---

[49] Matthew Henry, [Comentario bíblico Matthew Henry: Obra completa sin abreviar] (Peabody, MA: Hendrickson, 1994), 2370.

diseño de Dios para nosotras, vamos a contribuir poderosa-
mente al testimonio de la iglesia.

Estas virtudes en Tito 2:4-5 no deben verse como una
imposición ni una carga, son el resultado de creer y abrazar
el evangelio ya sea que Dios te llame a formar un hogar con
tu futuro esposo, o te llame a la maternidad o quizás a una
vida consagrada a Su servicio. Y tu juventud es un terreno
fértil en el que puedes cultivar tu relación con Dios y plantar
en tu corazón las semillas de la feminidad bíblica de manera
que puedas glorificar a Dios en todas las etapas de tu vida.

¡Cuánto daría yo por haber conocido estas verdades en mi
adolescencia y juventud! No te puedo negar que esos fueron
años increíbles de servicio al Señor, pero tengo que confesar-
te que no tenía un concepto claro de las prioridades de Dios
para una señorita. A pesar de estar involucrada en todos los
ministerios para chicas que conocía, lo único que ardía en
mi corazón era el anhelo de dedicar mi vida al ministerio,
pero muy poco sabía del ministerio que Dios iba a poner muy
pronto en mis manos: mi familia.

Mientras crecí, nunca escuché enseñanzas acerca del feminismo porque nací en una generación que ya lo llevaba en
las venas, esa cosmovisión ya era parte de mí. Las mujeres
en mi hogar, centro de estudios e iglesia lucían empoderadas,
estaban al mando y dirigían al mismo nivel que los hombres,
de manera que eso era a lo que yo aspiraba, ser una mujer
fuerte, independiente, de avanzada y estar en los primeros
lugares de liderazgo.

Cuando abrí los ojos, ya no era más una adolescente, era
esposa y madre, con una carrera profesional por delante y

muy activa en mi servicio a la iglesia. Pero con un corazón totalmente insatisfecho. No entendía por qué no experimentaba esa plenitud que como creyente debía tener y la respuesta con la que trataba de consolarme a mí misma era que mi llamado no era una carrera profesional, sino el ministerio a tiempo completo. Mis múltiples ocupaciones me mantenían fuera del hogar por lo que me sentía muy desconectada emocionalmente de mi hijo, no tenía ni el más mínimo interés en nada que tuviera que ver con tareas domésticas y, a pesar de que mi esposo tenía un liderazgo muy marcado, no contaba con una sumisión espontánea de mi parte; en mi mente éramos un equipo en el que cada uno colaboraba un 50% en todo. Abrumada, en una de esas noches sin dormir por el profundo sentimiento de inadecuación, me expuse a una enseñanza de Nancy DeMoss Wolgemuth acerca de este pasaje y me di cuenta de que las prioridades de Dios para mí como mujer joven eran totalmente diferentes a las mías.

En ese momento sentí una profunda convicción de pecado y arrepentimiento, porque al final del camino yo misma había determinado cómo iba a glorificar a Dios y mi orgullo por ser una «súpermujer» me había cegado y no había podido ver el hermoso ministerio que ya tenía por delante: mi familia.

Dios le da prioridad a la familia y al hogar sobre todos los planes que una mujer joven pueda tener. Dios eleva el valor de un carácter que refleje las virtudes de Cristo por encima de los atributos que el mundo considera atractivos para una mujer.

Si descomponemos esas virtudes que una joven necesita aprender y cultivar, nos daremos cuenta de que son cualidades básicas para todo creyente, es el fruto de vivir una vida llena del Espíritu Santo.

... a que amen a sus maridos, a que amen a sus hijos...

Es un alto llamado para una generación que perdió el respeto por el matrimonio como una institución ordenada por Dios, en la que las mujeres «usan» al esposo como un pañuelo desechable. Vivimos en un mundo en el que los divorcios y las uniones de personas del mismo sexo aumentan, en una sociedad que invita a las embarazadas a terminar con la vida de su bebé si llega en un momento «inconveniente» y que empuja a las madres a salir del ámbito de influencia de sus hijos para ir detrás de sus propios sueños. Justo allí es donde Dios nos llama a vivir el evangelio de una forma que pueda ser vista por otros y traiga honor a Su nombre, atesorando lo que Dios valora. Cultivemos el amor por el matrimonio, preparémonos para dedicarnos a la crianza de nuestros hijos, elevando el estándar de la familia.

... a ser prudentes...

La prudencia es un valor en extinción entre las jóvenes de hoy en día. La palabra en griego es *sófron* y quiere decir «templado», «sereno», «de sano juicio», «capaz de controlarse a sí mismo».[50] ¿No es exactamente eso lo que hace falta en nuestra sociedad? Jóvenes capaces de refrenar sus deseos

---

[50] Robert L. Thomas, s.v. n.º 4998, «σώφρων», «of sound mind, self-controlled:— prudent(1), sensible(3)», *New American Standard Hebrew-Aramaic and Greek Dictionaries*, Updated Edition [Diccionarios de hebreo-arameo y griego Biblia de las Américas, edición revisada] (Anaheim, CA: Foundation Publications, Inc., 1998).

carnales, con dominio de sus emociones y con la serenidad de sopesar las consecuencias de sus acciones antes de actuar. Este es un hermoso adorno que las chicas pueden lucir ante un mundo desenfrenado, como lo expresa 1 Timoteo 2:9, más bello que las joyas preciosas.

... puras...

La pureza solo está de moda en las marcas de las botellas de agua. Perdió su importancia cuando tiene que ver con el carácter de una joven de estos tiempos. Pero con tanta suciedad a nuestro alrededor y con la mugre de nuestros propios pecados, ¿cómo podemos vivir puras? Cristo cargó con toda contaminación del pecado, nos lavó con Su sangre preciosa, nos presenta totalmente limpias delante del Padre y mientras el remanente del pecado esté en nosotras, nos garantiza que seremos santificadas si caminamos en Él. Podemos crecer en santidad porque Su evangelio nos capacita para vivir puras en nuestra mente, en nuestro andar, en nuestras relaciones y con nuestro cuerpo.

... hacendosas en el hogar...

En una ocasión leí esta frase: «Mujer, sal a la calle que la casa embrutece, envejece y nadie te lo agradece». Es lamentable, pero en el pasado hubiera afirmado que lo que dice es verdad, nuestra sociedad opacó el valor del trabajo en el hogar y puso todas las luces en la calle, en las oficinas, en una carrera profesional y desvirtuó los colores de la hospitalidad y el amor por el hogar. Solo una joven que aguarda con ansias ese día en el que Cristo mostrará toda Su hospitalidad al darnos entrada en Su morada eterna puede cultivar un corazón que aprecie el trabajo en el hogar.

... amables...

La amabilidad solo puede ser vista en un corazón que no está centrado en sí mismo, y ese corazón proviene de la comprensión de la obra de Cristo por nosotras. ¡Él se despojó de Su trono para servirnos! Esa es una razón suficiente para cultivar la amabilidad en el trato con los que nos rodean.

... sujetas a sus maridos...

La sumisión es un concepto arcaico para las jóvenes de esta época, a la mayoría se las entrena para que no dependan de sus esposos y para que no acepten ninguna autoridad que no sea la suya propia. Esto está sembrado en el corazón de una joven que ha comprado los ideales del mundo. Pero esa es solo la superficie del problema, porque la raíz surgió en el Edén cuando Eva no se sometió al mandato y autoridad de Dios y el pecado enredó su corazón de tal manera que la habilidad natural para someterse a su esposo como cabeza del hogar fue terriblemente afectada. El pecado empañó la belleza de la sumisión, pero Cristo la modeló a todo color al someterse libremente a la voluntad de Su Padre y el fruto de esta sumisión es el mayor de los milagros, la salvación. Cuando nos acercamos al concepto de la sumisión con la obra de Cristo en mente nos damos cuenta de que la sumisión de una esposa se trata de algo grandioso, representa la sumisión de la Iglesia, la novia de Cristo, a Él.

¿Cómo puedo vivir de esta manera?

La razón por la cual Dios nos llama a adornar el evangelio con nuestras vidas, la encontramos a partir de Tito 2:11: *Porque la gracia de Dios se ha manifestado trayendo salvación.* Cuando contemplamos de cerca las virtudes del evangelio, cuando consideramos los padecimientos de Cristo a nuestro favor y medimos la inmensa ganancia que hemos adquirido al colocar nuestra fe en Él para salvación, nuestras vidas se convierten en una celebración viva de esa gracia que inmerecidamente hemos recibido. El evangelio es el motor que nos impulsa a vivir nuestra feminidad de una manera distintiva y diferente del mundo.

Cuando entendemos que la obra salvadora de Cristo nos trasladó del reino de las tinieblas a Su luz admirable, cuando asimilamos que se nos dio una nueva naturaleza y ciudadanía, cuando sabemos que también tenemos al Espíritu Santo, que nos capacita y nos da el poder para vivir a la altura de nuestro llamado, entonces podemos abrazar la feminidad bíblica como nuestro código personal de valores. Y ahora, como extranjeras en este mundo (y en esta generación como extraterrestres) y embajadoras de la patria celestial, es que podemos modelar las virtudes de Cristo como solo una hija de Dios puede hacerlo.

Así que por más atractivas que se vean las luces de este mundo, no te dejes impresionar por sus huecas ilusiones. Ponte las gafas del evangelio y verás que todo lo que lucía atractivo es, en realidad, falsedad y mentira.

Corre a la luz verdadera que es Cristo, afirma tus pies en Su Palabra, vive conforme a Su diseño para ti, carga con la mochila de Sus promesas y camina con firmeza a tu patria celestial.

||||||||||||||||||||||||||||||||||||||||||||||||||||||||||||||||||||||||||||||||||||||||||

Evalúate

1. ¿Tus prioridades son similares a las prioridades de Dios para tu vida?

2. ¿De qué manera el evangelio te ofrece esperanza para convertirte en una joven verdadera?

3. ¿Por qué es tan importante que una joven conozca su diseño desde temprana edad?

4. ¿Cuáles son algunos de los obstáculos que enfrentas para abrazar Su diseño?

5. ¿Cuáles son las cualidades que necesitas cultivar para tener un espíritu enseñable?

6. ¿Cuáles son las virtudes que Dios comisiona que las ancianas enseñen a las más jóvenes?

7. ¿En qué área el Espíritu te dio convicción de pecado? Toma un momento para rendirte y pedir perdón.

8. ¿Qué cosas serán diferentes en tu vida a partir de ahora?

CAPÍTULO 6

Soltera para la gloria de Dios

POR ISABEL ANDRICKSON

Entonces, ya sea que comáis, que bebáis, o que hagáis cualquier otra cosa, hacedlo todo para la gloria de Dios (1 Cor. 10:31).

Al celebrar mi cumpleaños número 50 me sorprendió escuchar nuevamente que muchas personas me deseaban: «Dios te traiga un compañero», mientras otros se cuestionaban por qué no me había casado, o si existía alguna restricción debido a «mi religión». Situaciones como estas se habían convertido en una constante desde el inicio de «mi segunda soltería», después de que me divorcié a los 29 años.

Dios me regaló respuestas desde teológicas hasta jocosas, a veces para salir del paso o para no entrar en detalles. Conocer más Su soberanía las ha acortado, aún más después de aprender en *Confiando en Dios, aunque la vida duela*, de Jerry Bridges, a descansar todo en esta mesa de «cuatro patas»: Su soberanía, Su omnisciencia, Su bondad y Su amor.[51] Con Su

---

[51] Jerry Bridges, *Confiando en Dios: Aunque la vida duela* (Bogotá, Colombia: Editorial CLC, 2007), 11, 19.

gracia voy desarrollando el hábito de recordar e interiorizar estas verdades convirtiéndolas en motivos de oración para que Él transforme mi corazón.

¿Por qué, aun a los cristianos, les resulta tan difícil aceptar la soltería y ponen la carga sobre la persona soltera como si de ella dependiera su estado civil? O, como bromeaba una amiga, ¿será que creen que se resuelve tan fácil como ir a la tienda y comprar unos pantalones?

¿Fingiremos no conocer las respuestas? Crecimos más influenciadas por la cosmovisión secular que por la bíblica. La distorsión es tan antigua como amplia. Durante siglos, por ejemplo, se tuvo la idea de que los solteros (sobre todo, en la época cuando las mujeres no podían ejercer ciertos derechos) constituían una carga para la sociedad. El emperador romano Tiberio César los cargaba con impuestos; obligaba a las viudas a casarse en dos años (a diferencia de la iglesia primitiva que organizaba ayudas para ellas).[52] Más recientemente, la adoración al «dios sexo» se elevó a la categoría de «necesidad fisiológica», cuando en realidad no se trata de una función básica sin la cual el cuerpo no pueda sobrevivir.[53]

La soltería se desvalorizó, el sexo se engrandeció. Nadie quiere quedarse «para vestir santos», o ser etiquetada de «solterona», figura inmortalizada en obras como *Doña Rosita,*

---

[52] HistoricoDigital.com, «Los impuestos en el Imperio romano», consultado el 19 de octubre de 2016. http://historicodigital.com/los-impuestos-en-el-imperio-romano.html. Judith Evans Grubbs, *Women and the Law in the Roman Empire: A Sourcebook on Marriage, Divorce and Widowhood* [Mujeres y la ley en el Imperio romano: Un texto de referencia sobre el matrimonio, el divorcio y la viudez] (Londres: Routledge, 2002), 39.

[53] A. H. Maslow, «A Theory of Human Motivation», *Psychological Review* (50): 370-396. Artículo subido en agosto de 2000 por Christopher D. Green de Toronto, Canadá. http://psychclassics.yorku.ca/Maslow/motivation.htm.

la soltera, de Federico García Lorca; o en personajes carica-
turescos, como «la bruja del 71» de la serie televisiva el Chavo
del 8, una mujer neurótica, irritable, conflictiva, amargada.
¿Quién querría identificarse con el fracaso de que nadie quiso
hacerse cargo de ella? Una vida insatisfecha o marcada con
una «letra escarlata» por ser madre soltera o divorciada.

Por su parte, la mentalidad feminista celebra a las mujeres independientes, que «no necesitan de un hombre para
salir adelante», que no considera las relaciones íntimas como
exclusivas del matrimonio, y por eso, con un sinnúmero de
recursos, engrandecen a aquellas «poderosas mujeres que
redefinieron el concepto de la solterona».[54]

La historia de redención de Dios avanza y vemos cum-
plirse la Palabra en los estilos de vida: amadores de sí mismos, sin afecto natural, aborrecedores de lo bueno, traidores,
amadores de los deleites más que de Dios. Los resultados no
se han hecho esperar: adultos que extienden su adolescencia
esquivando las responsabilidades del matrimonio, parejas
que conviven sin casarse, el núcleo familiar destruido, aumento en la tasa de divorcio, embarazos fuera del matrimonio y, por ende, de las familias monoparentales con marcada
autoridad materna. América Latina es un vivo reflejo de
esta tendencia.[55] Es así que el estado civil *soltera* abarca las

---

[54] Shyla Batliwalla, «10 Single Women Who Redefined Spinsterhood» [10
mujeres solteras que redefinieron la soltería]. http://www.more.com/love-sex
/single-life/10-single-women-who-redefined-spinsterhood.

[55] Heidi Ullman, Carlos Maldonado Valera y María Nieves Rico, «La evolución
de las estructuras familiares en América Latina, 1990-2010: Los retos de la pobreza, la vulnerabilidad y el cuidado», parte de la serie de la CEPAL. http://www.
cepal.org/es/publicaciones/36717-la-evolucion-de-las-estructuras-familiares
-en-america-latina-1990-2010-los-retos.

nunca casadas y sin hijos, las madres solteras, las viudas y las divorciadas con o sin hijos.

Aprende a discernir, vivir y proclamar el verdadero valor y propósito de la soltería

Necesitamos primero descubrirlo nosotras mismas y deshacernos de nuestros propios temores a permanecer solteras. Es necesario dejar de creer que esta etapa se trata de un tiempo de *espera*, una *antesala* a, o una *preparación* para cuando llegue el esposo. Todas estas ideas ponen nuestra esperanza en la *meta*, que sería el esposo.

¿Quién contará sobre mujeres que rindieron sus solterías gozosamente por la causa del evangelio? ¿Quién presentará esas heroínas a la próxima generación a quienes, aún con personajes infantiles como la reina Elsa, de *Frozen*,[56] se les quiere inculcar que una mujer sola probablemente sea lesbiana?

¿Quién testificará que confía en la bondad, soberanía, omnisciencia y amor del Padre celestial, traiga o no un esposo? ¿Quién mostrará vidas restauradas, no por un hombre, sino por el Dios hecho Hombre? Si un grupo de feministas han «redefinido el concepto de la solterona», ¿qué no podemos hacer las hijas del Dador del regalo de la soltería?

¿Glorifica a Dios que finja estar contenta en mi soltería, mientras la insatisfacción carcome mi interior? ¿O lo glorifica el repetir frases «espirituales» ajenas a lo que hay en mi corazón? ¿Escondo mi deseo de tener un esposo para no ser tildada de inmadura? Dios ama la verdad en lo íntimo.

---

[56] Walt Disney, 2013.

Tampoco lo glorifica mi interés de permanecer soltera para perseguir un estilo de vida feminista o egoísta, para lograr mis planes, enraizada en no querer enfrentar las demandas del matrimonio, o con una actitud temerosa parecida a la de los discípulos en Mateo 19:10, *Si así es la relación del hombre con su mujer, no conviene casarse.*

Solo a través de Cristo y de la renovación de nuestras mentes mediante Su Palabra podemos ser esas mujeres de las que habla Susan Hunt: ... mujeres maduras espiritualmente [que] están mejor equipadas para convertir en palabras el dolor de una mujer.[57] Dolor que nos lleva a pecar, y pecado que nos ocasiona más dolor.

El título de este capítulo puede generar reacciones diversas. El mundo no concibe una soltería enfocada en otros y mucho menos en Otro, pues la vende como la oportunidad de vivir para ti, sin obstáculos de responsabilidades familiares.

En el ámbito cristiano, la soltería frecuentemente se concibe como:

- Una vida apartada, adusta, apagada, aburrida que genera rechazo.
- Un tiempo de espera que debería transcurrir rápido.
- Un reto imposible de lograr.

Muchas mujeres piensan que solo pueden vivir su diseño femenino y glorificar a Dios en el matrimonio, mientras que para otras, la soltería se convierte en motivo de orgullo de «santidad personal» o «un llamado superior».

---

[57] Susan Hunt, *Por Diseño: El singular llamado de Dios para las mujeres* (Miami, FL: Editorial Unilit, 2008), 75.

Si estuviéramos ante un examen de selección múltiple, y cada una de esas reacciones fuera una posible respuesta, la correcta que no está ahí, sería «ninguna de las anteriores» por ser contrarias a Su verdad.

¿Cuál fue durante estos años la reacción de tu corazón? ¿Pensaste que tu plenitud llegaría con «ese alguien»? ¿Te resististe a aceptar a Cristo como tu único Esposo? ¿Sentiste vergüenza de lucir inmadura por anhelar tener un esposo? ¿Te rendiste continuamente para experimentar Su plenitud?

Un poco de mi historia

Con frecuencia mis recuerdos se entretejen con canciones. Una de ellas es la de una mujer llamada *Penélope*, compañera desde mi niñez, cuyas letras llegaban a mi mente cuando estudiábamos un libro para mujeres solteras. La portada presentaba un banco vacío en un parque, que me recordaba que la soltería de una mujer cristiana no consiste en quedarse como *Penélope* sentada, sin propósito, atenta a que llegue «aquella persona».

La canción describe cómo se detuvo el reloj de Penélope esperando en la estación del tren el regreso del «caminante» que partió «una tarde plomiza de abril» prometiéndole volver; cómo mientras aguardaba «se marchitó en su huerto hasta la última flor», y ante el silbido de algún «tren a lo lejos», sus ojos volvían a brillar. Cuando «el caminante» regresó, no lo reconoció porque «él no era a quien esperaba». Desperdició sus años esperando el ideal que «tejió» en su mente.[58]

---

[58] Joan Manuel Serrat, «Penélope», letra consultado el 21 de octubre de 2016. http://www.musica.com/letras.asp?letra=81101.

Me atemorizaba terminar siendo una *Penélope* obsesionada con los sueños de su mente. Y en ciertos aspectos estaba ocurriendo; me estaba convirtiendo en estatua de sal, cual esposa de Lot.

Cinco años después de romper una relación en yugo desigual aún rememoraba. Leía cartas, miraba fotos, tejía «sueños en mi mente», a pesar de asistir a consejería durante varios años y de liderar a mujeres. Todavía estaría con mi «bolso de piel marrón y vestido de domingo» de no ser porque mi Caminante (con C mayúscula) me levantó de aquel «banco en el andén» mientras le escribía una carta, rindiéndole mi sueño de que el caminante (con c minúscula) regresara. Hice una fogata con fotos, cartas y todo lo que me invitaba a regresar a «la estación del tren».

En unos meses, el caminante apareció en un correo electrónico, le pedí perdón por mi mal testimonio. Se me aconsejó no continuar el contacto por el bien de su matrimonio, por el mío y por el nombre de Cristo. En el libro *Santidad*, de Nancy DeMoss, se nos advierte del cuidado de no intercambiar comunicaciones con hombres casados sin que sus esposas estén incluidas.[59]

Cuando quise retornar a «la estación», Él ha sido fiel en repetirme las palabras del caminante de *Penélope*, «deja ya de tejer sueños en tu mente» y añade, «piensa en lo verdadero» (Fil. 4:8) y sigue trayendo vida a «la última flor de mi huerto» marchitada por el pecado propio y ajeno.

¿Cómo llegué a «la estación»? Dios usó mi divorcio para atraerme a Él, deshaciendo una «tormenta perfecta», debido

---

[59] Nancy Leigh DeMoss, *Santidad: El corazón purificado por Dios* (Grand Rapids, MI: Portavoz. 2007), 85.

al choque de las calientes ráfagas tropicales del divorcio con el gélido viento del pecado que mora en mí; una tempestad que solo auguraba un naufragio seguro, y me ganó el sobrenombre «Margaret Thatcher, la dama de hierro».

Me casé a los 21 años. No conocía al Señor y crecí con la convicción de prepararme profesionalmente para soportar en el matrimonio solo lo que yo consintiera, idea fortalecida por mis estudios de Derecho. Durante mis años de casada manipulaba con el argumento de que el matrimonio no era más que un contrato que se mantenía hasta que una de las partes decidiera lo contrario.

No conocía a Cristo, a pesar de impartir —junto a quien era mi esposo— retiros para novios y familias jóvenes en la iglesia tradicional católica. Luego del divorcio, me encontré en el tribunal con un joven participante en uno de los retiros, quien se indignó al conocer la noticia del divorcio: «Por eso no creo en esas farsas». Más de dos décadas después permanece soltero. Me cuestiono si mi testimonio influyó en su decisión.

Pero Dios, que es rico en misericordia por causa del gran amor con que me amó aun cuando estaba muerta en mis delitos y pecados, me dio vida juntamente con Cristo, por gracia fui salva (Ef. 2:5). Y en fidelidad a Su Palabra fue perfeccionando Su buena obra en mí (Fil. 1:6) moldeando el corazón de esta *dama de hierro* en Su horno de fuego. Pero como los amigos de Daniel, en ese horno no estuve sola, Él estuvo conmigo.

La experiencia de escribir este capítulo fue un reencuentro con Su gracia, al mirar mi soltería con lentes retrospectivos y descubrir la insensibilidad de mi corazón y mis anteriores estándares de santidad con «miradas pícaras de disponibilidad», a veces para no dar la impresión de que me había cerrado a la posibilidad de una pareja.

Me duele aceptar mi pecaminosidad de aquel tiempo; aún me causa profundo dolor y vergüenza mi autoengaño, proclamando verdades a otros sin una real transformación de corazón, comportándome como una farisea.

El recuerdo es una dulce humillación para entender que si algo en mi soltería dio gloria a Su nombre, fue por Su gracia. Estas etapas en mi vida me enseñaron mucho, en primer lugar, aprendí a aceptar que nunca lo obedeceré perfectamente. Aunque ese es mi anhelo, deberé volver a Su cruz cada día a confesar mi pecado, a clamar por Su ayuda y tomar medidas para no caer. Siempre hay más pecado en mí del que pueda admitir, y debo valorar (e imitar) más Su paciencia. Él está más interesado que yo en que mi vida lo glorifique (Isa. 42:8; 43:7; 48:11; Ef. 1:6,12,14; 2:10; 1 Ped. 2:9).

Estoy convencida de que nunca podré vivir para Su gloria separada de Él (Juan 15:5). Esa es la única manera como Él recibe la gloria; y yo, Su bendición (1 Sam. 2:30). Hoy puedo apreciar mejor Su fidelidad al mirar atrás y descubrir que *mil veces te fallé, mas Tú fuiste fiel. Tu gracia me levantó, me basta Tu amor* (2 Tim. 2:13).

Es Su promesa: *Y a aquel que* **es poderoso para guardaros sin caída y para presentaros sin mancha** *en presencia de su gloria con gran alegría, al único Dios nuestro Salvador, por medio de Jesucristo nuestro Señor,* **sea gloria,** *majestad, dominio y autoridad, antes de todo tiempo, y ahora y por todos los siglos. Amén* (Jud. 24-25, énfasis añadido).

Quiera el Señor usar este capítulo como el Libro de Eclesiastés a pesar de los tropiezos del Predicador, hijo de David.

¿Para la gloria de Dios?

En 1 Corintios 10:31 leemos: *Si, pues, coméis o bebéis o hacéis otra cosa, hacedlo todo para la gloria de Dios.* Aquí la palabra *gloria* se deriva de la secuencia de varios vocablos griegos cuyo significado respectivo es el siguiente:

- *Apariencia, y en un contexto más amplio, glorificar, glorioso, honra, honroso;*
- *imaginar, creer, considerar, pensar, parecer bien, tener reputación; y,*
- *declarar, manifestar, mostrar.*[60]

Hacer todo para *Su gloria* es honrarlo, hacerlo lucir bien, darle buena reputación, manifestar Su carácter, mostrar al mundo quién es Dios; como dice John Piper: *La gloria de Dios es el esplendor del infinito valor de todo lo que es Él. Es su belleza moral. Es visible a los ojos del cuerpo cuando el mundo creado gloriosamente señala a su invisible y aún más glorioso Hacedor...*[61] Él quiere llamar nuestra atención a una gloria mayor, a la persona de Jesús, a través de quien *vimos su gloria, gloria como del unigénito del Padre, lleno de gracia y de verdad* (Juan 1:14).

---

[60]   James Strong, s.v. n.º 1166, n.º 1380 y n.º 1391, 19-23.
[61]   John Piper, *Lo que Jesús exige del mundo* (Grand Rapids, MI: Editorial Portavoz, 2007), 351.

Si bien los esposos glorifican al Señor ejemplificando la relación de Cristo con Su Iglesia, eso no significa que una mujer soltera no pueda glorificarlo cuando «coma o beba» (es decir, desde lo más simple y cotidiano) o cualquier otra cosa que haga; parafraseando 1 Cor. 10:31: *Entonces, ya sea que comáis, que bebáis, o que* **viváis como soltera** *hacedlo todo para la gloria de Dios.* Como leí en algún lugar, el matrimonio simboliza la relación de Cristo con la Iglesia, mientras que la soltería, la relación de la novia con Cristo.

Muchas personas piensan erróneamente que como mujer solo nos es posible glorificar a Dios en el contexto del matrimonio. Sin embargo, la Biblia no revela que nuestro estado civil defina quién somos, ni nos coloca en un nivel inferior como cristianas, ni dice que este es un impedimento para glorificar a Dios. En ese caso estaríamos atribuyendo más gloria al estado civil que a nuestro Hacedor.

No atribuyamos al estado civil el lugar que solo le corresponde al Señor, pues Su gloria no descansa en seres humanos pecadores —ni en nosotras ni en un potencial esposo—. Él declara en Isaías 42:8 que no entrega Su gloria a nadie; y en 48:11 reitera que no la da a ningún otro; ese «nadie» y «ningún otro» incluyen al «caminante» que esperas.

Todo lo que pospongas, hagas o dejes de hacer hasta «cuando llegue el esposo» revelará la condición de tu corazón, quién es tu señor: el matrimonio (el esposo) o Cristo. Toda decisión debes tomarla teniendo en mente Su gloria, lo que más manifieste al mundo que Él es tu mayor tesoro. Parafraseando al pastor John Piper, diríamos: *Dios es más glorificado en [mi soltería] mientras yo esté más satisfecha en Él, mientras más lo ame.*[62]

No pequemos de ingenuas creyendo que hacerlo será color de rosas, olvidando que estas tienen espinas. Vivir la soltería para Su gloria en el mundo de hoy puede no resultar fácil. Él te dirigirá a tomar decisiones radicales que solo serán posibles cuando «el amor de Cristo te apremie» (2 Cor. 5:14); tu fe será puesta a prueba; no todos compartirán tu posición, aun a ti misma te surgirán dudas acerca de esta provisión de Dios para ti, sobre tus decisiones y Su carácter (fidelidad, amor, soberanía).

Cada día deberás morir a ti misma y a tus anhelos. Enfrentarás acusaciones de «lavado de cerebro», «mente estrecha», que «te has cerrado oportunidades» o «que te negaste la felicidad» cuando elijas no aceptar a un «caminante» que no ame al Señor como lo amas tú. Estas luchas podrían durar años (o toda la vida); a mayor falta de conocimiento de Dios, mayores luchas a enfrentar con el desánimo, el temor o incluso la depresión.

Si eres madre soltera, añade a todo esto las responsabilidades de criar hijos sola, pagar cuentas y atender un trabajo fuera del hogar para que tengas un cóctel amargo que llevará a muchas a considerar retirarse de las filas del cristianismo, decepcionadas con Dios. Me tocó vivir cada una de esas realidades al enfrentar la avalancha que se me vino encima cuando Su Señorío me demandó romper aquella relación que mencioné antes.

---

[62] John Piper, «Dios es más glorificado en nosotros cuando estamos más satisfechos en él», predicado el 13 de octubre de 2012. http://www.desiringgod.org/messages /god-is-most-glorified-in-us-when-we-are-most-satisfied-in-him?lang=es.

Pablo nos revela que hay un costo que pagar y un propósito ulterior: morir a mí misma por el avance del reino: *No seáis motivo de tropiezo ni a judíos, ni a griegos, ni a la iglesia de Dios; así como también yo procuro agradar a todos en todo,* **no buscando mi propio beneficio** *sino el de muchos,* **para que sean salvos** (1 Cor. 10:32-33, énfasis añadido). «A medida que dejas que Dios obre Su diseño en ti, verás Su impacto en otros, y por generaciones».[63]

Mi estado civil no define quién soy, Cristo sí

Todas las personas, casadas o no, somos propensas a caer en la trampa del egocentrismo; es decir, mi prioridad soy yo y mis intereses. En mi propia experiencia con la soltería, este ha sido el «pecado original». En la soltería, el egocentrismo se presenta principalmente de dos formas: por un lado, el anhelo de un esposo (para satisfacer MIS necesidades); y, por otro lado, vivir para mí misma (de nuevo, para satisfacer MIS necesidades).

En ambos casos, *todo lo que comemos o bebemos, o cualquier otra cosa que hagamos es para la gloria de ese* **dios** (con "d" minúscula), quien nos gobierna, a quien adoramos y servimos, terminando esclavizadas por la idolatría. Pero saber quién soy en Cristo, y conocer mi diseño y mi rol, quitan el enfoque de mí para ponerlo en Él, trayendo así libertad en lugar de esclavitud.

Mi relación con Dios es la única que me define, no yo a Él. A diferencia de lo que el mundo nos vende (descubre

---

[63] Ravi Zacharias, *El gran tejedor de vidas* (Miami, FL: Editorial Vida, 2008), 22.

quién eres, y definirás a tu dios), Nancy DeMoss enseña: *La visión de nosotras mismas se afecta de manera muy particular por nuestra idea de Dios [...] Si nuestra visión de Dios está deteriorada, tendremos una visión deteriorada de nosotras mismas.*[64]

En Mateo 16, Jesús primero les preguntó a Sus discípulos quién decían ellos que era Él y ante la respuesta de Pedro le da su nueva identidad, recordándole que ese entendimiento provino del Padre. Es lo que ocurre con nosotras al ser hechas Sus hijas (Juan 1:12-13); necesitamos conocer quién es Jesús para saber quiénes somos; y, conocerlo no viene de nosotras, sino de Dios.

Quizás pienses: «¡Un momento!, todos somos hijos de Dios». Suena romántico, pero no es bíblico (Juan 1:12). Sin Cristo, somos criaturas de Dios (Sal. 139), hijas de desobediencia (Ef. 2:2), hijas de ira (Ef. 2:3) a consecuencia del pecado de Adán y Eva. Si te diste cuenta de que no eres hija, las buenas noticias del evangelio son para ti: como mujer no necesitas un esposo (con e minúscula) sino al Esposo (con E mayúscula), con quien solo te puedes desposar *presentándote en harapos*, y no como suele hacerse ante un potencial esposo terrenal, usando tus mejores atuendos.

¿Qué es esto de «presentarme en harapos»?, te preguntarás. Para llegar a ser hecha hija de Dios, necesitas, al igual que yo, reconocer tu condición de pecadora y aceptar que solo obtenemos el perdón de Dios a través de la Persona de Jesús: Dios hecho hombre que pagó el precio por tu pecado.

---

[64] DeMoss, *Mentiras que las mujeres creen...*, 62.

El pastor John MacArthur nos advierte: ... *el cristianis-mo verdadero no es sumar a Jesús a nuestra vida*, requiere mi completa entrega y sumisión a Él, a Su voluntad, buscando agradarlo en todas las áreas de mi vida. Requiere la muerte del yo; negarnos a nosotras mismas. En Su persona debe encontrarse mi identidad: más que esclava, como hija, según enfatiza MacArthur; además de rescatarnos, comprarnos, ofrecernos Su amistad y aceptarnos, Dios nos adoptó en Su familia.[65]

Cuando me arrepiento y le confieso mis pecados estoy presentándome en harapos, sin atractivo ni adorno (sin mis propias «buenas obras», sin encubrir mi pecado, manchas e imperfecciones), reconociendo Su muerte en la cruz como mi único boleto para que me otorgue Su perdón que me confiere el derecho de ser llamada hija de Dios.

Ninguno de los beneficios que se derivan de esa filiación está atado a tu estado civil: hija de Dios (Juan 1:12), una nueva criatura (2 Cor. 5:17), redimida para vivir para Su gloria (Ef. 1:1-14), re-creada para buenas obras (Ef. 2:10), una mujer completa en Dios (Col. 2:10), ser miembro de Su pueblo para reflejarlo (1 Ped. 2:9-10); y tener todo lo que necesitas para vivir de manera piadosa (2 Ped. 1:3).

Dios hizo todo **esto** *para que le diéramos gloria y alabanza* (Ef. 1:14, NTV, énfasis añadido), es decir, todo Su plan de redención apunta a Su gloria. Cuando sé quién soy en Cristo y conozco que en Él tengo lo necesario para glorificarlo, actuaré conforme a mi identidad, sin importar mi estado civil.

---

[65] John MacArthur, *Esclavo: La verdad escondida sobre tu identidad en Cristo* (Nashville, TN: Grupo Nelson, 2011), 22.

Toda relación horizontal llega a su fin: los padres fallecen, los hijos forman tienda aparte, y aunque no sea el plan de Dios sino consecuencia de vivir en un mundo caído, algunos esposos se marchan y otros, mueren antes que nosotras. Jesús dijo que en la resurrección ni se casan *ni son dados en matrimonio* (Mat. 22:30), o sea que la relación de esposos solo es terrenal, temporal; mientras que... *ni la muerte ni la vida [...] nos podrá separar del amor de Dios que es en Cristo Jesús Señor nuestro* (Rom. 8:35-39).

La soltería: un regalo divino... que pocas quieren

¿Cómo te sentirías si al entregarle un regalo especial a alguien te preguntara «¿cuándo puedo devolvértelo?», o «no pretenderás que me quede mucho tiempo con él»? No sé tú, pero yo me sentiría de todas formas, menos bien. Esto es lo que hacemos con Dios y Su regalo de la soltería, ya que 1 Corintios 7 nos dice: *No obstante, cada cual ha recibido de Dios su propio don, uno de una manera y otro de otra.* Pablo identifica la soltería y el matrimonio como dones que Dios soberanamente reparte: a algunas, uno; y a otras, otro. Pero siendo honestas se requerirá la intervención divina transformando nuestro corazón para que veamos la soltería como un *don maravilloso que se debe recibir con gratitud y usar para la gloria de Dios.*[66]

Si presentamos algún reclamo por nuestro regalo, podríamos recibir del Dador una respuesta parecida a la que escuchó Job: «¿Podrá el que censura contender con el Todopoderoso?» (Job 40:2). Todos Sus regalos no solo son buenos

---

[66] Nancy Leigh DeMoss, *Escogidos para Él: El don, las bendiciones y los retos de estar soltería* (Grand Rapids, MI: Editorial Portavoz, 2014), 10.

sino también perfectos pues provienen de Su corazón paternal: *Toda buena dádiva y todo don perfecto viene de lo alto, desciende del Padre de las luces, con el cual no hay cambio ni sombra de variación* (Sant. 1:17).

Tememos recibirlo por creer que se trata de algo místico, de una especie de voto que haces al Señor renunciando para siempre a casarte, o que implica cerrarte a toda posibilidad de tener pareja, o aun que rechazarás toda propuesta que se presente, como si estuviera escrito con sangre. Y que, si rompes ese voto, recibirás una maldición, un castigo de parte de Dios. Ese temor me hacía huirles a algunos pasajes como el de Isaías 54, pues me resistía a aceptar que Él fuera el único Esposo que tendría en adelante.

En realidad, como dice William McDonald, ese «don no es más que una **gracia** que Dios da a unos para mantenerse solteros y a otros los llama al estado de casados» (énfasis añadido), por lo que no hemos de adoptar un patrón ya que es algo individual,[67] Dios trata con cada una de Sus hijas de manera personal; para unas la soltería puede ser permanente; para otras, solo temporal.

¿En qué consiste esa gracia? En Su ayuda para vivir la soltería a Su manera y en Sus fuerzas, pues separadas de Él, nada podemos hacer (Juan 15:5); no porque haya desaparecido el deseo de casarte, sino porque ese anhelo no gobernará tu vida, ni tus decisiones. Tu anhelo será solo dar gloria a Cristo.

Debido al citado concepto secular de la soltería, así como a la falta de conocimiento y de entendimiento del significado del re-

---

[67] William McDonald, *Comentario bíblico: Obra completa* (Barcelona, España: Editorial CLIE, 2009), 797.

galo, nos arropa el temor y nos inquietamos queriendo conocer de antemano si la soltería será la voluntad de Dios para el resto de nuestra vida, desconociendo que, si estamos solteras, esa es Su voluntad buena, agradable y perfecta para nuestra vida **hoy**. Olvidamos las palabras de Salmos 118:24 que declara: *Este es el día que el Señor ha hecho; regocijémonos y alegrémonos en él*, y hasta las de Cristo: *Bástele a cada día sus propios problemas* (Mat. 6:34). No es conformismo ni resignación, sino rendición a Su voluntad, cada día, todos los días, varias veces al día.

Al entrar en la *segunda soltería*, luego de mi divorcio antes de conocer al Señor, comencé a asistir a un grupo de estudios bíblicos. Al mismo tiempo, hubo quienes se volcaron a conseguirme pareja aplicando el refrán «un clavo saca otro clavo». En esos días leí en un devocional la historia de Gedeón y el vellón y, en mi inmadurez, *le puse un vellón al Señor* pidiéndole que me diera por lo menos el nombre de quien Él tuviera para mí. Un nombre vino a mi mente y pensando que era Su respuesta, le reclamé que fuera un «extranjero». Mi ignorancia y terquedad colaborando juntas.

Al poco tiempo, conocí a alguien cuyo nombre era... justo el del *vellón*. La maestra del estudio bíblico no recibió «el testimonio» con entusiasmo y su único interés era conocer si él tenía o no una relación con Cristo. Esto provocó que yo buscara excusas para no asistir al grupo y cuando iba, aseguraba que ella «ajustaba» las enseñanzas para manipularme. Estaba resistiendo la convicción de pecado del Espíritu pues no quería *el regalo*.

Dios usó hasta las piedras, pues, el «extranjero» dejó claro que *él no era ni sería nunca un hombre de asistir a iglesias, pero respetaba y admiraba que yo fuera una mujer religiosa.*

Mi ceguera e insensibilidad espiritual era tal, que a pesar de vivir en franca desobediencia a Su Palabra, tomaba la Santa Cena, y en varias ocasiones intenté bautizarme, pero cada vez, Dios lo impidió.

Él interceptó mis planes usando un sermón titulado: El Señorío de Cristo, en labios de un pastor que desconocía mi situación. Ya no pude atribuirlo a «manipulación». El Señor me condujo a terminar la relación y a bautizarme justo cuando estaba dispuesta a explorar mi nueva vida del otro lado del mundo con el «extranjero del vellón».

Mi actitud era de doble ánimo, porque al momento de bautizarme quería asegurarme de que las aguas me cubrieran por completo como símbolo de no reservarle nada al Señor y, al mismo tiempo, albergaba la esperanza de que, si se lo entregaba a Dios, Él me lo devolvería, creyendo que podía hacer trueques con Dios.

Toda esta experiencia fue de mucho aprendizaje para mí, aprendizaje que anhelo pasar a otras que están en mis circunstancias de aquel momento.

- Conocer más a Dios y Su Palabra es vital para que no seas destruida con decisiones que no glorifican a Dios (Os. 4.6),
- No hay señal más clara y segura para conducir tu vida que Su Palabra. Dios jamás te dará una respuesta contraria a Su revelación;
- El corazón que no quiere obedecer a Dios siempre encontrará una excusa. No te justifiques;
- La rebeldía nos hace sordas a Su Palabra, a Su Espíritu y a consejeros sabios. Abre tu oído a la sabiduría;

- La verdadera obediencia no espera recompensa (o sea, no hace trueques con Dios).

Ciertamente debemos sembrar semillas y nunca desanimarnos, pues, el crecimiento lo da el Señor (1 Cor. 3:6-8). En mi caso, la maestra del estudio bíblico fue el instrumento que la sembró, el pastor la regó. El crecimiento lo dio el Señor.

Él me perdonó cuando me arrepentí, pero los años de luchas que siguieron fueron parte de las consecuencias de mi desobediencia, como dice mi pastor: «pecamos a nuestra manera, pero volvemos a Él, a Su manera».[68]

Ocúpate en Sus cosas para ser santa

La Primera Carta a los Corintios nos enseña que la soltería proviene de Su mano con el propósito de que lo sirvamos sin distracciones, ya que brinda la oportunidad de utilizar ese tiempo disponible para preocuparse de las cosas del Señor, de buscar cómo agradarle: *Mas quiero que estéis libres de preocupación [...] Y la mujer que no está casada y la doncella se preocupan por las cosas del Señor, para ser santas tanto en cuerpo como en espíritu; pero la casada se preocupa por las cosas del mundo, de cómo agradar a su marido* (7:32-35).

Tu servicio en Su reino lo glorifica. Siendo buena administradora de Sus dones, usándolos para servir a otros e invertir tu tiempo en otros (1 Ped. 4:10-11), lo estarás glorificando. Lo glorificas cuando otros ven tus acciones y dan gloria a

---

[68] Miguel Núñez, «Las 10 leyes del pecado», subió en el blog de Coalición por el Evangelio el 22 de agosto de 2014. https://www.thegospelcoalition.org/coalicion/article/las-10-leyes-del-pecado.

Dios (Mat. 5:16). Lo glorificas al llevar mucho fruto, interno y externo (Juan 15:8).

Pero con frecuencia no tenemos ese enfoque, sino que vivimos igual que el mundo. Invertimos nuestro tiempo y energías en conseguir una pareja, todo lo que hacemos gira en torno a ese objetivo; incluso las actividades ministeriales las hacemos con esa intención. Y cuando no se materializan esas expectativas, nos sentimos solas, abandonadas, hasta resentidas y decepcionadas... ¡con **Dios**!

Igualmente, en ocasiones, nuestras metas, planes, placeres e intereses ocupan todo nuestro tiempo; es decir, vivimos para nosotras mismas, y a menudo, adoptamos incluso una actitud de desdén hacia el matrimonio y el sexo masculino.

En lugar de ocuparnos de Sus asuntos, de lo celestial y eterno, nos envolvemos en las nuestras, terrenales y temporales. ¿Resultados? No crecemos en santidad ni en parecernos a Cristo. El propósito de dedicar nuestro tiempo disponible a las cosas del Señor es *ser santas en cuerpo y espíritu*. Llenar nuestros días con las ocupaciones del reino requerirá conocer más Su Palabra, Su persona, involucrarnos más con la familia de la fe, escuchando cómo Él obra en medio de ellos. Su presencia impregnará nuestras vidas.

No estoy hablando de activismo, ni de servir para escapar de la soledad, ni descuidar a tus hijos (si eres madre soltera) para servir en tu iglesia. ¡Podemos pecar de tantas formas! Es más bien vivir con un enfoque en el otro y no en ti misma. Vivir para enseñar a otras mujeres, para servir a mujeres casadas que quizás necesiten una mano, para discipular a los niños, para servir ayudando en tu iglesia y en tu comunidad.

Ora correctamente

Mientras escribo, vienen a mi mente mis egocéntricas oraciones de viernes por la noche. Exhausta tras una semana laboral, llegué a pedir por alguien que **me** librara de todas esas cargas, mientras me ensordecía a la invitación del Esposo (con E mayúscula): *ven a mí, [así como estás] cansada y cargada que yo te haré descansar* (Mat. 11:28, parafraseado).

En Salmos 51:6 leemos: *He aquí, tú deseas la verdad en lo más íntimo, y en lo secreto me harás conocer sabiduría,* es Su invitación a no guardarle nada. Él no necesita saberlo, pero tú y yo necesitamos Su sabiduría para pedir bien: *Pedís y no recibís, porque pedís con malos propósitos, para gastarlo en vuestros placeres,* declara Santiago 4:3.

Muchas veces, el por qué quieres algo es más importante que el mismo hecho de quererlo. Orar por un esposo no es pecaminoso en sí mismo, pero hazlo con manos abiertas y corazón rendido a Su voluntad. Da gracias por «el regalo». Siguiendo reglas básicas de cortesía lo hacemos con regalos terrenales, cómo no hacerlo con uno divino.

No negocies tu tiempo en Su Palabra. Es nuestra arma para derribar el concepto del mundo sobre la soltería. La transformación de tus pensamientos por Su Palabra te permitirá conocer Su voluntad buena, aceptable y perfecta para la soltería (Rom. 12:2), para no desperdiciar el tiempo en estos días que son malos (Ef. 5:16, parafraseado), cual Penélope en la estación del tren.

Vive tu feminidad

Dios nos diseñó para ser ayuda idónea (Gén. 2:18), pero por error se considera que solamente lo somos al casarnos, o que ser dadoras de vida se limita a la maternidad biológica, o que Tito 2:3-5 no aplica a mujeres solteras. Dios no necesita que llegue nadie para que mi vida lo glorifique ni para que yo viva Su diseño.

No pospongas tu obediencia a Dios para «cuando llegue el esposo». La motivación de tu obediencia debe ser solo tu amor a Él (Juan 14:21).

Durante años rechacé Tito 2:3-5 considerando que no era espiritual, sino economía doméstica y no aplicaba a mí por no estar casada. Más tarde, Él me dio convicción de pecado dejándome ver que no era «vigilante» ni «cuidadosa» de mi casa (Prov. 31:27; Tito 2:4-5) al delegar en la señora del servicio las compras del supermercado.

Por otro lado, siempre seremos mujeres mayores para alguien más que viene detrás. Asegúrate de abrazar este mandato y ser parte de ese ejército de mujeres que anhela dejar un legado a la próxima generación. Aun tus errores puedes usarlos como enseñanzas en las vidas de las más jóvenes.

> *En ningún caso, el rol y la distinción de ser ayuda son exclusivos de la mujer casada, aunque es más marcado en el matrimonio. En sus varios y diferentes entornos, las mujeres pueden desplegar las características de su feminidad como ayudadoras, ya sea colaborando con, o animando a, los hombres; incluyendo, pero*

no limitado a, la iglesia, el trabajo, y la escuela. Es un rol
que glorifica a Dios y que nos llena de gozo.[69]

Dios nos creó para relacionarnos, no solo con una pareja, sino también con los miembros de la familia biológica o afectiva, y con los miembros de Su familia, de Su pueblo. No tienes por qué estar sola. La soltería puede llevarnos a aislarnos, pero esto es peligroso. La vida de fe se vive en comunidad. Ora que el Señor te provea mujeres en las que puedas invertirte, amistades, ancianas que te aconsejen y te hablen Su verdad cuando lo necesites, quienes, además, te pidan que les rindas cuentas.

Para las solteras jóvenes hay diversas formas de dejar un legado a la próxima generación, aun sin estar casadas ni ser madres. Si miras a tu alrededor, en tu comunidad encontrarás madres jóvenes que necesitan ayuda. Tú puedes servir de manera intencional en sus vidas, ayudándolas con las tareas del hogar, asistiéndolas con la escuela en el hogar a aquellas que educan en casa, cuidando a los niños para que los padres tengan un día libre, enseñando a los niños en la escuela dominical, en fin, puedes invertir tu tiempo de maneras que edifiquen a las familias de tu iglesia y de tu círculo de influencia. Hazte un instrumento disponible en las manos de Dios.

¿Qué le haremos al corazón de Dios cuando no vemos el diseño y el propósito de nuestra vida? [...] Dios quiere ayudarnos a vivir

---

[69] Jonathan Parnell y Owen Strachan, eds., *Designed for Joy: How the Gospel Impacts Men and Women, Identity and Practice* [Diseñado para el gozo: Cómo el Evangelio afecta a hombres y a mujeres, identidad y práctica] (Wheaton, IL: Crossway, 2015), 56.

teniendo presente su diseño [...] el diseño que tiene para ti es lo mejor que tiene reservado para ti,[70] y esto es válido para todas las etapas de tu vida.

Mantente pura

Luego de ordenar que huyamos de la fornicación y el daño que esta ocasiona al cuerpo, Pablo nos manda a glorificar a Dios en la manera como usamos nuestro cuerpo y lo que hacemos con el espíritu (1 Cor. 6:20); esto es, pureza externa e interna. Ambos pertenecen a Dios. A diferencia de lo que proclaman las feministas pro-aborto, nunca seré la dueña de mi cuerpo. El Señor pagó con Su sangre por nuestro cuerpo, jamás tendremos cómo compensarle tan alto precio.

El verbo «huir» en griego abarca esquivar, evitar, escapar.[71] No tienes que llegar per se al acto sexual, huyes desde mucho antes, decidiendo en tu corazón no exponerte a lo que despierte esos estímulos, ni provocarlos.

La palabra «fornicación» significa prostituta; dar indulgencia a lujuria indebida y practicar idolatría. Su equivalente en griego, *porneúo*, es la raíz de la palabra en español, pornografía.[72] La Nueva Traducción Viviente (NTV) utiliza la expresión «inmoralidad sexual». Abarca mucho más que el acto en sí, pues también es tolerar, disimular, condescender, ser pasiva ante la lujuria que no es más que un deseo excesivo de placer sexual. Incluye dar rienda suelta a fantasías

[70] Zacharias, *El gran tejedor de vidas*, Epílogo.
[71] Strong, s.v. n.º 5345, 91.
[72] Ibíd., s.v. n.º 4203, 70.

en la mente, callarnos frente a la inmoralidad, exponernos a material que nos estimule esos deseos, o provocarlos en otros. No solo incluye materializar el acto.

Aunque el Señor me ha guardado de caer en otra relación pecaminosa, no significa que estuve exenta de este pecado, le he rendido una y otra vez mis labios para romper el hábito de usar palabras prosaicas, y por Su gracia disfruté durante más de una década, la libertad de la pornografía, algo que Él logró al concederme un hambre profunda por Su Palabra con la cual llenaba mis noches hasta altas horas de la madrugada.

En Mateo 6:6, Jesús nos dice que el aposento es el lugar para hablar con el Padre. «Huimos de la fornicación» sacando de allí lo que nos haga caer en inmoralidad sexual. Si tener una cama grande te lleva a pensar contrario a Filipenses 4:8 *en todo lo puro*, por echar de menos a quien pudiera ocupar ese espacio, considera cambiarla por una más pequeña, así no esperarás llenar el espacio.

La pureza incluye nuestra manera de vestir para no ser piedra de tropiezo (Mat. 18:7). Nuestro interés debe ser el adorno interno que no desaparece, que mantiene una actitud serena y amable confiando en Dios (1 Ped. 3:3-6).

Ni la edad, ni la experiencia, ni el tiempo en la fe son una garantía de no caer (1 Cor. 10:12). Dependemos de una relación íntima, viva, constante, genuina con Cristo para que nuestra fe se mantenga firme (Rom. 11:20) y nuestro corazón, humillado (Prov. 16:18).

... todo el que tiene esta esperanza puesta en Él, se purifica, así como Él es puro (1 Jn. 3:3).

Cultiva el contentamiento

El que ofrece sacrificio de acción de gracias **me honra** (Sal. 50:23, énfasis añadido). No se trata de un ritual, ni de religiosidad, tampoco de adoptar poses, sino de adorar a Dios a pesar de las circunstancias. Las quejas que cultivamos en nuestros corazones solo revelan nuestra insatisfacción con Su orquestación; desconfianza de Su amor por ti, orgullo e ingratitud.

Si hoy no estás contenta con tu soltería, mañana con el esposo tampoco lo estarás. Todos son cisternas rotas que no retienen agua (Jer. 2), y necesitan ir a la Fuente de Agua Viva.

Las quejas e ingratitud de hoy por la soltería, serán las de mañana por el matrimonio. Pon los ojos en quien sí tienes, que nunca te dejará (Heb. 13:5) y prometió suplir todas tus necesidades (Fil. 4:19); evita exponerte a películas, canciones, lecturas que quiten tu mirada de Cristo. No solo penetran nuestra mente, sino también el corazón. *Con toda diligencia guarda tu corazón, porque de él brotan los manantiales de la vida* (Prov. 4:23).

Te regalo estas palabras de Charles Spurgeon para los días tristes de soledad: *Si cualquier otra condición fuera mejor para ti que aquella donde estás ahora, el amor divino te hubiera colocado allí.*[73] No tengas miedo, confía en el corazón de tu Padre celestial.

Una alerta para las solteras con hijos

Así como ni tú ni el «caminante» deben ocupar el centro de tu vida, tampoco deben hacerlo los hijos. Son un regalo de Dios que llegado el momento lanzaremos como flechas. Hemos

---

[73] Charles H. Spurgeon, *Lecturas vespertinas* (Ciudad Real, España: Editorial Peregrino, 2008), devocional correspondiente al día 11 de noviembre.

de instruirlos en Su Palabra (Deut. 6:6-7), en toda actividad que realicemos con ellos, modelarles nuestro amor al Señor, orar por ellos, pero nunca hacer de ellos los ídolos de nuestro corazón, ni debemos exigirles que nosotras seamos el centro de su atención.

Esta idolatría se puede dar, tanto cuando somos madres como cuando no. Conozco mujeres solteras que han rendido ese anhelo al Señor y Él les puso amor por otros niños tanto de su familia biológica como de la familia de la fe. Algunas heroínas de la fe, como Amy Carmichael vivieron su rol de dadoras de vida, amando y acogiendo a niños desamparados, huérfanos.[74]

Los preparativos de mi boda

Solo Dios sabe los planes que tiene para tu vida en este mundo. Ya sea que te cases o no, Sus planes siempre serán para tu bien. No sé tú, pero yo no quiero perderme lo mejor de Dios para mí, ya sea que me case o no. Lo mejor ya me lo dio en la cruz.

En la resurrección, no se darán en casamiento, dijo Jesús. Pero sí habrá una gran boda, las Bodas del Cordero donde todas estamos convidadas. Cada etapa de tu vida forma parte de los preparativos de esa boda, la tuya. ¡Disfruta la organización de tu boda![75]

[74] Elisabeth Elliot, *A Chance to Die: The Life and Legacy of Amy Carmichael* [Una oportunidad para morir: La vida y el legado de Amy Carmichael] (Grand Rapids, MI: Fleming H. Revell, 2007).

[75] Isabel Andrickson, «Los preparativos de mi boda», subió en el blog de Mujer Verdadera en el 16 de septiembre de 2013. https://www.avivanuestros corazones.com/blogs/mujer-verdadera/los-preparativos-de-la-boda/.

No puedo imaginarme haber permanecido sentada en aquel «banco de la estación» esperando a quien no ha llegado, desperdiciando mi soltería, no aprovechando bien el tiempo, perdiendo oportunidades de conocer, servir y amar más a mi Amado y de unirme a Su obra.

Dios quiere que usemos todos los problemas (¡y circunstancias!), provengan de donde provengan y sean de la naturaleza que sean, para conformarnos a la imagen de Su Hijo...[76] Nuestra semejanza al Novio es el fin último de los preparativos de nuestra boda (Rom. 8:28-29).

||||||||||||||||||||||||||||||||||||||||||||||||||||||||||||||||||||||||||||||||||||

Evalúate:

1. ¿Crees que cuando te cases todas tus penas acabarán? Lee Juan 16:33 y Apocalipsis 21:4. Identifica a cuál estado civil aplican esos versículos.

2. Según Hebreos 13:5 e Isaías 41:10, ¿qué nos garantiza el Señor? ¿Cómo debe influir esa promesa en mi temor a permanecer soltera?

3. ¿Cuál es tu mayor lucha como soltera? ¿Consideraste relacionarte con una mujer mayor a la que puedas rendirle cuentas?

4. Toma unos minutos para dar gracias a Dios por el regalo de la soltería pidiéndole que no te deje olvidar «ninguno de Sus beneficios».

---

[76] Zacharias, *El gran tejedor de vidas*, Apéndice.

CAPÍTULO 7

Tito 2: el ministerio de la mujer en la iglesia

POR MARGARITA CAMARGO DE HINOJOSA

> Pero en cuanto a ti, enseña lo que está de acuerdo
> con la sana doctrina... Asimismo, las ancianas deben ser
> reverentes en su conducta: no calumniadoras ni esclavas
> de mucho vino, que enseñen lo bueno, que enseñen a las
> jóvenes a que amen a sus maridos, a que amen a sus hijos,
> a ser prudentes, puras, hacendosas en el hogar, amables,
> sujetas a sus maridos, para que la palabra de Dios no sea
> blasfemada (Tito 2:1,3-5).

Cuando Dios nos salva, lo hace individualmente, pero nos coloca dentro de Su familia, la familia de la fe. Allí nos rodea de hermanos y hermanas que nos ayudarán y equiparán para vivir las implicaciones de nuestro diseño.

El mandato de Tito 2 es un llamado a mujeres a discipular mujeres. En el capítulo 5, Betsy Gómez habla sobre la importancia de este ministerio en la vida de las jóvenes. Este no es un nuevo modelo, es el mismo llamado que va desde Génesis (1:28; 18:17-19) a Deuteronomio (6:4-7), hasta la Gran Comisión de hacer discípulos y enseñarles las cosas que Él nos ha mandado (Mat. 28:18-20). Este mandato toma características distintivamente femeninas en Tito 2.

En la época de Tito, las mujeres debían vivir el diseño de Dios en su vida diaria para así contribuir, no solo a sus propias familias, sino también a la salud de la iglesia y, por lo tanto, a la sociedad. De la misma manera, hoy más que nunca se hace imprescindible obedecer este mandato de la Escritura para que la Palabra no sea blasfemada.

En mi caso, Dios me colocó dentro de Su familia llamándome a ser esposa de pastor y madre de dos hijos, me llevó a ser su maestra desde preescolar hasta la preparatoria. Esto no hubiera sido posible sin contar con el aliento, apoyo y compañía de otras mujeres que, al igual que yo, buscaban educar a sus hijos en los principios de la Palabra de Dios. Esa fue una gran oportunidad para orar juntas por nuestros hijos, convivir y hacer que fueran creciendo cercanos a la familia de Dios. Ese fue quizá mi primer entrenamiento para caminar junto a otras mujeres; aprendimos unas de otras. Algunas mujeres mayores que ya tenían más experiencia me acompañaron en este trayecto y fueron de gran ayuda y aliento para mí, y eso me permitió ayudar y capacitar a más mujeres a poder hacer lo mismo con sus hijos.

Aun cuando no había todavía un llamado formal para un ministerio de mujeres, impartía enseñanzas en grupos pequeños, pero poco era lo que se compartía abiertamente de nuestra forma de vivir y luchas cotidianas. Más tarde, Dios pondría en mi corazón la necesidad de orar para que Él me mostrara una manera distinta de servirlo.

Cuando ya estaba por terminar la educación de mis hijos y tenía más tiempo para dedicarme a otras cosas del Señor, Él mismo fue colocando en mi vida mujeres con quienes compartir en diferentes aspectos. Algunas fueron acercándose y comenzamos a cultivar una amistad y a compartir tareas cotidianas tales como algunas manualidades o recetas de cocina.

Dios mismo fue trayendo a mi vida mujeres de fe y siervas fieles que con su vida iban apuntándome a descubrir el maravilloso mandato de Tito 2 puesto en práctica. Así también colocó a algunas otras con la necesidad de conocer más de Cristo.

Dios usó este tipo de relaciones para beneficio de mi propia vida y de la vida de las mujeres de mi iglesia. Una de las relaciones de gran impacto para nosotras fue la amistad y mentoría de Vilma de Méndez, casada con un pastor y líder del ministerio de mujeres hispanas en la Iglesia Bautista Bethlehem en Minneapolis (Minnesota). Desencadenó un sinfín de bendiciones para crecimiento propio, y del ministerio de mujeres de nuestra iglesia cuyo surgimiento iré describiendo en el desarrollo de este capítulo.

Dios nos puso a cada una en el lugar preciso y en el tiempo correcto y ¡ahora es el tiempo! Esta es nuestra oportunidad de levantarnos y abrazar el maravilloso diseño del Señor para nosotras como hijas, esposas, hermanas y madres espirituales.

Ahora, en este tiempo de decadencia y desesperación, somos llamadas a ocupar un lugar activo dentro de la iglesia: a vivir conforme a lo que Dios tiene como propósito para nosotras desde antes de la fundación del mundo. En algunos casos, no lo hemos hecho por ignorancia y, en otros, por superficialidad teológica o simplemente por el estilo de vida superficial y mundana en el que viven las mujeres cristianas aun dentro de la iglesia.

Entender y abrazar la obediencia al mandato de Tito 2 nos permitirá a las mujeres participar en los preparativos para que la novia de Cristo, Su Iglesia, luzca más hermosa y que Su Palabra no sea blasfemada.

Necesitamos abrazar la sana doctrina

La sana doctrina y el liderazgo pastoral son el marco donde debe florecer la relación entre las mujeres en la iglesia. Es importante recordar siempre que nosotras crecemos bajo la guía de aquellos a quienes Dios encomendó el liderazgo de la iglesia. Sin embargo, Dios nos dio dones y características que nos habilitan para ser ayuda para su ministerio, para ser dadoras de vida dentro de la iglesia. Eso solo podemos hacerlo correctamente si nuestra forma de pensar está basada en la Palabra.

Una forma correcta de pensar, basada en la Palabra, nos lleva a vivir vidas que agraden al Señor y que atraigan a otros a vivir para Su reino. Volviendo al ejemplo de los creyentes en Creta, sin duda seguían una doctrina, pero lo que Pablo quería es que Tito tuviera cuidado de predicar la *sana doctrina*: que predicara conforme a la verdad de la Palabra (Juan 17:17); que no fueran llevados por «todo viento de doctrina» (Ef. 4:14). Cuando una mujer crece en el conocimiento de la Palabra de Dios, puede discernir lo que honra al Señor, puede diferenciar entre lo correcto y lo incorrecto: su voluntad se alinea con la Suya (Heb. 5:14; Rom. 12:2).

A través de hermanas y del ministerio Aviva Nuestros Corazones, fueron llegando a mí materiales, audios, libros y conferencias que hablaban del papel de la mujer como esposa y madre, así como de su participación en la iglesia. A pesar de tener años escuchando la Palabra, muchos principios y verdades fueron tomando vida en mí como nunca antes. Esto me llevó a profundizar y crecer cada día más y a tener un gran anhelo por prepararme para apoyar a otras mujeres en su crecimiento espiritual y en muchos aspectos de su vida.

Sin embargo, más que todo lo anterior, he comprendido que estudiar, escudriñar y evaluar mi propia doctrina y basar mi vida en la Palabra de Dios siempre debe tener como propósito buscar la gloria de Dios y exaltar el nombre de Jesucristo. No hay ministerio exitoso ni valioso si no es constantemente evaluado para verificar que responda en todo momento al propósito para el que fue formado y para confirmar si el propósito que persigue está en todo basado en la enseñanza de Jesucristo.

Relevancia del tema

Aunque en Creta podíamos ver una sociedad corrupta, la sociedad en nuestros días sobrepasa en gran manera la rebeldía en que se encontraban aquellas mujeres respecto al propósito de Dios para ellas. El feminismo y otras mentiras engañaron a las mujeres, no solo en la actualidad, sino a través de la historia, y no solo fuera, sino también dentro de la misma iglesia.

Como mujeres creyentes, diariamente recibimos mensajes a través de los medios de comunicación, redes sociales, amigos, familiares y demás personas que nos rodean acerca de cómo debemos vivir, cómo debemos ocupar nuestro tiempo libre, cómo debemos educar a nuestros hijos. También recibimos del mundo ideas acerca de nuestra feminidad, nuestras relaciones, nuestras emociones, nuestro matrimonio y tantas cosas más. Pero ¿quién tiene la razón? Es por todo lo anterior que resulta de gran importancia conocer la Palabra de Dios para que seamos entrenadas para reconocer lo que está de acuerdo con la sana doctrina (1 Tes. 5:21-22).

Tal vez vengan a tu mente algunas de las siguientes preguntas:

¿Cómo luce exactamente una relación según el modelo de Tito 2?

¿Quién está calificada para ese llamamiento?

¿Soy una mujer joven o una mayor?

¿Por qué necesito a una mujer mayor en mi vida?

¿Por qué debo invertir mi vida y mi tiempo en la vida de una mujer joven?

Las respuestas las encontraremos al analizar el mandato de Pablo en este pasaje.

El mandato: las mujeres mayores deben enseñar a las más jóvenes

Susan Hunt en su libro *Spiritual Mothering* [Maternidad espiritual] nos da su propia definición para esta relación:

> *Cuando una mujer de fe y con madurez espiritual entra en una relación de entrenamiento con una mujer*

joven, lo hace con el fin de alentarla y equiparla para
vivir para la gloria de Dios.[77]

Una mujer de fe y con madurez es aquella que creció en su relación con el Señor a través de la Escritura, es una mujer en quien el deseo por obedecer al Señor es creciente, es una mujer que cree en la oración y la practica, cuya conciencia social fue moldeada por la Palabra de Dios nuestro Creador.

En Su hermoso diseño para nosotras como mujeres, Dios nos hizo seres relacionales y nos dio el gran privilegio de ser «dadoras de vida», como bien lo expresa el nombre *Eva*. Esto implica que, como mujeres, podemos ser madres biológicas y dar a luz a través de nuestros cuerpos, y también ser madres espirituales al alentar a otras mujeres a vivir para Cristo. Este tipo de maternidad es dado a todas las mujeres, sin importar su condición civil, si son o no madres biológicas, o la circunstancia de vida por la que estén pasando. Así que, este mandato significa cumplir con aquello que ya nos fue dado por aquel que nos creó.

Relacionarnos con otras mujeres es de vital importancia. Podemos ver cómo Jesús tenía una relación estrecha con Sus discípulos. Jesús los llamó a estar diariamente cerca de Él. Su relación precedió al mandato. Es así que estar cerca de otras mujeres nos ayudará a desarrollar características maternales tales como ternura, consuelo, compasión, afecto, protección, sacrificio y deseo de nutrir a otra persona (1 Tes. 2:7-8).

Esta cercanía entre mujeres hace que crezca el deseo de

---

[77] Susan Hunt, *Spiritual Mothering* [Maternidad espiritual] (Wheaton, IL: Crossway, 1992), 12.

enseñar y ser enseñada, lo cual da como resultado que ambas crezcan en seguridad y que florezcan al descubrir en ellas esas características que las asemejan a Cristo. Este es el deseo que muchas veces como mujeres tenemos de criar y equipar a las más jóvenes, pero que, en ocasiones, no sabemos cómo llevar a cabo; ni siquiera conocemos si nuestra razón o motivo para hacerlo es el correcto. No obstante, debemos recordar que el propósito principal para llevar a cabo este mandato y procurar la maternidad espiritual es nuestro mismo propósito de vida: glorificar a Dios.

Nuestra tendencia pecaminosa es poner nuestros ojos en nosotras mismas: disponernos a alcanzar la felicidad que tanto se nos ha dicho que merecemos; pero la gracia de Dios nos da la capacidad de conocer y anhelar llevar a cabo Sus propósitos. Es entonces que nos gozamos en Él y lo vemos como realmente es y no solo lo buscamos por lo que nos da. En ese momento lo podremos glorificar y podremos transmitir Su amor y Su propósito a otras mujeres para que, a su vez, vivan para Él y preparen a otras para vivir para Su gloria.

¿Quién es una mujer anciana?

Una «anciana» es aquella mujer que ha madurado física y espiritualmente. Aquella que cree que la Palabra de Dios es la única regla de fe y que está comprometida a vivir la verdad de Dios en todo lo que viene diariamente a su vida. Su edad cronológica es importante, pero no determinante, ya que las etapas de la vida por las que ha pasado le dieron experiencias muy valiosas para compartir con una mujer más joven. Siempre podremos ser una mujer mayor para otra, que invierta de su tiempo, comparta experiencia y sabiduría obtenidas a través de las circunstancias que le han tocado vivir y de su conocimiento y práctica de la Palabra de Dios.

Por ejemplo, una mujer de veinte años que tiene una madre espiritual puede tener una relación de madre e hija con una adolescente. Quizá esta chica está batallando con entregarle al Señor áreas de su vida con las que la joven de veinte años ya ha batallado antes y de las cuales aprendió a crecer en fe y confianza en el Señor. Ahora, la joven de veinte años puede transmitirle ese legado a la adolescente. Al mismo tiempo, la joven de veinte puede aprender de una mujer de treinta, quien a su vez aprende de otra mujer mayor. Ellas enseñarán sus experiencias de vida que las llevaron a crecer en confianza y a entender cómo glorificar a Dios en cada situación. Esto implica instrucción y ejemplo.

Como creyentes, enseñamos en todo momento: cuando estamos en la iglesia, en nuestra casa, en nuestro caminar diario, en la manera como enfrentamos los problemas y retos que se nos presentan y en cómo nos relacionamos con los demás. Toda mujer es mayor respecto a una y, a la vez, joven para otra. Por eso, este principio debe regir las relaciones en general de la vida de las mujeres en la iglesia.

La madurez espiritual es la que determinará en mayor medida nuestra relación con otras mujeres, más que la edad biológica. Sin embargo, no podremos poner el pretexto de no estar listas y preparadas o con el conocimiento suficiente para comenzar una relación de este tipo, pues sabemos que nunca seremos totalmente aptas para llevar a cabo los mandatos del Señor. Finalmente, es Él quien guiará y sostendrá nuestras relaciones. Dios jamás nos pedirá hacer algo si antes Él mismo no nos capacita para ello. No te resistas a ser usada para los propósitos de Dios.

¿Quién es una mujer joven?

Es esa joven que aprende de las mayores y que, con el tiempo, asumirá su rol de mujer mayor. Es aquella que reconoce con sincera humildad su necesidad de ser enseñada para glorificar con su vida al Salvador.

Si quieres ser una mujer que glorifique a Dios con su vida, acércate a una mujer mayor para aprender de manera activa el camino por el que ella ya pasó y tú, a la vez, enseña de manera activa a las mujeres más jóvenes. No importa la edad, el Señor quiere que estemos enseñando y aprendiendo al mismo tiempo. La combinación de mujeres jóvenes que sean enseñables y mujeres piadosas mayores que deseen abrir sus corazones nos da el privilegio de obedecer el mandato de Tito 2.[78]

Muchas veces el comentario de las jóvenes es que no hay mujeres mayores dispuestas a enseñar. Quizá sea así, pero recuerda que es el Señor quien dará el querer como el hacer y quien pondrá en el corazón de las mujeres mayores el amor por las demás mujeres y el interés por poner su vida a Su servicio. Si eres una mujer joven, comienza orando para que Dios ponga amor en una mujer sabia y piadosa, y acércate a ella con humildad para pedir que te enseñe según tu necesidad.

---

[78] Ibíd., 3.

El ministerio de mujeres está fundamentado en el amor a Dios, a Su pueblo y a los necesitados. Si no recordamos en todo momento que la base y el fundamento es el amor, nuestro ministerio y relaciones entre hermanas no serán más que relaciones efímeras y superficiales, basadas en la conveniencia y el egoísmo. Nuestras relaciones siempre deben modelar el amor de Cristo por Su Iglesia. Él nos amó aun siendo pecadoras (Rom. 5:8) y Sus enemigas. Incluso entonces, Él decidió dar a Su Hijo por nosotras y por eso debemos estar dispuestas a amar y acercarnos a esas mujeres que más necesitan: a aquella cuya vestimenta no te parece adecuada, a esa otra que parece estar todo el tiempo enojada o amargada, o quizá a esa otra mujer que vive sola y de la cual nadie conoce nada.

A lo mejor cuando te sientes en tu lugar el próximo domingo en la iglesia, podrías voltear a tu alrededor y buscar intencionalmente el rostro de alguna mujer piadosa que pueda llevarte a crecer en tu amor y conocimiento de Cristo. O quizá sea el momento de olvidarte de las brechas generacionales y sonreírle a esa jovencita que siempre pensaste que realmente necesita a alguien que la oriente en cómo vivir la vida cristiana. Dios ya nos dio lo necesario para caminar juntas en amor.

El carácter y el currículo

De todas las cosas que Dios pudo haber dejado escritas, quiso que quedaran registradas para ser el tema de enseñanza entre las mujeres aquellas áreas específicas que se hallan en el corazón de Dios para ellas.

Las mujeres cristianas debemos vivir vidas de piedad para que, haciendo las buenas obras que Dios ordenó para nosotras, enseñemos por precepto y por ejemplo (Tito 3:3,14).

A una mujer anciana, su vida y su carácter le darán la plataforma y la credibilidad para influenciar a una mujer más joven. No se trata de tener una vida perfecta, se trata de dar testimonio de la manifestación del poder de Dios en nuestra vida que nos ha llevado a glorificar Su nombre. Se trata de mostrarlo a Él y de dar testimonio de la manera en que Su Palabra guía nuestras vidas y moldea nuestro carácter. Como aplicación práctica de Tito 2, en el versículo 3:

> *La mujer anciana es reverente, no calumniadora, no esclava del vino; es una mujer que busca a Cristo para ser satisfecha solamente en Él.*

Entonces, ¿qué es lo que hace? Es una maestra, entrena a las más jóvenes, difunde y proclama la verdad; enseña lo que es bueno, sano, saludable, lo que edifica; todo esto conforme a la Palabra de Dios. Ella es una mujer conforme a Proverbios 31:26 que declara: *Abre su boca con sabiduría, y hay enseñanza de bondad en su lengua.* Debemos ser intencionales en hacerlo. Siempre estamos enseñando de una u otra manera, pero ¿estás enseñando lo que es bueno? Enseña con tu ejemplo y con palabras de exhortación (1 Cor. 11:1). Es una gran responsabilidad, pero también un gran privilegio. Dios quiere que des de ti misma, que te reproduzcas, que te multipliques (2 Tim. 2:2). Tenemos que sembrar semillas en los corazones de la siguiente generación para que, en su momento, se produzca el fruto que el Señor desea. En el cuerpo de Cristo nos necesitamos unos a otros.

No temas hacerlo. Quizá pienses que no tienes el suficiente conocimiento teológico para enseñar. Tal vez tengas temor de no saber qué decir, o temas equivocarte. O quizás pienses en los fracasos que viviste. Pero no se trata de ti, sino de Él. Comparte lo que Dios hizo en tu vida, lo que aprendiste de Él. Será Él mismo quien vaya conectando sus vidas y quien vaya haciendo el trabajo.

En este tiempo de convivir e invertir en las mujeres en mi iglesia, me di cuenta de cuán superficial era mi relación con algunas de ellas y a veces resultaba increíble que después de años de vernos cada domingo, nos conociéramos tan poco unas a otras. Entonces entendí que debía mostrarme tal cual era, aun hablar de mis luchas o de mis tropiezos y pecados. Descubrí que muchas mujeres tenían esas mismas luchas, que algunas estaban tristes o se sentían solas con sus cargas.

Comenzamos a compartir cuestiones más profundas, a sincerarnos, ayudarnos y edificarnos compartiendo la manera en que Dios había sanado heridas, confesando que teníamos esa misma lucha. Otras se ofrecían para orar por la necesidad que se expresaba. Comenzamos a tener la oportunidad de mostrar compasión unas por otras, amor e interés en nuestras necesidades, de buscar pequeñas oportunidades para servirnos y apoyarnos. Comenzamos a valorar la sabiduría de las mujeres mayores, a alentarlas, a darnos consejos de cómo sobrepasar algunas situaciones que otras jóvenes estaban viviendo. Comenzamos a abrir nuestros corazones y entonces nos permitimos conocer y dar a conocer el trabajo de Cristo en la vida de cada una de nosotras.

Comenzamos a sentirnos seguras entre nosotras, con la confianza de poder ser vulnerables y sabernos amadas. En esa cohesión entre permitir a las jóvenes conocer nuestras debilidades y fortalezas que vienen de Cristo y la confianza y necesidad de aprender que las jóvenes mostraban a las ancianas, pudimos ver y sentir el amor de Cristo y Su llamado a caminar juntas para pasar la estafeta de la fe y la enseñanza a las nuevas generaciones. Aún estamos aprendiendo y sabemos que el camino es largo, pero nuestra visión ha sido acercar ancianas con jóvenes para impactar a las futuras generaciones.

El amor y la participación de la mujer en la iglesia a través del mandato de Tito 2

El Dr. James Dobson, en su libro *Straight Talk to Men and Their Wives* [Hablando claro a los hombres y sus esposas], al hablar sobre la depresión y la soledad entre las mujeres, comenta que la ruptura hoy en día no es entre hombres y mujeres solamente, sino entre las mujeres:

> Hace un siglo las mujeres cocinaban juntas, hacían conservas, lavaban en el arroyo, oraban, pasaban la menopausia juntas y envejecían juntas. Y cuando nacía un bebé, tías, abuelas y vecinas estaban ahí para enseñar a la mamá cómo cambiarlo, cómo alimentarlo y cómo disciplinarlo. Se proporcionaba un gran apoyo emocional en este contacto femenino. Una mujer realmente nunca estaba sola. Hoy la situación es muy diferente, la familia

extendida ha desaparecido, privando a la esposa de ese
recurso de seguridad y compañerismo.[79]

Lo que está pasando en nuestra sociedad hace que aumente la necesidad de redes de apoyo entre mujeres. La iglesia es el lugar más lógico para que las mujeres cristianas se relacionen con otras mujeres de fe. Un ministerio de mujeres adecuado puede desarrollar estas redes de tal manera que ayuden a construir una iglesia con mujeres amistosas.

Dios es glorificado cuando los creyentes se unen. Pero esta unidad no es posible sin la aceptación entre las mujeres:

Y que el Dios de la paciencia y del consuelo os conceda
tener el mismo sentir los unos para con los otros con-
forme a Cristo Jesús, para que unánimes, a una voz,
glorifiquéis al Dios y Padre de nuestro Señor Jesucristo.
Por tanto, aceptaos los unos a los otros, como también
Cristo nos aceptó para gloria de Dios (Rom. 15:5-7).

No puedes alentar a alguien a quien no aceptas. Esta actitud debe comunicarse con palabras y con obras. Interesarte en la vida de alguien no es solamente tener una cita una vez a la semana para estudiar juntas, es involucrarte en su vida personal, orar por ella, orar juntas, aprender juntas.

Por la gracia de Dios pude vivir esto en el contexto de nuestra iglesia, y vi cómo el Ministerio de Mujeres ayudó a desarrollar relaciones piadosas, de amor, estrechando lazos,

---

[79] James Dobson, *Straight Talk to Men and Their Wives* [Hablando claro a los hombres y a sus esposas] (Waco, TX: Word, 1984), 109.

preocupándonos por la vida de las demás. Alentando y apoyando a otras mujeres que están pasando momentos difíciles en sus matrimonios, problemas económicos, de salud, con algún hijo, etc. Y esto no solo estimuló el crecimiento personal en las mujeres de la iglesia, sino que además impactó sus matrimonios y, por consecuencia, a la iglesia misma.

Que el Señor nos dé la gracia y la sabiduría para desarrollar ministerios de mujeres en las iglesias locales que enseñen a las mujeres la verdad bíblica acerca de la feminidad y las equipen para desarrollar esas características con las que fueron creadas: ser ayuda idónea (Gén. 2:18), dadoras de vida (Gén. 3:20) y columnas de soporte (Sal. 144:12) para Su gloria y el avance de Su reino.

Muchas veces escuchamos que somos un solo cuerpo y que lo que sucede a uno de los miembros afecta al cuerpo entero. Sin embargo, otras veces pienso que no alcanzamos a comprender realmente el impacto que cada una de nosotras, con nuestras decisiones, acciones y actitudes causamos en el bienestar y crecimiento o estancamiento de nuestra iglesia.

Como lo mencionamos antes, nosotras podemos ser dadoras de vida o todo lo contrario. Podemos impactar para bien o para mal a la iglesia y a otras mujeres, para hacerlas desear o no, vivir una vida piadosa. Podemos alentar a mujeres en situaciones difíciles a buscar su propio bienestar o a responder y esperar en Cristo para bien de Su reino. Podemos hacer que otras respeten la autoridad de los líderes de la iglesia o podemos dar comienzo a la murmuración y a la crítica. Podemos hacer lucir nuestra iglesia como un lugar apacible y seguro o como un nido de víboras. ¿Haces lucir tu iglesia como un lugar de armonía, seguro, como un refugio? ¿Qué haces para hacer lucir tu iglesia como un lugar donde se practique el amor y la piedad?

Podemos hacer intencionalmente acciones sencillas para que la iglesia se sienta y sea esa familia en la que queremos estar y permanecer, lograr esa comunión y confianza, así como hacer de ella el primer lugar al que una joven quiera venir a refugiarse para recibir ayuda en sus problemas, ser la primera opción para buscar un consejo cuando una mujer pasa por un matrimonio difícil o cuando le dan la noticia de que tiene cáncer.

Nosotras, por ejemplo, somos un grupo de unas doce mujeres, comenzamos estudiando juntas, orábamos cada sesión por alguna familia que estaba viviendo alguna aflicción y al siguiente domingo en la iglesia le entregábamos una tarjeta con oraciones y palabras de ánimo; escribimos también tarjetas de aliento a los pastores y a sus familias, y organizamos algunas despensas para darlas como un regalo de amor a nuestros pastores y a otras personas. Las jóvenes se organizaron y entregaron tarjetitas con sus teléfonos ofreciéndose para cuidar a niños cuando las parejas necesitaran un tiempo a solas o tenían algún compromiso al que no pudieran llevar a sus hijos.

Con un poco de imaginación y disposición, logramos alentar a algunas de las familias con necesidades específicas a seguir adelante en Cristo, confiando en Su soberanía, cuidado y amor. También de esta manera se despertó en otras mujeres el deseo de acercarse y desear vivir lo que las mujeres que estaban sirviendo, a quienes se las veía plenas y diferentes. Las mujeres comenzaron a orar unas por otras ahí, después del servicio y eso provocó un tremendo impacto. No tienes que corretear a las mujeres para que sirvan, ámalas, sírvelas primero y ellas verán el gozo y la gracia de Dios, y así se sentirán seguras de dar pasos, aunque quizá cortos y lentos, para ir y servir.

Con estas pequeñas acciones comenzamos a notar que las mujeres dábamos un toque especial a la iglesia y que las solteras, viudas, divorciadas o casadas éramos ayuda idónea para llevar a cabo el ministerio encomendado a nuestra iglesia. También pudimos ver que los pastores fueron alentados. ¿Como se ve la feminidad en tu iglesia?

Las mujeres tenemos un rol específico en casa, pero también en la iglesia: mostrar amor y cuidado unos por otros y hacer de la iglesia un lugar acogedor y de bienvenida a todo el que entre, eso es parte de nuestro llamado.

Cómo luce esté llamado en la vida diaria

Quiero compartir el testimonio de Dinorah de Marmolejos de Gómez, una hermana dominicana, escrito por su hija, Fanny:

Ella ha sido una fuente de inspiración no solo para mí y mis hermanos, sino también para muchas mujeres de diferentes edades en las que ella invierte su tiempo.

Mi madre conoció al Señor cuando yo tenía alrededor de 15 años. Sirvió al Señor al lado de mi padre hasta que él partió a Su presencia. A partir de ese momento pudimos evidenciar como nunca antes la fortaleza de su fe. Ser fiel a Dios y servirle con gozo al lado de un esposo fiel que comparte tu amor por Cristo es fácil, pero cuando su compañero de 34 años le fue quitado de manera repentina y trágica, estando ella misma al borde de la muerte, sus palabras fueron «la voluntad de Dios es buena, agradable y perfecta. Dios me dio un buen esposo por 34 años cómo habría de quejarme».

La Palabra de Dios dice que de la abundancia del corazón habla la boca, y esto se ha evidenciado en la vida de mi madre. Ante una prueba tan grande y dolorosa como esta, de su boca brotó lo que había en su corazón: sumisión a la voluntad de su Padre Celestial.

Ya han pasado 20 años de aquella gran prueba y todos los que tenemos el privilegio de estar cerca de ella hemos visto cómo Dios ha sido un esposo para ella. Nuestro buen Dios ha cambiado su lamento en baile y la ha usado como un instrumento de bendición para tantas mujeres a su alrededor.

Ella es una maestra innata y ha usado este don para beneficio del pueblo de Dios. El nido vacío y su viudez, en vez de ser causa de lamento o amargura, han sido usados para darse a otros y para compartir el consuelo que Dios le ha dado.

Hay imágenes de mi madre llenas de vida que vienen a mi mente. Durante años la he visto involucrarse de diferentes maneras en el pueblo de Dios, preparando meriendas para un grupo de adolescentes de la iglesia y así animarlas en su vida cristiana u organizando cenas para parejas jóvenes, para animarlos en esa etapa de su vida. También con estudios bíblicos regulares con mujeres jóvenes estimulándolas en su fe y en su ardua labor de madres y esposas; visitando enfermos, y, por supuesto, con su estudio bíblico de señoras de la edad dorada.

Su gozo y su amor por la Palabra de Dios son contagiosos. Doy gracias a Dios por darme el privilegio de tener una madre como ella.[80]

Este es un ejemplo claro de cómo vivir a diario el mandato de Tito 2. No tienen que ser necesariamente reuniones formales cada semana, aunque puede haberlas. Es involucrarte con otras mujeres en su vida diaria, enseñarles cosas prácticas como preparar una comida, planear un menú, administrar el dinero en su hogar. Compartir esa etapa cuando tus hijos eran pequeños con esa joven que ahora está pasando por la misma situación, pensando que es la única a quien no le da tiempo de nada, que no sabe cómo criar a esos pequeños, y otros asuntos por el estilo.

Una mujer viuda en la iglesia que puede abrir su corazón y compartir momentos hermosos o difíciles de su matrimonio es de gran aliento para las más jóvenes. Esto ayuda mucho a que las jóvenes aprendan y aprecien lo que tienen en este momento de su vida; que no se fijen tanto en esos detalles de su marido en los que ponen toda la atención y no tienen tanta importancia; que sepan apreciar, admirar, disfrutar y valorar a su marido y a sus hijos.

---

[80] Nancy Leigh DeMoss, «La llaman bienaventurada», parte de la serie Proverbios 31: La mujer contra-cultura, recordado el 19 de noviembre de 2014. https://www.avivanuestroscorazones.com/radio/aviva-nuestros-corazones/la-llaman-bienaventurada/.

Servir a otras mujeres requiere primero acercarse a ellas para conocerse más, tener mayor confianza, y que puedan ver el interés de otras por ellas. Juntas podemos aprender manualidades como bordar, coser, o pintar para embellecer nuestros hogares; y mientras tanto ese tiempo es bueno para conversar y crecer en amistad y confianza unas con otras.

¿Cómo comienzo?

Te preguntarás cómo comenzar una relación de madre e hija espiritual o quizás el mismo ministerio de mujeres.

Te diré que quizás sin saberlo ya tengas una relación así. Quizás recibiste en tu casa a una joven recién casada y ella vio cómo le hablas a tu marido y cómo educas a tus hijos y fue impactada por ello. Quizás mientras tomaban un café le comentaste cuán difícil resultó enfrentar las situaciones de la adolescencia de tus hijos y los cambios que trajo en tu relación con ellos; o si eres soltera quizás hayas conversado con esa mamá primeriza y le hayas ofrecido cuidar de su bebé un día que ella requiera ayuda; en fin, tal vez ya comenzaste así, de manera informal, una relación con una hermana.

Si eres líder de un grupo pequeño tuviste oportunidad de orar por el problema de alguna de esas mujeres que asisten o la llamaste por teléfono para saber cómo resultaron sus análisis médicos, pues vas por buen camino. Has visto cómo Dios va colocando personas que necesitan sentirse amadas y ser instruidas en la Palabra. Ahora bien, si no lo experimentaste, no hace falta mucho para que puedas hacerlo. Te aconsejo que ores y que el próximo domingo te sientes intencionalmente junto a alguna mujer o pídele a

Dios que lo haga Él, y comienza saludando y preguntando su nombre.

Acércate a ese grupo de jovencitas e invítalas amablemente a ir a tu casa para tomar café y saborear esos postres que preparas y les gustan tanto a tus hijos. Si eres casada, pregúntale a esa madre soltera si le gustaría traer a su hijo a jugar con los tuyos mientras le enseñas algunas manualidades de interés para ambas. Si eres joven, acércate a esa mujer viuda y ofrécele pasar a buscarla cada domingo para llegar juntas o invítala a comer después del servicio. Solo hace falta imaginación, humildad y oración para que Dios te dé la gracia y te guíe junto a esa mujer que Él mismo preparó, para enseñarte a ser la mujer que Él quiere que seas y para llenar tu corazón de amor por aquella jovencita que estará dispuesta a aprender a amar a Dios y a honrar Su Palabra.

Ahora, ¿cómo comenzar el ministerio de mujeres en tu iglesia? Quizá sea conveniente que te acerques a otras mujeres para que formen un grupo y comiencen a orar por este ministerio. Verifica que este deseo esté alineado con la visión de los pastores de tu iglesia, ora por gracia y sabiduría para poder presentarles su punto de vista y la visión de Dios respecto a este ministerio y cómo están dispuestas a ser guiadas por ellos y a servir a su iglesia.

Recuerda que las mujeres deseamos sentirnos amadas y algunas más que otras necesitan sentirse seguras para poder entablar relaciones fructíferas con otras mujeres. Así que busca la manera en que se sientan amadas.

A modo de ejemplo te comparto una reunión que iniciamos en mi casa. Enviamos invitaciones y comunicamos en la iglesia que habría una reunión para mujeres el sábado por la tarde, usamos las redes sociales para invitar a las jóvenes y el teléfono para aquellas que no entraban aún al mundo digital. Buscamos una actividad atractiva y fácil, pues no todas las mujeres tienen mucha habilidad para decorar, cocinar o hacer manualidades, así que horneamos unas galletas y preparamos el glaseado de colores para decorarlas. Hicimos unas muestras y arreglamos el jardín con una carpa llena de adornos y luces y una mesa decorada donde colocaríamos los platillos que cada mujer traería para compartir. Ya en la reunión decoramos juntas las galletas.

Creo que esta actividad ayudó a relajar el ambiente, a hablar con algunas mujeres con las que generalmente no lo hacemos en la iglesia y a convivir de un modo distinto. Más tarde salimos al jardín, y sentadas compartimos una enseñanza acerca del mandato de Tito 2. Les comentamos acerca del rol de la mujer en la iglesia y lo que Dios estaba haciendo en nuestros corazones. Oramos juntas y luego solo nos quedaba compartir los alimentos y conversar unas con otras. Fue increíble ver cómo con tan simples detalles se sintieron amadas y más cercanas unas de otras. Ellas mismas opinaban que deberíamos de reunirnos periódicamente, y así fue. Cada mes hacemos la reunión llamada Tito 2. A pedido de las mujeres, comenzamos a hacer la reunión en diferentes casas. Después, Dios fue haciendo el resto.

Hoy las jóvenes se involucran en la preparación de estas reuniones, cada vez mujeres nuevas de la iglesia acuden y es ahí donde podemos conocerlas y entablar relaciones individuales de maternidad espiritual. Así empezamos a crear lazos de unidad. Por supuesto, esta no es la única manera. Cada iglesia podrá desarrollar, según su creatividad y recursos, actividades para acercar a sus mujeres a tener un espacio en donde puedan ver cómo una y otra ejercitan la vida en Cristo, donde se dé la oportunidad de conocerse, amarse y unirse para exaltar juntas el nombre del Señor.

Poco a poco, conforme el Señor las vaya guiando, pueden empezar a formar grupos o ministerios, dentro del Ministerio de Mujeres, a medida que surjan las necesidades. Aquí te doy algunas ideas:

Ministerio de oración:

- Cuidar en oración a la iglesia y a las mujeres.
- «Adoptar» a un niño de la iglesia para orar por él.
- Responsabilizarse en oración por familias específicas de la iglesia.
- Organizar cadenas de oración.

Ministerio en el hogar:

- Esposas y madres dedicadas a cuidar de sus esposos, hijos y hogares.
- Estudiar juntas un libro apropiado a su etapa de vida.
- Organizar reuniones familiares entre ellos para fomentar la amistad entre familias.

Ministerio de palabra y obra:

- Mujeres voluntarias para visitar y cuidar enfermos, ancianos, niños y necesidades especiales dentro y fuera de la iglesia.
- Organizar un comité de despensas para apoyar a familias necesitadas dentro de la iglesia.

Ministerio de enseñanza:

- Dedicación en tiempo y estudio para transmitir la Palabra por medio de estudios específicos.
- Organizar conferencias, retiros de mujeres, talleres.

Estas son solo algunas ideas. Conforme vayas aplicando estas enseñanzas con la guía del Señor, Él mismo te irá indicando las necesidades específicas de tu iglesia y las jóvenes a tu alrededor, e irá levantando a las personas adecuadas para apoyar en los diferentes ministerios.

Caminando lado a lado

Si llegaste a la etapa de vida en la que tus hijos ya son mayores (quizás están en la universidad, o están por casarse), Dios tiene un propósito especial para ti. Ahora eres responsable de ayudar a formar a los hijos de la próxima generación, de ayudar a esas mujeres que tienen un matrimonio difícil a aprender a amar y sujetarse a sus maridos, ayudar a mujeres jóvenes a tener una mente sana: ser puras, prudentes, tener dominio propio. Acércate a esas mujeres que de una u otra manera están enfrentando crisis y no saben cómo mantenerse firmes.

¿Cómo acercarte a todas esas mujeres? En lo personal, es algo que aprendí en los últimos años. Pensaba que solo con el hecho de que conocieran al Señor y conocieran de Su Palabra (o por lo menos eso suponía) era suficiente para enfrentar las diferentes etapas y retos de la vida. Yo no estaba involucrada en sus vidas. El Señor fue muy bueno conmigo y me acercó a gente y a diferentes recursos de los que aprendí que se necesita algo más: necesitamos caminar con ellas, de corazón a corazón, tomándolas de la mano, amándolas, entrenándolas, alentándolas, ayudándoles a vivir una vida bajo el control y el señorío de Jesucristo.

Esto requiere disciplina, paciencia y amor. Requiere que no sea egoísta, no busque lo mío, ya que a veces no querré estar atada a un compromiso. También aprendí que decir «No sé, vamos a orar» puede ser de gran bendición. Ser sincera en esto las ayuda a que no pongan los ojos en ti, sino en aquel de quien realmente tenemos que depender y aprender a confiar en todas las circunstancias de la vida. También requiere dejar el orgullo y aprender a ser vulnerable para abrir mi vida y mostrarme tal como soy: una pecadora, pero con un anhelo de que Dios me limpie y siga transformándome conforme a la imagen de Su Hijo.

Nadie puede aconsejar a una mujer mejor que otra mujer

Cuando enfrentas un problema como mujer, normalmente acudes a tus amigas, mujeres en quienes confías para que te den un consejo, te ayuden, oren por ti. Lo que buscamos realmente son respuestas, pero muchas veces buscamos en lugares y personas equivocadas. Como vimos anteriormente, una característica de nuestro diseño como mujeres es ser una ayuda idónea para otra persona (Gén. 2:18). En el contexto de la iglesia local, el lugar ideal para que esto se desarrolle es un ministerio de mujeres.

El ministerio de mujeres incluso podría contar con un ministerio de Consejería Bíblica para instruir a mujeres en el crecimiento del conocimiento de la Palabra de Dios y de esta manera aplicar la Escritura a problemas específicos, enfocándose en su proceso de santificación y crecimiento espiritual, ayudándolas a ser más como Jesús (Rom. 8:28-29). El propósito debe ser enseñar a las mujeres a glorificar a Dios con sus vidas y a ser conformadas cada vez más a la imagen de Cristo. No es suficiente que las mujeres adquieran conocimiento bíblico (aunque por supuesto que es muy importante), sino que además debemos ayudarlas a aprender a aplicar el conocimiento de la Palabra a su vida diaria: que se vuelva algo vivo, de tal manera que sus vidas sean transformadas (Sal. 119:9-16).

Hoy más que nunca, el mundo enseña que yo soy el centro de mi vida, que todo debe girar a mi alrededor, que lo más importante es que yo sea feliz, que debo amarme y perdonarme para subir mi autoestima, debo enfocarme y alcanzar lo que yo deseo. Esta forma de pensar es completamente anti bíblica. La Biblia enseña que Dios debe ser el centro en nuestra vida y que la Palabra de Dios es suficiente para todos los problemas y circunstancias (2 Tim. 3:15-17). La Palabra transforma el corazón de la persona, revela los motivos y las intenciones de nuestro corazón (Heb. 4:12), ya que la Biblia enseña claramente que la raíz de nuestros problemas se encuentra en nosotras mismas, en nuestro corazón.

Nuestro problema se llama pecado, y nuestro mayor pecado es rechazar a Dios ignorando el más grande mandamiento que Él nos dejó (Mat. 22:36-40). Al no amarlo a Él por sobre todas las cosas, hacemos ídolos por los que vivimos y a los que adoramos para alcanzar la felicidad. Aunque somos cristianas, siempre estamos batallando para creer verdaderamente en el amor y la bondad de Dios y adorarlo solo a Él (Jer. 2:13). Por esta razón siempre necesitamos ayuda. Necesitamos a alguien que nos rescate de nosotras mismas, de nuestra incredulidad, de nuestro pecado, de nuestra idolatría.

Necesitamos la sabiduría de Dios, la cual solo podemos encontrar en Su Palabra, y especialmente en el evangelio. La verdad sobre la vida, la muerte y la resurrección de Jesús no termina en el momento en que nos convertimos: el evangelio transforma nuestras vidas. Es Su Palabra la única que puede darnos esperanza, poder y motivación para cambiar. Es Su amor demostrado en la cruz lo que nos da esperanza. El mismo poder de Dios que resucitó a Jesús de los muertos es el que actúa en tu vida para efectuar el cambio. Lo que nos motiva a mantenernos firmes en medio de las pruebas y nos permite seguir sirviendo, creyendo y obedeciendo, aun cuando las pruebas parezcan interminables, es Su amor por nosotras, y saber que la vida aquí en la Tierra se terminará un día, pero que tenemos la vida eterna.

Él sabe que nuestros problemas son reales y nos dio una respuesta que también es real: Él mismo. Esto es lo que debemos enseñar a las mujeres en este ministerio, dirigiéndolas a Jesús y a Su Palabra que son la única solución y respuesta a nuestros problemas. Debemos asegurarles que Dios es nuestra ayuda en tiempos de prueba y en tiempos de angustia (Sal. 3; 18:1-3; 27:1-3) y juntas aprender a glorificarlo en todo lo que hagamos (1 Cor. 10:31).

Este mandato de Tito 2 es para ti que estás leyendo este libro, que conociste al Señor y deseas servirlo. ¿Eres una mujer joven? Busca a esa mujer mayor que tanto necesitas y ábrele tu corazón, pídele que te enseñe cómo glorificar al Señor en tu vida diaria. ¿Eres una mujer mayor? Busca a esa joven con quien puedas compartir todo aquello que el Señor te ha enseñado y que ha permitido en tu vida.

No temas, no tienes que ser líder de un grupo en tu iglesia para poner en práctica este hermoso mandato. Camina junto a otra mujer, de la mano del Señor.

Dios fue quien guio a Pablo a escribir este pasaje en el libro de Tito. La idea de un ministerio de mujeres fue de Dios mismo. De manera que, a medida que obedezcamos este mandato traeremos gloria a Su nombre.

||||||||||||||||||||||||||||||||||||||||||||||||||||||||||||||||||||||||||||||||||||||||||

Evalúate:

1. Expresa con tus propias palabras cuál es el mandato de Tito 2.

2. ¿Hay en tu corazón algún temor que te impide obedecer este mandato de Tito 2? ¿Cuál es y qué harías para obedecerlo?

3. ¿Qué estás haciendo para que tu iglesia luzca como un lugar donde se practican el amor y la piedad?

4. ¿Qué puedes hacer para involucrarte más en la vida de las más jóvenes?

5. ¿Qué pasos prácticos darás para iniciar un ministerio de mujeres en tu iglesia?

CAPÍTULO 8

La mujer, sus emociones y el evangelio

POR CLARA NATHALIE SÁNCHEZ

> *Y no os adaptéis a este mundo, sino transformaos
> mediante la renovación de vuestra mente, para que
> verifiquéis cuál es la voluntad de Dios: lo que es bueno,
> aceptable y perfecto* (Rom. 12:2).

Desnudo, guiado por sus pasiones y esclavo de sus tormentos, él, cuyo nombre ignoramos, andaba por los campos, cansado, adolorido e incapaz de pensar siquiera en un mañana mejor... Puedes ver sus pies lastimados, su cuerpo sucio, sus ojos perdidos y llenos de dolor; ni se te ocurriría acercarte a él, no hay tal compasión en tu alma. Pero ese día alguien completamente distinto entró a su vida, no era un hombre común. Aquel Hombre era distinto; jamás en su vida nuestro solitario amigo había visto algo semejante. Cuando abrió su boca, algo cambió. No... *todo* cambió. El peso de esas cadenas invisibles desapareció, sus ojos ya no estaban perdidos sino que miraban fijamente a aquel que lo había sacado del más profundo abismo. Apenas un poco más tarde sería imposible reconocerlo, sentado junto al desconocido Salvador habiendo recobrado el sano juicio.

Jamás sabré el nombre de este hombre transformado, pero comparto algo con él: mi vida fue impactada por la misma persona, cuyo nombre sí conozco, Cristo, nuestro glorioso Señor Jesucristo. Al iniciar este capítulo sobre las emociones, es mi deseo venir delante de ustedes como aquel endemoniado gadareno que encontramos en la Escritura (Mar. 5:1-20), aquel que después de su encuentro con el Maestro recuperó por completo el sano juicio y ante su deseo de irse con Jesús, Él se lo impidió y en su lugar lo envió a contar las grandes cosas que el Señor había hecho por él y cómo tuvo misericordia de él.

«Grandes cosas, misericordia» son un buen resumen de lo que el Señor, al igual que en la vida de aquel hombre, hizo en mi vida. Él ciertamente me liberó del gobierno tirano de mis emociones, pero aún debo luchar para renovar diariamente mi entendimiento y ser dirigida por la Palabra de Dios y no por mis emociones. A lo largo de este capítulo intentaré que juntas aprendamos a dar a las emociones el lugar correcto en nuestro vivir y a entrenar una mente bíblica que nos lleve a cultivar emociones impactadas por el evangelio.

Con solo echar un vistazo a nuestra realidad actual notaremos cómo cada día más y más mujeres llenan la sala de espera de psiquiatras y psicoterapeutas en busca de ayuda; «ir al psicólogo» va dejando de ser un tabú en nuestras sociedades para convertirse en una moda.

Una investigación realizada en Colombia sobre los motivos de consulta reflejó que en la mayoría de los casos las mujeres acuden en busca de ayuda debido a «respuestas emocionales intensas».[81] Podemos imaginar esa sala de espera: Ana, 28 años, se encuentra deprimida, sentada justo al lado de Diana que está sufriendo ataques de pánico, ven llegar a Patricia que lucha intensamente para controlar sus celos hacia su marido que trabaja en una empresa llena de mujeres jóvenes... Temor, celos, tristeza, rabia... Esta realidad afecta tanto a mujeres no creyentes como a aquellas que han reconocido a Cristo como su Señor y Salvador. ¿Cómo lidiar adecuadamente con todo esto? ¿Cómo cambia el hecho de que somos creyentes la forma en que debemos lidiar con nuestras emociones?

Las primeras líneas del aria mundialmente conocida de la ópera *Rigolletto*,[82] *La donna è mobile*, expresa a la perfección la lucha de las mujeres con las emociones:

La donna è mobile	La mujer es voluble
qual piuma al vento	cual pluma al viento
muta d'accento	cambia de palabra
e di pensiero.	y de pensamiento.

¿Qué nos hace ser tan volubles? En parte, que permitimos que emociones volubles dirijan lo que hacemos, lo que decimos y, en ocasiones, incluso lo que pensamos. Al punto que puedo asegurarte que si nos detenemos ahora y te pre-

[81] Amanda M. Muñoz-Martínez y Mónica Ma. Novoa-Gómez, «Motivos de consulta e hipótesis clínicas explicativas». En *Terapia psicológica*, versión on-line, vol. 30, n.º 1, consultado el 14 de octubre de 2016. http://www.scielo.cl/scielo .php?script=sci_arttext&pid=S0718-48082012000100003.

[82] Giuseppe Verdi, «La donna è mobile», *Rigoletto*, Acto III, n.º 17.

gunto: ¿alguna vez dudaste de la bondad de Dios? Quizás tu respuesta esté muy relacionada a cómo te sentías en ese momento determinado. Cambiemos la pregunta para aclarar un poco este punto, ¿eres más propensa a dudar de la bondad de Dios cuando te sientes triste? Si la respuesta es sí, eso es una clara evidencia de que has permitido que tu estado emocional determine lo que crees, y más grave aún, lo que crees sobre Dios. Ahora, amada, de una manera u otra, estamos todas en ese mismo barco. Permíteme contarte un poco de mi historia.

Mi experiencia: «El Olimpo de las emociones»

Durante gran parte de mi vida mis emociones dirigieron el curso de mis acciones. Era una mujer de doble ánimo, inconstante en todos mis caminos. Recuerdo que uno de mis tíos solía llamarme: «La veleta» comparando mi conducta con algo que es dirigido por el viento... Mi vida parecía una obra de la mitología griega en la que las emociones, cual dioses, dirigían todo lo que hacía.

El dios Temor me congelaba e incapacitaba para hacer cualquier cosa. La diosa Tristeza me envolvía en su gran nube negra y teñía cada parte de mi ser, oscureciendo el presente y el futuro. La diosa Rabia, por su parte, sacaba del fondo de mi ser lo peor de mí, controlaba mi lengua y me llevaba a lastimar y lastimarme. Mi cuerpo, mente y corazón parecían pertenecer a estos dioses que me sacudían constantemente. Tales eran las sacudidas que terminé varias veces ingresada en psiquiatría por intentos de suicidio. El más mínimo acontecimiento inesperado o negativo ponía a estos «dioses» en guerra contra mí, contra mi paz y contra mi existencia.

Quizás como yo, tú también batallaste con las emociones casi hasta la muerte, o —también como yo— recibiste diagnósticos y medicación por tu incapacidad para gobernar lo que pasa en tu interior. O tal vez un gran grupo de ustedes no se identifique con casos tan extremos, pero sí luchan con la tristeza o la ansiedad en el día a día. En mayor o menor medida ahí nos encontramos la mayoría de las mujeres, dejando que las emociones sean nuestros dioses. Pero, ¿qué sucede cuando conocemos al único Dios verdadero? ¿Debe tener esto algún efecto en nuestros afectos? Para profundizar en las respuestas a estas dos preguntas exploremos un poco el origen y la naturaleza de las emociones.

Origen y naturaleza de las emociones

El hombre y la mujer fueron creados a imagen y semejanza de Dios, como vemos en Génesis 1:26: *Y dijo Dios: Hagamos al hombre a nuestra imagen, conforme a nuestra semejanza.* A lo largo de la Escritura vemos a Dios desplegar una variedad de emociones;[83] se aíra, se entristece, se regocija, canta de amor, etc. En el capítulo 2, Patricia nos habla sobre las repercusiones de la caída. La entrada del pecado en el mundo distorsionó además nuestros afectos. El temor reverente se tornó en miedo, la seguridad en vergüenza, el celo santo pasó a ser pecaminoso y junto a la ira dio lugar al primer homicidio y así tenemos la muerte de Abel en manos de su hermano celoso. Con una simple observación de los hechos

---

[83] Brian S. Borgman, *Feelings and Faith: Cultivating Godly Emotions in the Christian Life* [Los sentimientos y la fe: Cultivando las emociones piadosas en la vida cristiana] (Wheaton, IL: Crossway, 2009), 31.

podemos ver cómo el pecado, al dominar al hombre, pasó también a dominar sus emociones. No sería posible en solo un capítulo hacer un estudio exhaustivo sobre este tema, para tal fin harían falta páginas y páginas, por lo que me limito a fijar aquí de forma muy general el punto de inicio de las emociones como las conocemos ahora.

Una posible explicación es el planteamiento del pastor Sugel Michelén: El pecado obstaculiza que veamos la realidad como realmente es y es nuestra percepción de la realidad lo que provoca nuestra vida emocional. Al no ver la realidad de una manera clara pasamos a sentir emociones que pueden no corresponder con la realidad. [...] Cuántos hijos sienten que sus padres los están tratando con injusticia cuando sus padres los están disciplinando apropiadamente y esto los lleva a airarse.[84]

De igual manera la interpretación incorrecta de lo que Dios hace o de quién es Dios, cuando esta realidad no se corresponde con lo que dicen la Escritura puede provocar en nosotros emociones negativas. ¿Qué crees que provocó que Caín se enfadara tanto con el Señor ante el rechazo de su sacrificio? Podemos especular y decir que su pecado estaba distorsionando su percepción de la realidad sobre la justicia de Dios.

La ciencia moderna seguramente le recomendaría a Caín un programa de manejo de la ira, pero la respuesta de Dios es un poco distinta, ante el enojo de Caín tras Su rechazo

---

[84] Sugel Michelén, «Cuando las emociones gobiernan», *Entendiendo los tiempos capítulo 26*, subió en Youtube.com el 18 de julio de 2013. https://www.youtube.com/watch?v=n7PJB1cf6TA.

al sacrificio que él había ofrecido, el Señor le dice: *Y si no haces bien, el pecado yace a la puerta y te codicia, pero tú debes dominarlo* (Gén. 4:7). No se dirige hacia la emoción que Caín experimenta, sino al pecado que la motiva.

Teniendo ya una idea clara de cuál es el origen de las emociones y cómo fueron afectadas con la caída, se hace necesario que nos detengamos a explorar un poco acerca de su naturaleza ya que nuestro entendimiento de ella es determinante a la hora de manejarlas apropiadamente.

La emoción es una respuesta, no es algo que viene solo, sino que se da como resultado de otra cosa. La forma en que respondes se relaciona con la interpretación de lo que sucede en tu mundo interior o exterior. De manera que un mismo acontecimiento puede traer dos respuestas emocionales distintas a dos personas dependiendo de la interpretación que le den a dicho suceso. Por ejemplo: Laura y Andrea van al cine, la película que habían planeado ver fue retirada de la cartelera; Laura se llena de tristeza porque tenía semanas deseando ver la película mientras que Andrea se enoja y discute con el personal del cine por tal ofensa. El mismo suceso provocó tristeza en una y enojo en la otra.

Nuestra tendencia como mujeres es ser guiadas por las emociones. Es común que el estado emocional dicte la conducta, lo que comemos, lo que hacemos o dejamos de hacer. Piensa en las veces que has dejado de cumplir con tus responsabilidades solo porque estabas triste, o aquellas que hablaste de forma inadecuada a tus seres queridos por estar enojada y no pudiste esperar a que el enojo pasara. Y esto nos lleva a otra característica de las emociones.

Las emociones son pasajeras, un viejo recuerdo te provoca tristeza por un rato, pero es cuestión de minutos para que una buena noticia cambie por completo lo que estás sintiendo. Existe una frase famosa de autor desconocido que es de índole motivacional y corre por las redes sociales, dice: *No tomes decisiones permanentes basadas en emociones pasajeras. Como hijas de Dios obedientes a Su Palabra, el timón que guíe nuestras decisiones ha de ser Su Ley y nada más.*

Reconocer que las emociones son pasajeras nos ayuda a recordar que no son una buena brújula. En Santiago, la Palabra nos habla de que el hombre de doble ánimo es inconstante en todos sus caminos. Es imposible que las emociones nos guíen a puerto seguro. De ahí la importancia de que lo que la Palabra dice sobre nosotras (ser «lámpara a nuestros pies y luz para nuestro camino» [Sal. 119:105, LBLA]) sea siempre la guía para nuestras decisiones, actitudes y comportamiento.

Afortunadamente, la Palabra nos dice también qué hacer con las emociones: *Airaos pero no pequéis* (Ef. 4:26-27), no dejen que su enojo los domine. *¿Está alguno alegre? Que cante alabanzas* (Sant. 5:13). *Estad siempre gozosos* (1 Tes. 5:16). Como mujeres, nuestra tendencia es entregarnos a lo que sentimos, sin analizar la línea de pensamiento a la que nuestras emociones están respondiendo y muchas veces esa línea de pensamiento no solo no es bíblica, sino que además se basa en mentiras. Por eso es de vital importancia que aprendamos a pensar bíblicamente.

Finalmente, en cuanto a sus características, **las emociones pueden también ser alimentadas o mortificadas.** Si invertimos la ecuación, al observar nuestras emociones nos daremos cuenta de cuáles son las cosas que tienen valor en nuestras vidas, en palabra del pastor Sugel Michelén: *las emociones revelan nuestros valores y creencias, no tenemos temor de perder aquello que a nuestros ojos tiene poco o ningún valor, no nos airamos por lo que no nos importa.*[85] A la luz de esto se hace necesario que como creyentes aprendamos a detenernos y observar cuáles son las emociones más comunes en nuestra vida diaria.

La forma correcta de hacer morir esas emociones negativas no consiste en negar su existencia sino en buscar su origen, ¿provienen de una interpretación distorsionada de la realidad?, ¿son el engaño del enemigo?, ¿se dan por abrazar una cosmovisión mundana de la vida, en la que la felicidad es la meta final?[86]

La mujer, hormonas y emociones

Días atrás del momento en que me encontraba escribiendo este capítulo, una compañera de trabajo me envió una imagen en la que a través de emoticones se ilustraba de forma graciosa la diferencia entre la variedad de emociones que experimentan mujeres y hombres en un día normal. Había en la descripción de las mujeres más de diez caritas distintas que iban desde ojos enamorados hasta lágrimas. Recuerdo también un comercial de bebidas gaseosas que decía que «las mujeres lloran por todo». Y esto son solo dos de múltiples ejemplos que podríamos sacar de libros, canciones, películas, en fin, de la vida diaria. La diferencia entre hombres y mujeres en cuanto a las emociones es un tema tan cotidiano

---

85 Ibíd.
86 Ibíd.

que es innecesario profundizar, por lo menos para fines de aclarar el punto.

Por otro lado, existen diferentes posiciones con respecto a si los cambios hormonales afectan realmente el estado de ánimo. Más allá de asumir una posición u otra, me limitaré a hacer una observación aparentemente simple pero que podría esconder la respuesta a este asunto. Debido a que, como hemos mencionado previamente, las emociones son respuestas y no hechos aislados, es lógico que cualquier estímulo que afecte nuestra realidad termine afectando nuestras emociones. ¿Afecta el periodo menstrual mis emociones? ¿Es culpa de las hormonas que esté más triste o enfadada?

La respuesta más simple a esto es sí. Los cambios hormonales afectan la forma en que nuestro cuerpo procesa y en ocasiones en cómo nos sentimos. De forma general cualquier cosa que afecte negativa o positivamente nuestra vida diaria tiene la posibilidad de afectar nuestro ánimo. Si tener la menstruación afecta incluso nuestro sistema digestivo, nuestro apetito, provoca migrañas, dolor físico, sensibilidad... ¿no afectará esto la forma en que nos sentimos? ¡Claro que lo hará! Pero no necesariamente de la misma manera. Al elevar nuestra vulnerabilidad, es posible que seamos más impulsivas a la hora de responder o nos sintamos más tristes ante algo más simple.

En este punto, como plantean Elyse Fitzpatrick y Laura Hendrickson, *es importante no caer en la trampa de creer en la posición materialista que afirma que nuestros pensamientos y decisiones están determinados únicamente por la actividad físi-*

ca en nuestros cerebros y no por nuestro hombre interior.[87] En lo personal, conocer a cabalidad las explicaciones científicas relacionadas con los cambios hormonales, que no se limitan al ciclo menstrual, no me ha ayudado tanto como responder esta pregunta, ¿justifica todo esto que peque? El rotundo no que responde esta interrogante me llevó a buscar en la Escritura la solución a esta situación tan común en las mujeres.

Quiero que nos detengamos unos minutos aquí, porque la frialdad de mi lenguaje quizás puede confundirte y hacerte creer que no sé lo que se siente estar triste sin saber el motivo, que desconozco cómo un desbalance hormonal cambia todo en la vida. Si pudiera extender mi brazo en tu espalda y mirarte a los ojos te diría, que sí lo sé; he vivido todo esto en mi propia piel. Sé lo que es no tener deseos de levantarse en la mañana, o sentir deseos de llorar por todo y ver confirmado en un diagnóstico médico que algo estaba pasando dentro de mí.

Vivimos en un mundo caído con cuerpos caídos. Sin la gracia de Dios la vida de este lado de la eternidad sería prácticamente imposible. Recordemos que el dolor (Gén. 3:16) fue parte de la maldición dada a la mujer después de pecar y, aunque seguimos en el mismo cuerpo que Eva, las condiciones son completamente distintas, pues fuimos liberadas del pecado a través del perfecto sacrificio de Cristo en la cruz en el cual recibimos también gracia para vivir esta vida y esperanza de estar eternamente en Su presencia. El evangelio cambia completamente todo, nuestro presente, nuestro fu-

---

[87] Elyse Fitzpatrick y Laura Hendrickson, *Will Medicine Stop the Pain?* [¿Puede la medicina detener el dolor?] (Chicago: Moody Publishers, 2006), 26-27.

turo y, por ende, nuestra forma de interpretar, vivir y sentir la vida.

Las mujeres experimentamos muchos cambios hormonales durante toda nuestra vida: el ciclo menstrual, el embarazo, el parto, la menopausia. Todo esto puede afectar las emociones, además de posibles enfermedades endócrinas, diabetes, fibromialgia e incluso el cáncer. Estos cambios pueden provocar una mayor sensibilidad ante los acontecimientos, o tendencia a sentirnos tristes, pero de ninguna manera pueden controlar lo que pensamos o evitar que llevemos nuestros pensamientos y emociones cautivos a la obediencia de Cristo. El verdadero problema con nuestro dolor radica en que lo rechacemos, y en nuestra idea errada de que el bienestar consiste en evitar a toda costa el sufrimiento.

Hedonismo y la búsqueda de emociones positivas

Todos queremos ser felices. La búsqueda de la felicidad es uno de los derechos constitucionales[88] en Estados Unidos y de alguna manera es parte también de la «constitución» de nuestro corazón, ya que la Palabra dice que el Señor puso eternidad en el corazón del hombre y el anhelo de una plena satisfacción en el Señor, que en términos «experienciales» supera en gran manera a la felicidad que el mundo vende. Pero ¿qué hace el hombre sin Dios para satisfacer este deseo? Busca esa felicidad en las fuentes incorrectas y esta búsqueda pasa a ser la justificación para gran parte del pecado en nuestro mundo moderno. «Tengo derecho a ser feliz» son las

---

[88] «La Declaración de Independencia». http://www.archives.gov/espanol /la-declaracion-de-independencia.html.

palabras de muchos hombres y mujeres que deciden firmar sus papeles de divorcio, poniendo su felicidad individual por encima de la Palabra de Dios. El derecho a abortar no es otra cosa que el derecho a elegir la felicidad de la madre por encima de la vida de la criatura, ya sea porque viene en un momento no deseado o porque trae consigo condiciones que afectarían la vida de la madre.

Según la Real Academia Española, la felicidad es tanto un *estado de grata satisfacción espiritual y física* como la *ausencia de inconvenientes o tropiezos.*[89] Dicho en otras palabras, ser feliz es estar bien, sentirse bien y que no pase nada malo. Por definición, esta condición se centra en el hombre y cómo se siente. ¿Qué quiere la gente? Ser feliz. Ahora, ¿qué necesita la gente? A Cristo. Solo en Él existe la verdadera felicidad y esa búsqueda constante que el mundo hace, nosotras ya no la hacemos porque fuimos encontradas por aquel en quien han de encontrarse, como decía el salmista, «todas nuestras fuentes de gozo» y además fuimos salvadas del pecado y la condenación eterna a través de Él.

El mandato de la Palabra es buscar el reino de Dios y Su justicia, no buscar la felicidad, ya que es en la búsqueda continua del Señor y Sus caminos que nuestra alma encuentra gozo y reposo. En palabras del Hermano Lawrence:

Nuestra única felicidad debe emanar de hacer la voluntad de Dios, ya sea que nos traiga dolor o placer. Después de todo, si nos dedicamos en realidad a ha-

---

[89] Real Academia Española, s.v. «felicidad». http://dle.rae.es/?id=Hj4JtKk.

cer su voluntad, el dolor y el placer no marcarán las pautas de nuestra vida cristiana.[90]

¿Qué habría sido de la historia de la iglesia si los mártires hubieran puesto su felicidad antes que la causa de Cristo? ¿Cuál hubiese sido la reacción de Pablo ante sus primeros azotes si su gozo no estuviera en el Salvador? ¿Qué habría sido de cada una de nosotras si Cristo se hubiese negado a sufrir el espantoso dolor de la cruz y la agonía de la separación del Padre para dar Su vida por nuestro rescate? La cúspide de nuestra felicidad, o como dice la Palabra, nuestra «plenitud de gozo» (Sal. 16:11) se encuentra en la presencia del Señor, y no existe mejor lugar para estar que en el centro de Su voluntad.

Confundir el objeto de nuestra búsqueda acarrea consecuencias. Cuando seguimos la corriente de este mundo y las cosas que los incrédulos persiguen, cuando nos «adaptamos a este siglo», cuando decimos como Salomón en nuestro corazón: «Ven ahora, te probaré con alegría, y gozarás de bienes», como él descubriremos que «también esto era vanidad» (Ecl. 2:1). Este mundo es solo una vaga imagen de lo que nos espera en la presencia del Señor. Buscar la felicidad en un mundo caído es tan inútil como pretender nadar en una piscina vacía, o como decía Salomón en el mismo libro que mencionamos, «correr tras el viento»; no tiene sentido alguno.

Girando la moneda para ver su otra cara, encontramos el intento de evitar el sufrimiento, nuestra posición ante las ad-

---

[90] Hno. Lawrence, *La práctica de la presencia de Dios* (New Kensington, PA: Whitaker House, 1997), 10.

versidades debe estar dictada por la Palabra, de manera que, como Pablo le dice a los corintios: *No miramos las dificultades que ahora vemos; en cambio, fijamos nuestra vista en cosas que no pueden verse. Pues las cosas que ahora podemos ver pronto se habrán ido, pero las cosas que no podemos ver permanecerán para siempre* (2 Cor. 4:18, NTV).

Sin importar qué circunstancia estemos atravesando, podemos recurrir al poder del evangelio y recordar que Cristo vino a completar nuestro gozo (Juan 15:11) y Él es nuestro gozo antes las aflicciones del mundo (Juan 16:33).[91]

Una solución bíblica para el problema de las emociones

1. Seamos siervas de la Palabra, no de las emociones

Debemos entrenar la mente para pensar bíblicamente. Ante toda esta información quizás te aparece la duda: ¿cómo lo hago? ¿Cómo puedo lograrlo?

Como hemos establecido previamente, si hay algo que caracteriza la tendencia de este siglo es colocar las emociones en un lugar que no les corresponde, moverse por el «cómo se siente» en lugar de moverse por el camino del deber. Está permitido evadir responsabilidades y compromisos, darles la espalda a principios y sobre todo ir en contra de lo que la Palabra enseña, con el objetivo de evitar el dolor o buscar el placer. ¿Cómo podemos dejar atrás esta corriente y permitir que la Palabra guíe nuestras decisiones y conducta?

---

[91] Piper, *Lo que Jesús exige del mundo*, 90.

En primer lugar, necesitamos un cambio de gobierno, hacerles un golpe de estado a las emociones y dejar que Dios se siente en el trono de nuestra mente a través de la obediencia a Su Palabra. En la Carta a los Romanos Pablo lo explica de esta manera:

> Y no os adaptéis a este mundo, sino transformaos mediante la renovación de vuestra mente, para que verifiquéis cuál es la voluntad de Dios: lo que es bueno, aceptable y perfecto (12:2).

Muchas de nosotras vivimos adaptadas a este mundo y esclavizadas por su corriente de pensamiento; sin darnos cuenta, nuestra forma de pensar está completa o medianamente apartada de la Escritura y necesitamos renovar esos pensamientos, y la forma de hacerlo es pasar tiempo en la Palabra. Veamos ahora una traducción con expresiones un poco más llanas.

> No imiten las conductas ni las costumbres de este mundo, más bien dejen que Dios los transforme en personas nuevas al cambiarles la manera de pensar. Entonces aprenderán a conocer la voluntad de Dios para ustedes, la cual es buena, agradable y perfecta (Rom. 12:2, NTV).

La claridad de esta traducción nos permite darnos cuenta con tan solo leer el versículo, cuáles son las dos acciones que debemos tomar:

1. **No imitar las conductas ni las costumbres de este mundo**. Fuimos bombardeadas a través de revistas, pelícu-

las, programas de televisión y la mera observación de la vida de los demás, con conductas basadas en el estado emocional. No necesitamos que se nos enseñe a imitar estas conductas porque lo hacemos naturalmente y Dios nos llama a detenernos y dejar de hacerlo. No es un llamado ante algo que probablemente haremos, sino a abandonar algo que ya hacemos. ¡Dejen de comportarse como la gente de este mundo!

2. **Dejen que Dios los transforme en personas nuevas al cambiarles la manera de pensar.** Al exponernos de manera continua a la Palabra de Dios, Él transformará nuestra mente y esto nos llevará a conocer Su voluntad.

De manera que, a la luz de este pasaje, el camino para la transformación de nuestra mente es permitir que la Palabra de Dios, y no la voz del mundo, dirija nuestros pensamientos. Estos pensamientos informarán nuestras emociones y permearán nuestra conducta. Ahora, esto no sucederá de manera inmediata, es mucha la mala información que tenemos guardada en nuestro cerebro, muchos caminos se han establecido que nos llevan a hábitos pecaminosos y centrados en nosotras y nuestras emociones. Pero sin lugar a dudas al ser constantes en la oración, y la lectura y obediencia de la Escritura, veremos cómo el fruto del Espíritu comienza a aflorar en nosotras y las evidencias de que el Señor está completando la obra que inició serán claras.

2. Busca Su paz en medio de la tormenta emocional

Jesús nos dice, justo antes de partir con el Padre:

> *La paz os dejo, mi paz os doy; no os la doy como el mundo la da. No se turbe vuestro corazón, ni tenga miedo* (Juan 14:27).

Esta paz de la que Él habla no es la que el mundo nos vende, no se basa en soluciones simples ni inmediatas, sino de poner absoluta fe en Cristo y en Su Palabra. Y es esa Palabra que dice que «la fe viene por el oír y el oír por la Palabra de Dios». Entonces para alcanzar esa paz no propia de este mundo en medio de nuestras tormentas emocionales necesitamos vivir inmersas en la Escritura de forma tal que terminen convirtiéndose en nuestra ancla. Y esta ancla será tan profunda y firme como nuestra profundidad y constancia en el estudio de la Biblia.

En los momentos más difíciles, de nuestro corazón saldrá aquello en lo que pasamos tiempo pensando, aquello en lo que meditamos. ¿Con qué frecuencia te detienes a meditar en la Palabra de Dios? Aquello en lo que ponemos nuestra atención terminará dominando nuestra conducta. La Palabra de Dios es poderosa. Pero ese poder no será evidente en tu vida, a menos que ocupes tiempo en conocerla, meditarla, memorizarla y aplicarla.

Lleva tus emociones caídas al pie de la cruz. Todo lo dicho hasta aquí suena sencillo a excepción de esos momentos en los que nuestras emociones se encuentran fuera de control. Tristeza profunda, enojo extremo, mezcla intensa de emociones. Sin lugar a dudas es más difícil pensar bíblicamente en momentos así. La respuesta más simple es correr a la cruz. En Salmos 61 tenemos un ejemplo bastante gráfico de qué hacer ante las tormentas de la vida:

Desde los confines de la tierra te invoco, cuando mi corazón desmaya. Condúceme a la roca que es más alta que yo (Sal. 61:2).

¿Quién es esa roca sino Cristo? Aquel a quien el viento y el mar lo obedecen puede controlar nuestras emociones, puede hacer que nuestra alma pase a ser un mar en calma. Correr a Cristo y negarnos a nosotras mismas, rechazar el deseo de hundirnos en nuestras emociones y la tentación de caer en una fiesta de autoconmiseración.

¿Cuál es tu excusa?

Antes de concluir con estos puntos quisiera detenerme unos minutos y hablarte a ti que, como yo en algún momento, tienes alguna excusa. Esa excusa puede ser un diagnóstico psiquiátrico o toda una vida de emociones desenfrenadas. Puede ser ignorancia de que las cosas pueden ser diferentes o quizás la realidad de que esa lucha constante se convirtió en tu zona de confort. Con amor, y habiendo estado en cada una de esas posiciones, debo decirte que no tienes excusa.

Cuando ves tu condición como irremediable y te victimizas, cuando usas un diagnóstico para excusar tus pecados, estás asumiendo que todo eso es más grande que Dios. Sí, a veces es difícil pero no es imposible. Y te hablo a ti que quizás te acostumbraste a vivir con la excusa de que eres bipolar, o límite, o distímica... sin deseo de profundizar en estos diagnósticos, y dejando clara la necesidad de que sean tratados por un profesional de salud mental. Tenemos que ser transparentes y reconocer que un diagnóstico no puede decidir por ti, mucho menos si eres una hija de Dios que conoce Su Palabra y que tiene el Espíritu Santo.

No estoy negando que la batalla será difícil, pero sí sugiriéndote que abras los ojos a la posibilidad de que tu voluntad de vivir una vida anclada en la Palabra no está comprometida. Siempre estamos obedeciendo a un amo, cuidemos de ver que ese amo sea el Dios verdadero.

3. Aplica el evangelio

La vía directa para llegar a responder bíblicamente ante las tormentas emocionales es llevar una vida centrada en el evangelio, predicarnos este mensaje diariamente y vivir a la luz de lo que Cristo hizo en la cruz; a la luz de Su pronto regreso. Poder «estar bien» con nuestro Dios en medio de cualquier situación, gracias a la obra de Cristo. Eso cambia por completo nuestras vidas, vivir con un pasado perdonado, un presente orquestado por la buena voluntad de un Dios misericordioso, todopoderoso y omnisciente, y un futuro asegurado por la eternidad gracias al hermoso sacrificio de Cristo. Sea cual sea la situación, no hay mejor lugar donde estar.

Ahora, ¿cómo se ve eso ante la tristeza o ante la ira? Vivir el evangelio implica creer en Sus promesas. Implica que, como Pablo, «corramos con paciencia la carrera de la fe» (Heb. 12:1), sabiendo que «el que inició en nosotras la buena obra será fiel en completarla» (Fil. 1:6, adaptado) y usará todas las cosas para cumplir Su propósito de formar la imagen de Cristo en cada una, usando cada oportunidad para traer nuestros pensamientos y emociones cautivos a la obediencia de Cristo. Ante cada nueva situación que se presenta tenemos dos caminos, se trata de seguir a Cristo y morir a nosotras mismas cada día, paso a paso sabiendo que Su poder opera en nosotras.

Uno de los retos más grandes que enfrenté a la hora de escribir este capítulo fue elegir cómo terminarlo. Es mi deseo que cada una de las palabras dichas no solo en este capítulo sino a lo largo de todo el libro cumpla su propósito de apuntarte a Cristo, Su evangelio y Su Palabra. Sabiendo que muchas veces lo que queda en nuestra mente es lo último que leemos o escuchamos, quisiera, en el más dulce de los tonos, animarte a continuar con paciencia esta carrera. A dejar que tu mente y tus emociones sean renovadas por la Palabra, que tu entendimiento sea transformado y que tu corazón sea fortalecido. Piensa en ese hombre que vimos al principio, aquel al que Cristo devolvió el sano juicio y llénate de la esperanza que viene de saber que el poder que obró en él, también está disponible para ti.

Pon tus ojos en aquel que fue tentado en todo pero sin pecado, deja que Él selle tu corazón con la eternidad y te permita recordar cada día que en tu debilidad Su poder se fortalece. Ese Cristo que resucitó de los muertos, el que entregó Su vida para salvarte de la ira de Dios y la condenación eterna prometió estar contigo todos los días hasta el fin del mundo. Así que ríndele a Él tus emociones y deja que domine cada fibra de tu ser. Habrá días que fallarás, recuerda las palabras de Pablo.

Hermanos, yo mismo no considero haberlo ya alcanzado; pero una cosa hago: olvidando lo que queda atrás y extendiéndome a lo que está delante, prosigo

hacia la meta para obtener el premio del supremo lla-
mamiento de Dios en Cristo Jesús (Fil. 3:13-14).

Habrá días en que perderás de vista la gracia, arrepiéntete y regresa al camino. Deja que la Palabra sea lámpara a tus pies y corre pacientemente hasta que conozcas en plenitud a Cristo, quien es la plenitud de nuestro gozo.

Evalúate:

1. ¿Quién determina el curso de tus acciones cada día, Dios o tus emociones?
2. ¿Te sentiste tentada a reaccionar pecaminosamente basándote en las emociones que experimentas?
3. ¿La forma emocional en que reaccionas glorifica el nombre de Dios?
4. ¿Llevaste tus emociones (ira, tristeza, temor) a la luz de la Palabra? ¿Con qué frecuencia?
5. ¿Son las emociones positivas (la felicidad, la alegría, etc.), dioses en tu vida? ¿Se dirigen tus pasos a conseguirlas como un fin en sí mismas?
6. ¿Qué cosas, en base a lo que hablamos hasta ahora, deberás hacer para redirigir tus emociones y llevarlas cautivas a la obediencia de la Palabra?

CAPÍTULO 9

Pruebas y sufrimientos para la gloria de Dios

POR ELBA ORDEIX DE REYES

Pero como las chispas se levantan para volar por el aire, así el hombre nace para la aflicción
(Job 5:7, RVR1960).

Una antigua rima de Don Pedro Calderón de la Barca dice sabiamente: *¡Oh cuánto el nacer, oh cuánto al morir es parecido! Pues si nacemos llorando también llorando morimos*[92] y es porque las aflicciones forman parte del mundo que nos rodea. Experimentarlas puede producirte desaliento, confusión, tristeza, desengaño, desilusión y ver que se mueren expectativas dentro de tu cotidianidad. Por eso es vital la teología que tengas. Quizás pienses que no tienes ninguna, pero todas tenemos una. Se trata del concepto de Dios que albergas en tu mente, cómo piensas acerca de Él y lo que permite en tu vida.

Si no experimentaste ningún sufrimiento y piensas que nada de esto te sobrevendrá, entonces con amor te exhorto a preparar tu alma. Mi deseo en esta parte del libro, es que

---

[92] Juan Nicolás Böhl de Faber, *Floresta de rimas antiguas castellanas* (Hamburgo, Alemania: Perthes y Besser, 1843), 28.

puedas tener una teología correcta del dolor. Tal vez en este momento no estés atravesando por pruebas o circunstancias difíciles, pero lo cierto y seguro es que todos Sus hijos padeceremos en alguna forma.

Es importante aprender a ver cada estación de la vida como parte de lo que Dios proveyó para ti. En ocasiones disfrutarás de tiempos de regocijo, pero al mirar a tu alrededor puedes darte cuenta de que «debajo del sol» o en el mundo en que vivimos, el dolor nos rodea y afecta nuestras vidas. ¡Las situaciones difíciles o pruebas pueden venir en tantas formas! Se disfrazan de pérdidas, enfermedades, conflictos, quiebra financiera, matrimonios en crisis, personas difíciles en tu vida, persecuciones, acusaciones por tu fe, partida de seres amados o que la vida no haya sido como planeaste que fuera. ¡Puedes pensar lo que has vivido!

En el mundo tendremos aflicción, esta fue una declaración de Cristo mismo antes de partir, pero Su promesa es más segura que el suelo que pisas. Él prometió estar con nosotros **todos los días,** hasta el fin del mundo (Juan 16:33). Por esta razón, deseo acercarme a ti en este momento, y hablarte no solo con Su Palabra, que es luz para todo nuestro andar, sino con mi corazón. Lo hago, porque viví muchas situaciones que no resultaron como las había imaginado y muchas dejaron una estela de gran dolor y pérdida. Experimenté el dolor físico intenso y crónico, la tristeza profunda por la partida de seres muy amados, viví la aflicción en tantas maneras como yo nunca hubiera elegido para mi vida. Te animo en este tiempo a hacer provisión y depósitos de fe para tu alma y prepararla fortaleciéndola con Su Palabra. Y si hoy estás atravesando por el valle de aflicción, quiero que imagines que estamos sentadas una junto a la otra y le pido a Dios que me permita llegar a tu alma con palabras de consuelo y Su gracia en este tiempo.

¿Por qué sufrimos?

Aunque no lo deseemos, las pruebas y el dolor son parte del mundo caído en el cual vivimos. Pero es parte de nuestra naturaleza cuestionar a Dios en el dolor, porque no entendemos y el dolor nos deja aturdidos. Como no tenemos respuestas ante tanta angustia, muchas veces podemos pensar que Dios es el culpable, pero recuerda que el dolor no era parte de la creación, sino la consecuencia de la caída (Gén. 3:15-17).

Debemos entender que muchas veces vamos a padecer *por nuestro propio pecado*, por las malas decisiones que tomamos y sus consecuencias, o podemos *sufrir por el pecado de otros*, que nos afecta de muchas formas. Pero hay ocasiones en que no es por ninguna de estas razones, sino por el *pecado en el mundo que nos rodea*, el cual gime esperando con nosotros ser redimido por Dios (Rom. 8:22). Así que todos, de diferentes formas, atravesamos por situaciones que alteran nuestro mundo, que nos sacan de nuestra zona de comodidad. Estos eventos pueden sacudirnos por un breve tiempo o pueden paralizarnos, dependiendo de la intensidad con que nos sobrevengan. Mi deseo no es escribir un tratado teológico sobre el dolor, sino ayudarte a ver cómo Dios usa las pruebas y la aflicción en tu vida como un instrumento para santificación, para que puedas crecer más a la imagen de Su Hijo y de esta forma lo glorifiques como una mujer que lo ama y le teme (Rom. 8:28).

¿Por qué a mí?

¿Alguna vez anhelaste que venga un tiempo de dificultad en tu vida? ¡Difícilmente la respuesta será afirmativa! Es porque las pruebas *nos atacan de sorpresa*, son como ladrones que aparecen de repente de la nada, para robar nuestra paz. Por eso Pedro nos advierte: Amados no se *sorprendan* del fuego de pruebas que ha venido en medio de ustedes para probarlos como si algo raro les aconteciera (1 Ped. 4:12, parafraseado). La palabra *sorpresa* es clave, porque nos revela que nunca esperamos el ataque. Por lo tanto, nos toman desprevenidas y nuestra reacción es ira, temor, vergüenza, negación, o incredulidad al ser zarandeadas.

Puedo recordar un muy largo periodo de pruebas en mi vida que comenzó con la pérdida súbita de nuestras empresas y con ello de todos nuestros ingresos. Mi esposo tenía varias compañías y una de ellas, muy próspera, se especializaba en imágenes tridimensionales (3D). Pero los negocios no iban bien desde hacía un año. Esto nos llegaba justo cuando más anhelábamos dedicarnos al ministerio para servir al Señor a tiempo completo. Así que mi esposo y yo no entendíamos por qué nuestras oraciones no parecían ser escuchadas. Habíamos buscado el rostro de Dios una y otra vez; repetidas veces buscamos consejería financiera y pastoral, pero las cosas caminaban cada vez peor... perfectamente mal, mientras más deseábamos honrarlo.

El día más temido llegó cuando ya no quedaba nada, solo muchas deudas, y una completa incertidumbre nos arropó en ese momento con tres hijos adolescentes. Puedo asegurarte que mi corazón quedó desolado, angustiado y temeroso. Mis oraciones estuvieron mezcladas con litros de lágrimas. ¡Sentí como si de repente sacaran el piso de debajo de mis pies! ¡Hasta respirar me costaba trabajo! Podía hacer mías las palabras de David en Salmos 55:4-5: *Angustiado está mi corazón dentro de mí, y sobre mí han caído los terrores de la muerte. Temor y temblor me invaden, y horror me ha cubierto.* Como David, yo también deseaba huir y tener alas como la paloma para buscar un refugio. *Soy derramado como agua [...] mi corazón [...] se derrite en medio de mis entrañas* (Sal. 22:14). Pero nuestro camino apenas comenzaba. Dios tenía planes que no imaginé y las pérdidas económicas fueron solo el inicio.

Casi un año más tarde, Dios tocó algo mucho más valioso que estremeció nuestro corazón. Nuestro hijo menor, Andrés, de apenas 16 años, cayó al piso en un partido de fútbol y aparentemente perdió el conocimiento por un momento. Al hacer un examen de rutina, los resultados arrojaron una taquicardia ventricular y dos paros cardíacos. En otras palabras, el cardiólogo nos dijo que al caer, probablemente sufrió una falla eléctrica en su corazón. ¡Esta es la temida muerte súbita de los deportistas, que no sobreviven para contarlo! Esas fueron las palabras del especialista. Así que una prueba gigante como un Goliat se levantaba amenazante frente a nosotros, que tan pequeños como David la enfrentábamos sin trabajo, sin ahorros, sin seguro médico y con la necesidad de sacar del país a nuestro hijo para ponerlo en manos de un especialista. Esto ya era todo un reto.

Dios iluminó nuestro entendimiento en el mismo momento de la prueba. Él nos mostró que no se trataba de una prueba de dinero sino de fe, de confianza, de dependencia, de abandono en Él. Por eso te lo comparto, amada lectora. Una semana más tarde estábamos ya en Estados Unidos, con todo lo necesario provisto por Dios. Al finalizar los estudios y pruebas, los doctores no encontraron en su corazón nada que se debiera arreglar. Vimos cómo el pueblo de Dios había clamado y ayunado por nosotros, y nuestra prueba había sido de fe, ¡no de provisión! Dios fue fiel una vez más, y nuestra fe creció y se fortaleció viendo a Dios obrar en medio nuestro.

Ese fue el inicio de siete años llenos de situaciones de las que yo hubiera deseado huir y evitar a como diera lugar. Pero en cada batalla Dios mostró Su presencia y me consoló. Pude comprender que usó cada situación como tiempos muy especiales con Él de los que yo no debía anhelar huir, ni orar para que Él me sacara de ellos. Antes de esto, mi oración muchas veces había sido «Señor soy tu hija, líbrame de esta aflicción, no permitas que atraviese por esto». Pero Dios amorosamente me llevó a aprender que en cada una de ellas Cristo estaba siendo formado en mí, que mi mente era transformada en el dolor y huir no era la salida. Necesitaba perseverar con Él mostrando el poder del evangelio, porque todo es posible cuando Cristo nos fortalece.

No sé qué estás viviendo hoy, pero como mujer que has abrazado tu diseño y que deseas vivir tu vida rendida a Dios, te invito a que veas tus luchas de una forma diferente a como las has visto hasta ahora y no anhelar salir corriendo sino a ser transformada en ellas. Esto es vivir con una teología correcta del dolor.

Como Israel en el desierto

Cada vida es única, preciosa y particular. Está repleta de eventos, marcada por circunstancias irrepetibles, cargada de recuerdos y vivencias, y también de errores que cometemos. Las buenas y malas decisiones forman parte de nuestro caminar y, aunque no lo creas, nos enseñan, no solo a nosotras mismas, sino también a otros a nuestro alrededor.

La historia de Israel es parte esencial de nuestras vidas. La Escritura nos enseñan de Su instrucción y el caminar de Dios con Su pueblo. Nuestro andar debe ser moldeado por ellas porque nosotras somos Su pueblo. Tu historia y tu corazón son muy parecidos a los de Israel. La Palabra no debe ser solo una «historia» que leas como parte de tu devocional o de un estudio bíblico. En 1 Corintios 10:11 leemos: *estas cosas les sucedieron como ejemplo, y fueron escritas como enseñanza para nosotros.* Así que necesitamos meditar en ellas y aplicarlas en cada proceso que vivimos. Tomando esto de base, deseo compartirte un texto que Dios usó en mi vida para explicarme por qué Él permitió que yo viviera estas experiencias.

Israel fue llevada al desierto durante cuarenta años para ser probada y humillada, para que conociera lo que había en su corazón (Deut. 8:2). En mi caso, Dios me mostró que años atrás, como Israel, yo había pasado periodos de rebeldía e infidelidad de muchas formas. Mi amor se enfrió, me volví legalista, servía en la iglesia pero con un corazón apartado de Él. Estuve arropada por el mundo pero dentro de la congregación. El centro de mi vida eran mis deseos y no Su voluntad.

Su Palabra nos enseña que todo lo que ocupe el lugar de Dios en nuestra vida es un ídolo. Se convierte en aquello que adoras y donde pones tu confianza (Deut. 6:5,13-15). Puede ser que no lo hayas pensado, pero podemos adorar nuestras posesiones o posiciones, nuestras familias, trabajos, ministerios o aun a nosotras mismas cuando vivimos para nuestros deleites. Dios nos creó para adorarlo solo a Él. Nada más puede ocupar Su lugar y esa fue la razón por la que Él no quiso dejarme de esa forma en que estuve, me atrajo a Él con cuerdas de amor. Una vez trajo avivamiento a mi vida, mi único deseo era servirle con pasión, pero mi corazón debía ser limpiado de todo lo que lo contaminó cuando me desvié tras mis propios anhelos. Dios buscaba en mí una dependencia total de Él y que yo me hiciera consciente del pecado en mí y pudiera ver lo pecaminoso de mi corazón. Por eso Él me llevó al desierto para alimentarme con maná que yo no conocía, para enseñarme a caminar solo de Su mano, para hacerme bien (Deut. 8:2).

Puedo decirte que, como Padre amoroso y Esposo fiel, durante ese tiempo me alimentó, me vistió, puso techo sobre nuestras cabezas, pagó estudios y casó a nuestra hija. Su mano proveyó a través de otros que nos mostraron su amor y fueron testigos de Su fidelidad, cuando cada promesa de provisión se cumplía.

Si hoy estás atravesando por las arenas del desierto, deseo que puedas ver cuán especial es este tiempo. El desierto es un lugar muy árido y caliente. Sus arenas no te dejan avanzar con facilidad y debes viajar con pocas cosas, lo más ligera de equipaje que puedas, porque de lo contrario pereces.[93] Por

---

[93] Miguel Núñez, «Desierto: Camino a libertad», la serie de sermones predicado en 2008. Disponible en http://www.laibi.org/component/jak2filter/?Itemid=218 &issearch=1&isc=1&created_by=854&category_id=49.

eso muchas veces al entrar en él perdemos muchas de las pertenencias a las que nos aferramos. O Dios permite que perdamos relaciones o personas de las que dependemos. En esas arenas solo tienes a Dios, que es tu Ayudador. Pero recuerda la parte más hermosa, Dios llevó a Israel allí para hablarle de amor, para seducirla, para hablarle al corazón. ... *allí cantará como en los días de su juventud* (Os. 2:14-15, énfasis añadido). Así también lo hará contigo, amada.

La realidad es que no todos sufren aflicciones o pruebas por la misma razón. Dios es soberano y sabe por qué permite estos tiempos en nuestro andar con Él. Pero cada prueba es hecha a nuestra medida, como un traje. Es única e individual. La que es apropiada para ti no es la misma para tu amiga o hermana, y su propósito será siempre hacerte semejante a Jesús.

Cuando nadie parece entender tu dolor

Durante años el dolor físico fue mi compañero. Después de 20 años de migrañas y padecimientos físicos aprendí a hacer las paces con el dolor. Mientras escribo este capítulo, Dios ha querido que durante los últimos dos años mi coxis haya sufrido una luxación mientras estaba sentada en una reunión de trabajo. No puedo decirte lo increíblemente doloroso que fue este tiempo. Pasé de una terapia a la otra y de un medicamento a otro. Esta condición no me permite permanecer muchas horas sentada y en ocasiones el dolor puede tornarse terrible.

Tuve que acostumbrarme a llevar a todas partes un cojín ortopédico, aunque vaya vestida para una boda. ¡Podrás imaginarte qué incómodo puede resultar! Al inicio de este proceso lo llamé «oprobio» porque sentí que eso era en mi vida, me avergonzaba ir con él. Ahora tengo otra actitud, pues reconozco que la mano que hiere también sana. Oro por gozo, gracia y paz cada día de mi vida y más mientras dure esta aflicción. Dios me enseñó que Su gracia siempre será más que suficiente y en la debilidad Él se hace fuerte en mi vida. Esta aflicción no me impidió hacer mi vida cotidiana ni servir, pero me volvió dependiente de Cristo.

¿Sabes qué más aprendí durante el tiempo de pruebas?

1. Dios conoce la realidad del sufrimiento, porque la cruz es el lugar donde Jesús desplegó Su amor al derramarse en dolor y agonía. Esto me ha recordado una y otra vez que Él es el Varón de dolores, experimentado en quebrantos. Es quien llevó mis enfermedades para que por Sus heridas yo sea sanada. Sus llagas sanaron mi alma antes que nada al darme salvación, pero Él sabe cuánto padezco, se duele conmigo y me conforta (Isa. 53). Por lo tanto, Él puede compadecerse de nosotras. El Salmo 22 es un Salmo Mesiánico que apunta a Cristo y nos dice que, colgado en la cruz, Jesús podía contar todos sus huesos por el dolor que padecía. Por eso Él sabe cómo gime un cuerpo adolorido, se conmueve ante tu dolor y te consuela.

   a) Aunque otros pueden atravesar contigo la misma prueba, tu dolor es único. No todos enfrentan la crisis de igual forma. Puedo decirte que estando casada con un hombre muy fiel y que me guiaba con la Palabra para poder entender lo que vivimos como familia, yo a veces lloraba y él reaccionaba encerrándose en su dolor. Ambos sufrimos mucho pero lo hacíamos de formas diferentes. Así que aprendí que el único que puede realmente entender lo que tú vives y tus más íntimos pensamientos es Jesús. Isaías dice de Cristo: *Cuando ellos sufrían, él también sufrió, y él personalmente los rescató. En su amor y su misericordia los redimió; los levantó y los tomó en brazos a lo largo de los años* (Isa. 63:9, NTV). Esta verdad me sostuvo en los días más oscuros.

b) La prueba es lo que Dios usa para formar nuestro carácter, ya que las tribulaciones dan como fruto la paciencia que forma en nosotros un carácter aprobado y lleno de esperanza en Él. Por eso nuestra fe al final brillará como el oro, una vez que sus impurezas sean removidas por el fuego de la prueba. *Y Él se sentará como fundidor y purificador de plata, y purificará a los hijos de Leví y los acrisolará como a oro y como a plata, y serán los que presenten ofrendas en justicia al SEÑOR* (Mal. 3:3). No se trata de un fuego de juicio, sino de uno que nos haga brillar reflejando Su imagen.

Una de las historias que más profundamente toca mi corazón y con la que más me identifico es la de la mujer que tocó el manto de Jesús. Ella salió del lugar donde permanecía olvidada para todos porque la ley la marginaba por su sangrado continuo. ¡Doce años visitando médicos y gastando todo lo que tenía, sin resultado alguno! Había perdido todos sus recursos buscando la salud. Intenta imaginar la escena que nos relata Lucas en su Evangelio, trata de estar ahí por un momento.

Esta mujer débil, indefensa y sobre todo llena de temor, esperó que Jesús se acercara, era su única oportunidad. Su enfermedad era un recordatorio diario de su necesidad, pero también sabía que Jesús era su única salvación. Una antigua tradición judía decía que salía poder al tocar los bordes del manto y en su interior ella creyó, tuvo fe en que Jesús podía sanarla. Pero no solo fue sanada de inmediato, sino que Jesús también le dio una restauración total al devolverla a la vida en comunidad. ¿Puedes ver qué cercano a Su corazón está el que padece dolor, el que sufre, cuando no es comprendido por nadie más, pero sí por Cristo? Como lo hizo con aquella mujer, Jesús usa tu dolencia, cualquiera que sea, para que corras a Él y con la fe puedas tocarlo. El dolor es solo el medio para que puedas acercarte y conocerlo íntimamente.

A menudo me he visto como esta mujer, pues solo puedo acudir a Cristo. Sé que no son los médicos ni mi esposo, sino el Maestro quien tiene palabras de vida eterna para mí.

Tal vez pienses que no padeces flujo de sangre, pero puedo decirte que ese no es el peor mal para una mujer. La amargura, la falta de perdón, el rencor, la ira, la queja constante, el deseo de venganza, la envidia y el resentimiento ante Dios por lo que Él permite, son flujos que a veces padece el alma, que son más terribles que los de esta mujer. Nos paralizan y dejan nuestra alma con más anemia o enfermedad que la suya. Si esa es tu condición, ven como esta mujer, arrástrate hasta Él, ven como estés y pide que Su perdón te alcance y que Su toque te sane, porque Cristo se compadece del que se vuelve a Él.

Para todo el que sufre algún dolor crónico o cualquier tipo de afección hay una esperanza segura: llegará el día en que

no habrá más dolencias. *El enjugará toda lágrima de sus ojos,
y ya no habrá muerte, ni habrá más duelo, ni clamor, ni dolor,
porque las primeras cosas han pasado* (Apoc. 21:4). Amada,
vive hoy con tus ojos puestos en esta promesa, que es más
segura que el suelo que pisas.

El regalo que se nos ha dado

Al conocer a Cristo, cuando tu mente fue renovada para vida,
también se te concedió con la salvación otro regalo precioso.
La Palabra nos enseña que con el creer, se nos regaló el poder
padecer por Cristo (Fil. 1:29). ¡Tal vez dirás que no deseabas
ese regalo! Pero ese don es tan precioso como el creer. Sufrir
es también un don dado por Dios.

Cuando Pablo fue llamado por el Señor, quedó ciego tem-
poralmente. Entonces Dios envió a Ananías a devolverle la
vista y le anunció que iba a ser un «instrumento escogido del
Señor para llevar Su mensaje». Pero lo haría a través de la
aflicción; padeciendo, él iba a impactar las vidas de los demás.
*... porque yo le mostraré **cuánto debe padecer por mi nombre***
(Hech. 9:16, énfasis añadido).

Ciertamente, muchas veces Dios nos escoge para colocarnos en el horno de aflicción para ser Sus instrumentos
de gloria. Es cierto que no deseamos ser elegidas de esta
forma, pero el dolor deshace tus fuerzas, consume tu belleza
muchas veces y solo permite que brille la gloria de Cristo. El
dolor te lleva a depender, a necesitar y desear a Cristo. En la
fortaleza esto no es posible. Y aunque no seas Pablo, puedes
mostrar la fe en lo que Dios te lleve a vivir, porque Dios no
enviará nada a tu vida para lo que Su gracia no te sustente.

Y esto es posible porque Su poder se perfecciona en tu debilidad. Por esta razón C.S. Lewis decía: *El sufrimiento no es bueno en sí. Lo bueno de cualquier experiencia dolorosa es, para quien sufre, su abandono en la voluntad de Dios, y para los espectadores, la compasión que despierta y los actos de misericordia a los que conduce.*[94]

Esto ayuda, entonces, a entender el sentir de Pablo cuando relata sus padecimientos en Colosenses 1:24 y anima a los hermanos diciendo: *Ahora me alegro de mis sufrimientos por vosotros, y en mi carne, completando lo que falta de las aflicciones de Cristo, hago mi parte por su cuerpo, que es la iglesia.* Recuerda que Pablo había sido encarcelado, apedreado, dejado por muerto, había naufragado, fue azotado y nos exhorta a ti y a mí a completar los sufrimientos de Cristo. ¿Completar? ¡Te podrás preguntar cómo es eso!

Pablo no dice que el sacrificio de Cristo a nuestro favor estuvo incompleto, y que nosotros debemos padecer para que Su obra ahora quede terminada. Todo lo contrario, ¡nunca alcanzaremos a entender tal acto de amor! Pero en tu vida esto pudiera traducirse en una convivencia difícil con tu esposo que tal vez no es creyente o quizás es poco sabio; o podría tratarse de un diagnóstico para el cual nunca estuviste preparada, quizás la pérdida de tu trabajo, o de alguien muy amado, o de todas tus pertenencias. Tal vez es un hijo con una discapacidad, o con un corazón tan rebelde que lo ves incapacitado para amar al Señor. Quizás viviste una

---

[94] C. S. Lewis, *El problema del dolor*, traducido por Susana Bunster, consultado el 21 de octubre de 2016. http://bibliotecadigital.tamaulipas.gob.mx/archivos/descargas /0669f127a_Lewis,%20C.%20S.%20-%20El%20Problema%20del%20Dolor.pdf.

experiencia tan dolorosa en tu pasado que marcó tu vida con heridas que aún están abiertas. Son innumerables las formas en que puedes vivir con tu vida el sufrimiento de Jesús, pero con ellos muestras la cruz en tu vida. Solamente en este lado del cielo experimentarás dolor, porque al estar en Su presencia solo habrá gozo. Así que cuando abrazas tus aflicciones, ante los ojos del mundo estás completando los sufrimientos de Cristo.[95] Al atravesar por estas situaciones difíciles aprenderás a confiar, a orar, y a estar agradecida con lo que tienes, como nunca antes. Es parte de Su propósito.

Amada, ¿te das cuenta de que podemos padecer y estar llenas de gozo? Porque Jesús, por el gozo delante de Él, fue a la cruz; de igual forma tu gozo no depende de tus circunstancias, sino de aquel que las sostiene, las controla y te lleva en Sus manos. ¡No temas!

Para poder ver la vida de esta forma es necesario que traigas todo pensamiento (y me atrevo a decir como aplicación todo temor o emoción) cautivo a la obediencia de Cristo. Porque nuestros pensamientos son los que producen emociones y estas nos llevan a formar patrones de conducta. Por eso deben estar rendidos a Cristo, para que no controlen nuestras vidas. Debemos aprender a vivir de una manera que lo glorifique en los tiempos en que somos probadas. Esa es la vida de piedad acompañada de contentamiento como nos enseña 1 Timoteo 6:6-8.

---

[95] John Piper, «Filling Up What Is Lacking in Christ's Afflictions» [Completando lo que falta en las aflicciones de Cristo], sermón predicado en la Iglesia Bautista High Pointe, en Austin, TX, el 19 de octubre de 2008. http://www.desiringgod.org/messages/filling-up-what-is-lacking-in-christs-afflictions.

Te comparto esta frase de Kim Wagner que ha moldeado mi mente, poniéndola en perspectiva con relación a las pruebas, para que puedas ver la oportunidad que Dios te está brindando: *La vida es tan corta y en la eternidad no vamos a tener conflictos o batallas,* **mientras esté en este corto tiempo que es mi vida, esta es la única oportunidad que tengo de adorar a Dios en medio de la batalla, en medio de la lucha.** *Por lo que quiero aprovechar todas las oportunidades que tenga, en esta corta vida, para corresponderle en adoración, alabanzas y en glorificarlo porque cuando pase a la eternidad no voy a tener la oportunidad de alabarle de la misma forma, en medio de la batalla.*[96]

Todo es del Señor

En el sufrimiento tendemos a estar centrados en nuestra pena; nuestras pruebas se vuelven el eje de nuestros días. Yo estuve ahí también. Pero mi deseo es animarte a olvidar lo que queda atrás y que puedas extenderte a lo que está delante, como nos enseña Pablo. Quizás eso suene muy difícil ahora, pero Su gracia nos capacita para lo que no podemos hacer por nosotras mismas. Recuerda que fuimos compradas por precio, así que ya no nos pertenecemos. Ya no nos pertenecen nuestras vidas, ni siquiera las circunstancias que vivimos, porque Dios las ha orquestado y aunque no lo hayas considerado antes, tampoco te pertenece tu dolor.

Entendí esta verdad en medio de ese tiempo cuando las pruebas se sucedían una tras otra. Nuestra aflicción perma-

---

96 Nancy Leigh DeMoss, «Viviendo por fe», parte de la serie de «Habacuc: del temor a la fe», recordado el 15 de julio de 2015. https://www.avivanuestros corazones.com/radio/aviva-nuestros-corazones/viviendo-por-fe/.

necía igual durante años y en este punto yo estaba entrando en el desaliento o la desesperanza cuando escuché a Paul Tripp decir que mi dolor no era mío; que debía rendir mi pena a Dios.

Debo ser honesta y aceptar que me dejó atónita. ¡Mi dolor era todo lo que yo tenía![97] Más bien era mi única «posesión». Sin darme cuenta me había aferrado a él y ahora todo lo que yo poseía debía ponerlo a Sus pies. ¿Sabes por qué el dolor no te pertenece? Porque puede convertirse en el eje de tu mundo. Tu vida puede girar solo en torno a lo que padeces, tus conversaciones, tus pensamientos se centran solo en cómo sufres, en lo terrible de tus circunstancias y puedes olvidar que Dios está a tu lado todo el tiempo. Puedes olvidar Sus misericordias que están presentes cada día en medio de la prueba, porque el dolor hace que el entendimiento se nuble y te ciegue. Puedes tender a quejarte, pero las quejas son falta de sometimiento a la voluntad de Dios y de confiar en Su cuidado. Recuerda siempre que Él nunca te dejará ni te abandonará.

Dios escucha y se conmueve siempre con el dolor de Sus hijos. Un pasaje que Él usó para enseñarme en este tiempo es Éxodo 3:7, cuando Israel era esclavo de faraón y no esperaba un redentor. Mientras era afligido y lloraba bajo el látigo, Dios vio, y se compadeció de Su pueblo. Escuchó sus lamentos. ¿No crees que Dios está muy cercano y escucha el gemido de Sus hijos, aquellos por los que Cristo derramó Su sangre? Jesús los ha presentado ante el Padre como a sí mismo.

---

[97] Paul David Tripp, parte de la conferencia «Cuando la adversidad toca tu puerta», presentada en Santo Domingo en 2013. http://www.conferenciasoasis.org/2015/09/23/cuando-la-adversidad-toca-tu-puerta-2013/.

Recuerda que David estuvo muy afligido y deprimido en Salmos 77. Este salmo es un grito de dolor y ansiedad. Pero en el versículo 10, David tomó una decisión radical para su vida: aunque nada había cambiado, él trajo a la memoria la bondad de Dios, y esto transformó su actitud. David decidió que, aunque todo permaneciera igual, él iba a confiar en el carácter de Dios recordando Sus misericordias pasadas.

Amada, tu carga es demasiado pesada para ti sola, por lo tanto, mi invitación es que, no importa donde estés, por difícil o extenuante que sea, rindas todo al Señor. Cristo te ofrece tomar tu carga y que tú tomes Su yugo que es fácil y da descanso a tu alma. Cuando la hayas rendido, como David, trae a tu memoria los días de bondad del Altísimo para contigo, alábalo en el dolor como hizo Israel en la batalla; y recuerda cuando su mano fue bondadosa. En Salmos 22, el salmista, apuntando hacia Jesús en la hora más negra y tortuosa de la cruz, en medio del dolor más intenso, elevó un canto de alabanza a Dios. Puedo asegurarte que el alma rendida ante Dios eleva un sacrificio de alabanza mientras espera en Él en medio de la aflicción.

Los ángeles están observando

Quizás, como yo, anhelaste obtener respuestas a muchos acontecimientos de tu vida, pero tal vez nunca las tendremos. Cuando Job quiso respuestas en su aflicción, Dios no se las dio, en cambio le mostró Su soberanía. En ocasiones, con nosotros sucede igual. Dios nos deja ver el propósito de una prueba al usarla en nuestras vidas o en la de otros que están cercanos, pero cuando Dios permite esas situaciones es para moldearte y está usando las circunstancias o personas como instrumentos en Sus manos redentoras. Él también usa tu dolor para hablar con poder a otros aún sin que estés apercibida de esto.

En Efesios 3:10 nos enseña que mientras Sus hijos padecen, Dios revela Su infinita sabiduría a los ángeles, a las potestades que observan y aprenden cómo Dios cuida a Sus hijos en medio del dolor y las pruebas. Es algo maravilloso, me llena de asombro, pues significa que los ángeles que están a Su lado, y aun toda autoridad invisible, están aprendiendo de Su amor cuando nos ven reaccionar ante ellas.[98] Por lo tanto tú no sufres sola, Dios está a tu lado y tu dolor clama muy alto en el cielo. Los ángeles que observan también son enviados por Dios a guardarnos en medio de las pruebas, a librarnos del mal, a actuar en favor de nosotros en el peligro como hizo el ángel que sacó a Pedro de la prisión como respuesta a las oraciones de Su pueblo (Hech. 12:5-7).[99] Ellos observan y aprenden pero ministran a tu favor en el dolor. En medio de tu dolor recuerda que no hay situación en que no puedas recibir la oportuna ayuda y socorro de tu Dios a través de Sus mensajeros (Heb. 1:14).

Comienza a ver estos largos periodos como un campo de entrenamiento para ser equipada y con los que Dios luego te usará para ministrar otras vidas. De esta forma lo que fue un dolor intenso en una época ahora se transforma en conso-

---

[98] Joni Eareckson Tada, «The Stakes Are Higher than You Think» [Las apuestas son más altas de lo que tú piensas], subió en ReviveOurHearts.com el 24 de septiembre de 2010. https://www.reviveourhearts.com/events/true-woman-10 -indianapolis/stakes-are-higher-you-think/.

[99] John MacArthur Jr., *Enfrentando la ansiedad: Aplicando la Palabra de Dios a los problemas del alma* (Barcelona, España: Editorial Clie, 1993), 88.

lación para quien camina por el mismo valle de aflicción. Oro para que, al atravesar por esta «leve tribulación momentánea», puedas aprender que el dolor es ganancia, no porque sufrir será bueno, sino porque Dios es bueno y está a tu lado formando tu espíritu en medio del dolor; y al revelarse en ti brillarás con la gloria del evangelio ante quienes te observan.

Abraza con esperanza las etapas difíciles de la vida

Tus peores cosas obrarán para bien,
las buenas no las puedes perder,
y las mejores cosas están aún por venir.
Tim Keller[100]

¡Cuánta esperanza en una sola frase! Para el creyente siempre lo mejor está por venir, aunque ahora no lo puedas ver. Como en las estaciones, la vida de toda mujer está formada por diferentes etapas y en muchas de ellas puede haber anhelos que no florecieron, sueños que no se cumplieron, o «podas» que nos marcaron el alma. Pero el Dios que nos formó es un Dios cercano y personal que habita con el quebrantado y vivifica el corazón roto o fatigado. Por estar tan cercano conoce cada uno de tus anhelos y tu suspiro; lo más íntimo de ti no le es oculto (Sal. 38:9).

---

[100] Jonathan Edwards, citado por Timothy Keller, en un tweet mandado el 1 de octubre de 2013, «Our bad things turn out for good. Our good things can never be lost. And the best things are yet to come». https://twitter.com/dailykeller/status/385187060669087744.

A pesar de haber experimentado numerosas situaciones de tristeza, hay muchas etapas de gran desconsuelo que no viví. No atravesé por la angustia de perder a un esposo, o a un hijo muy amado, ni vi morir cada mes la ilusión de poder abrazar a un pequeño entre mis brazos. Pero Dios me enseña en Su Palabra que no necesito haber pasado por todas las aguas turbulentas del alma para saber quién es el Único que puede aquietarlas y dónde está el verdadero reposo para Sus hijas.

Hay personas que ocupan un lugar muy especial en el corazón de Dios: el huérfano, la viuda, el afligido y el menesteroso (Sal. 82:3-4; 68:5). ¡Cuánta compasión hay en Su corazón! Él se llama a sí mismo el defensor de las viudas. Porque, aunque tu esposo terrenal pueda faltar, Dios, que es tu Hacedor, se llama a sí mismo tu Esposo celestial (Isa. 54:5). El amor de este Esposo es eterno y tan inmenso que te lleva escrita en las palmas de Sus manos de donde nadie puede borrarte (Isa. 49:16).

Como tu *Abba* o Padre amoroso, puede entender la pena que sientes cuando eres separada del compañero de tu pacto y quedas sola. En este momento debes aprendas una nueva forma de vivir, aun cuando el dolor está muy presente y quizás sientas que te falta el aire y que no puedes seguir adelante. Una autora dice que «mientras te sientes sola en tu mesa a desayunar, y tengas que ser padre y madre para tus hijos, recuerda esta verdad. Él está contigo. Está en tu habitación, en tu cama, y te sostiene con Su amor».[101]

---

[101] Elizabeth W. D. Groves, *Becoming a Widow: The Ache of Missing Your Other Half* [Enviudar: El dolor de perder a su otra mitad] (Greensboro, NC: New Growth Press, 2012), 7.

No sé cuál fue tu reacción al perder a tu esposo; quizás estuvo marcada por la ira, el rechazo, o el resentimiento contra Dios. Tal vez su muerte te tomó por sorpresa. Nadie está preparado para ver partir a los que amamos, porque la muerte no es natural aunque la veamos diariamente, nuestra alma la rechaza porque fuimos creadas para la eternidad.

Por eso, si en tu dolor te levantaste contra Dios, lo importante en este momento es que puedas venir delante de Él y seas honesta derramando tu alma; nadie como tu Creador conoce cómo te sientes. Recuerda que en Su libro estaban escritas todas estas cosas antes de que fueran (Sal. 139). Necesitas el consuelo que prometió darte por Su Espíritu, nuestro Consolador. Recuerda que Sus brazos eternos son tu refugio. Al encontrarte con Dios cada día, presenta cada carga, cada factura, cada decisión junto con tus hijos. De esta forma ellos aprenderán de ti cuando te vean ir a Él como su Padre que los cuida y provee toda necesidad en sus vidas. Recuerda que ser viuda no define tu vida o tu futuro. Lo que te define es que seas hija del Dios Altísimo.

Cada una de nosotras experimenta situaciones que nos convencen de que la vida no resultó como la planeamos. El sueño de ser madre es un sueño hermoso, lícito y parte del diseño de Dios para la mujer, pero no siempre llega. Y muchas veces un anhelo permanece siendo solo un sueño o una pérdida. Esa oración elevada mes tras mes que no obtiene respuesta puede llevarte al desaliento y atacar tu fe con el paso de los años. Es posible que te encuentres en esta lucha interior deseando que Dios te conceda este anhelo y lidiando con emociones encontradas.

Pero Su Palabra nos enseña que tanto la maternidad como la infertilidad son regalos del Dios que te ama, y esa es la clave para vivir con gozo.[102] Como autor y dador de la vida los hijos son un regalo de Su mano (Sal. 127). Él abre y cierra cada vientre; así que ambas deben ser abrazadas como Su voluntad que es buena, agradable y perfecta. Dios, a través del profeta Isaías, nos recuerda: *Yo que hago que se abra la matriz ¿No haré nacer? —dice el Señor. Yo que hago nacer, ¿cerraré la matriz?— dice tu Dios* (Isaías 66:9).

Llevar tu causa a Dios es lo correcto, pero lo importante es el espíritu con que la presentes. «Es importante entender que nuestros anhelos internos no son necesariamente pecaminosos en sí mismos. Lo que está equivocado es demandar que esos anhelos sean satisfechos aquí y ahora, o insistir en satisfacer estos anhelos en forma ilegítima o exigir que Dios provea el contexto legítimo para satisfacer nuestros anhelos; debemos aprender a tener contentamiento con nuestros anhelos no satisfechos».[103]

Cada pérdida o anhelo insatisfecho es permitido por Él y será usado para que tu alma anhele el consuelo y cercanía que solo Él puede darte. «En tu presencia hay plenitud de gozo; en tu diestra, deleites para siempre» (Sal. 16:11); y decir «en Su presencia» implica que puedes estar satisfecha, plena y con gozo aun anhelando lo que no tienes, porque tu princi-

---

[102] Mario Schalesky, *Empty Womb, Aching Heart: Hope and Help for Those Struggling with Infertility* [El vientre vacío, dolor del corazón: Esperanza y ayuda para quienes luchan con la infertilidad] (Grand Rapids, MI: Bethany House, 2001).

[103] Nancy Leigh DeMoss, «Las mentiras que las mujeres creen sobre sus anhelos insatisfechos», subió en el blog de Coalición por el evangelio el 7 de septiembre de 2014. http://www.thegospelcoalition.org/coalicion/article/mentiras-que-las-mujeres-creen-sobre-sus-anhelos-insatisfechos.

pal tesoro es tu Señor; quien da sentido y te llena de propósito y esperanza. No el hecho de que seas madre.

Pude comprobar esta realidad en mi trabajo como Corresponsal Bíblica en Aviva Nuestros Corazones, cuando recibí el testimonio de una esposa que deseaba ser madre, pero perdió más de siete embarazos, y con cada uno moría la ilusión de ser mamá. ¿Puedes imaginar el dolor y las lágrimas de esta mujer al enterrar siete niños que no llegaron a nacer? Pero sus labios, como los de Job, no atribuyeron a Dios despropósito alguno. Alababa al Dios y Señor que la consolaba. ¡Vivir de esta manera hace brillar la luz del evangelio ante el mundo que nos rodea! (Mat. 5:16).

Dios te creó para que dieras vida, y puedes darla no solo de forma física, sino también espiritualmente. Ese deseo de abrazar y cuidar está puesto por Él y va más allá de solo cuidar a un hijo en tu hogar. Amada, ora para que tus ojos puedan ver la maternidad con una visión renovada, conforme a la buena voluntad de Dios en tu vida, dando gracias a Dios por todo y confiando en Su soberanía. Así vivimos por fe y no por vista, confiando en Sus promesas. Fui testigo de esto en la vida de algunas mujeres muy cercanas a mí y a las que amo. Dios te puede conceder una maternidad espiritual de esta forma.

Por eso, te invito a que consideres varias formas en que puedes llenar este anhelo: Puedes proveer a un niño o niña en su escolaridad y darle un seguimiento cercano. Visitarlo y orar con él o ella compartiendo la Palabra. Puedes reunir a varias jóvenes o niñas de tu congregación y hacer estudios de diferentes libros compartiendo tardes de galletas, salidas, manualidades y visitas a personas necesitadas. Puedes involucrarte ayudando en un orfanato. Puedes orar con tu esposo y considerar la adopción. Dios nos adoptó como Sus hijos, y no hay forma más hermosa de imitar Su amor que tomar a un pequeño y ofrecerle un hogar y una formación de fe para poder darle todo el amor que tienes.

Floreciendo en la aflicción

Al leer la Escritura puedes percibir cómo para los israelitas el nombre dado a los hijos tenía gran significado aún antes de su nacimiento, porque ese nombre revelaba la esencia o el carácter de la persona que vendría al mundo. De esta forma, José nombró a su segundo hijo Efraín como un recordatorio constante de que Dios lo hizo fructificar en la tierra de la aflicción (Gén. 41:52). Así que no importa cuánto tiempo hayas caminado por la senda de las pruebas o cuántas lágrimas derramaste, espero que al cerrar este capítulo puedas decir como José, que tu aflicción dará frutos que sobreabundan en tu vida. Que tu fe creció, se estiró, y viste que tu carácter fue probado y cambiado porque la prueba produce paciencia para llevarnos a ser plenas en Él (Sant. 1:3). Que al ver todo el sendero recorrido puedas afirmar que Jesús estuvo cercano, comprobando que verdaderamente todas las cosas obran para bien a los que lo aman. Que Sus consolaciones fueron las más dulces y el bálsamo de Galaad bañó tu alma.

Te invito a que vengas con gratitud por cada tiempo vivido. Su Palabra nos enseña que por todo debemos dar gracias, y estas épocas de tribulación ensanchan y aumentan la fe al estirarla. Son el medio por el cual ella es probada y aprobada para que al final reluzca como el oro. Por eso debemos hacer un alto y dar gracias a nuestro Dios por llevarnos a través del dolor y formar nuestro carácter bajo presión, para ser gratas a Él.

Sus caminos son inescrutables, pero llenos de esperanza. Lo más roto, quebrantado o doloroso de nuestras vidas es transformado por Él para florecer dándole gloria. Que esta promesa quede grabada en tu alma por los días que te resten:

> Ciertamente el Señor consolará a Sion (escribe tu nombre en lugar de Sion_____), consolará todos sus lugares desolados; convertirá su desierto en Edén; y su yermo (aridez) en huerto del Señor; gozo y alegría se encontrarán en ella, acciones de gracia y voces de alabanza (Isa. 51:3).

Abrazar esta cosmovisión hace que el evangelio brille en tu vida, nos permite vivir con los ojos puestos en lo eterno, sabiendo que todo lo que Él permitió en nuestras vidas tiene un propósito. Abraza Sus promesas de restauración, dadas por el Dios que te sostiene y te dio libertad, plenitud y abundancia compradas en la cruz para que puedas vivir una vida verdadera en Él.

||||||||||||||||||||||||||||||||||||||||||||||||||||||||||||||||||||||||||||||||||||||

Evalúate:

1. ¿De qué manera viste el dolor y las pruebas hasta ahora en tu vida?

2. ¿Cómo puedes reflejar a Cristo a través de lo que estás viviendo? ¿Fuiste transformada por tu aflicción porque otros perciben que pasaste la prueba al ver que tu fe crece, madura y muestra a Cristo?

3. Quienes te rodean, ¿pueden ver que reflejas gozo, fe y paz en cualquiera que sea tu situación?

4. ¿Diste gracias a Dios por tus circunstancias, aun por las más difíciles, o tu respuesta fue la queja?

5. ¿Qué decisiones puedes tomar a partir de este momento para glorificar Su nombre?

6. Te invito a elevar una oración de gratitud y consagración al Señor, pues nuestro Dios es un Dios de nuevas oportunidades y este es un momento para volver a dedicar tu vida al ver Su mano obrar en ella.

CAPÍTULO 10

Rendición: sabiduría de Dios para la mujer

POR MAYRA BELTRÁN DE ORTIZ

Porque mejor es la sabiduría que las joyas, y todas las cosas deseables no pueden compararse con ella
(Prov. 8:11).

Todos queremos ser felices. Según la Organización de las Naciones Unidas (ONU), la búsqueda de la felicidad es una meta fundamental para todo ser humano. A tal punto, que la Asamblea General de esta organización decretó hace unos años que cada 20 de marzo se conmemore el «Día Internacional de la Felicidad», para *reconocer la relevancia de la felicidad y el bienestar como aspiraciones universales de los seres humanos y la importancia de su inclusión en las políticas de gobierno.*[104] Con esta misma meta de hacer a otros felices, Harvey Ball creó en el año 1963 la famosa «carita feliz» para implementar una «campaña de amistad» que se convirtió en el símbolo más

---

[104] «Resolución aprobada por la Asamblea General el 28 de junio de 2012», 66/281 Día Internacional de la Felicidad. https://documents-dds-ny.un.org/doc /UNDOC/GEN/N11/475/71/PDF/N1147571.pdf?OpenElement.

reconocido de la década y aún hoy prevalece como un símbolo universal de felicidad, con una tasa de popularidad altísima.[105]

Desde los inicios de la historia, el hombre ha buscado conocimiento pensando que esto lo llevaría a la felicidad. Grandes filósofos del pasado como Aristóteles, Platón, Epicuro, así como autores reconocidos de todas las épocas, expresaron sus posturas sobre la felicidad y cómo alcanzarla. La Psicología Positiva, una corriente de la psicología que surgió a finales de la década de los años 90, demuestra la importancia que los seres humanos le damos a la felicidad.[106] Algunos defensores de la Psicología Positiva han escrito muchos libros, y hace unos años respaldaron una película titulada *En busca de la felicidad*, que fue un éxito taquillero y fue nominada a varios premios de la industria cinematográfica.

Nos preguntamos entonces, si todos queremos ser felices, si todos buscamos la felicidad, ¿cómo llegamos a ella? ¿En qué radica realmente la verdadera felicidad?

Que te asignen escribir un capítulo de un libro por primera vez en tu vida es intimidante, pero que el tema asignado sea «la sabiduría para el diario vivir» fue uno de los retos más difíciles, pero a la vez más gratificantes de toda mi vida. Estudiar y escribir sobre este tema ministró mi corazón de muchas maneras y es mi oración que tú puedas ser dirigida a encontrar la Verdad que te lleve a la verdadera felicidad; que

---

[105]   Jimmy Stamp, «Who Really Invented the Smiley Face?» [¿Quién realmente inventó la carita feliz?], subió en Smithsonian.com el 13 de marzo de 2013. http://www.smithsonianmag.com/arts-culture/who-really-invented-the-smiley-face-2058483/?no-ist.

[106]   IPPAnetwork.org, sobre IPPA y psicología positiva, consultado el 7 de octubre de 2016. http://www.ippanetwork.org/about/.

puedas conocer la verdadera sabiduría; abrazarla, valorarla y ponerla en práctica en todas las áreas de tu vida.

Dedico este capítulo a mi familia. A través de estas líneas les pido perdón, una vez más, por todos los errores cometidos a lo largo de los años y les doy las gracias porque a través de sus muestras de amor, comprensión, paciencia, tolerancia, pude sentir con más profundidad el amor inmerecido de Dios hacia mí.

Un poco de mi historia

Crecí, sin darme cuenta, con un gran deseo de llegar a ser una mujer sabia. Desde muy pequeña me encantaba pasar tiempo con mi padre porque al ser un hombre que amaba la lectura, tenía un arsenal de cuentos e historias interesantes para compartir. Papá disfrutaba mucho narrando estos relatos y les daba un sabor y entonación que los hacía muy atractivos para los que escuchábamos. Los sábados por la tarde se convirtieron en tardes de cine de doble cartelera, comenzando desde el mediodía, entre helados y relatos de cuentos e historias. Durante esas tardes papá aprovechaba para compartir conmigo y con mi hermana menor las historias que nos remontaban a épocas y escenarios diferentes. Hermosos e inolvidables recuerdos de mi niñez, atesorados en mi corazón para siempre.

Entre esos relatos, muchas veces nos contó la historia del rey Salomón y del bebé del cual dos mujeres alegaban ser la madre. La usaba para enseñarnos que siempre teníamos que hablar la verdad porque de una u otra manera al final siempre se sabría. La historia está en 1 Reyes 3:16-28 y cuenta que dos mujeres se acercaron al rey con un asunto muy serio. Ambas vivían en la misma casa, y una de ellas había dado a luz a un niño tres días después de la otra. Solo ellas y sus niños recién nacidos vivían en la casa. El niño de la segunda mujer vivió apenas unos cuantos días y murió durante una noche. Al darse cuenta de esto, la madre fue al cuarto de la primera mujer, que dormía, tomó al niño vivo que estaba a su lado, y en su lugar puso al niño muerto. Cuando la madre del niño vivo se levantó por la mañana, vio al niño muerto en sus brazos; al principio pensó que era suyo. Sin embargo, casi inmediatamente, se dio cuenta de que no era su niño, sino el de la otra mujer. Ella confrontó a la mujer que había tomado a su niño vivo durante la noche, pero la mujer negó que hubiera cometido algún delito, y afirmó que el niño vivo era en efecto el suyo. Así ambas mujeres declararon al rey que el niño vivo era el suyo, y el niño muerto pertenecía a la otra.

La gran sabiduría de Salomón se demostró en su respuesta: «Y el rey dijo: Traedme una espada. Y trajeron una espada al rey. Entonces el rey dijo: Partid al niño vivo en dos, y dad la mitad a una, y la otra mitad a la otra» (vv. 24,25). A primera vista, tal decisión resulta repulsiva a la mente humana. Sin embargo, como veremos en la respuesta de las dos mujeres, está claro que Salomón no tenía ninguna intención de realizar un hecho tan cruel. En la sabiduría que había adquirido de Dios, el rey sabía que la verdad se revelaría por el modo que había respondido. La verdadera madre del niño vivo no podía soportar la propuesta del rey de dividir al niño, entonces de buena gana dijo que lo entregaría a la otra mujer, para que no lo degollaran. Por otra parte, la madre cuyo hijo había muerto, y que había cambiado cruelmente a los dos niños, con frialdad respondió que estaría bien con ella si el rey dividiera al niño vivo (v. 26). Eso era todo lo que Salomón tenía que escuchar. Él dio al niño vivo a su madre legítima, ileso (v. 27).

Esta historia creó en mi corazón un deseo silente de poder tener algún día esa sabiduría y de poder hacer juicios justos cuando se me presentara la ocasión. A través de las palabras de mi padre, podía imaginarme la escena, y me conmovía pensar cómo la verdadera madre estuvo dispuesta a renunciar a su hijo ante la posibilidad de que le quitaran la vida. Para mí, más que la aplicación que le daba mi padre, esta historia mostraba la abnegación del amor maternal y la gran sabiduría del rey para resolver el problema. Definitivamente esta historia tuvo un gran impacto en mi vida y estoy convencida de que me dirigió a lo largo de los años a querer llegar a ser una persona sabia y justa en los diferentes ámbitos donde me desenvolvía.

Al comenzar a escribir este capítulo, me remonté a mi niñez y a cómo pude conocer, sin buscarlo, a través de los relatos de mi padre, al hombre más sabio de la historia antigua, sentir admiración por él y desear tener, algún día, lo que él poseía: sabiduría. Hoy que conozco al Señor y Su Palabra y tengo una relación íntima con Él, puedo apreciar mucho más a este personaje bíblico y querer aplicar su historia a mi propia vida. Fue de un gran impacto para mí leer y estudiar la vida de Salomón, quien, cuando Dios le dio la oportunidad de pedir cualquier cosa que quisiera, pidió sabiduría. Dios honró su solicitud y lo hizo el hombre más sabio en toda la historia de la humanidad.

Dios dio a Salomón sabiduría, gran discernimiento y amplitud de corazón como la arena que está a la orilla del mar [...] Porque era más sabio que todos los hombres... (1 Rey. 4:29,31).

Dios puso tanta sabiduría en el corazón de Salomón, que también fue el hombre más rico de su época.

Así el rey Salomón llego a ser más grande que todos los reyes de la tierra en riqueza y sabiduría. Y todos los reyes de la tierra procuraban ver a Salomón, para oír la sabiduría que Dios había puesto en su corazón (2 Crón. 9:22-23).

Así como la sabiduría fue el mayor regalo que pudo haber pedido Salomón, del mismo modo hoy es uno de los mayores regalos que nosotras podemos recibir.

... porque mejor es la sabiduría que las joyas, y todas las cosas deseables no pueden compararse con ella (Prov. 8:11).

Sin embargo, la historia de Salomón no terminó como yo esperaba. A las mujeres nos encantan las historias con final feliz, pero al leer y estudiar la Biblia nos damos cuenta de que no siempre las historias terminan con un final de cuento de hadas. Hubiese sido maravilloso que la historia de Salomón terminara antes del capítulo 11 de 1 Reyes, pero sabemos que no fue así. Salomón, quien fuera en su momento el hombre más sabio, terminó siendo un idólatra, con su corazón lejos de Dios por los errores que cometió.

De todas las lecciones que podemos aprender de la historia de Salomón, para mí una de las más importantes y la que produjo un mayor impacto en mi propia vida es que la vida sin Dios carece de sentido, es vana, está llena de frustraciones y carece de propósito; no importa el nivel de educación, las metas alcanzadas, los mayores placeres y la mayor abundancia y riquezas (Ecl. 1:2). Es una triste realidad el hecho de que podemos comenzar la carrera muy bien pero terminar muy mal, como fue el caso del rey Salomón.

Creciendo sin crecer... buscando la felicidad

Crecí entre las décadas de 1960 y 1970. Eran tiempos de cambios sociales dramáticos en Estados Unidos, cuya influencia era enorme sobre la cultura de Puerto Rico, donde viví desde muy temprana edad. Mis padres querían que yo recibiera una buena educación, así que estudié en un colegio católico bilingüe mixto, donde nos insistían constantemente que asistíamos a un *college preparatory school*, o un colegio donde se preparaban estudiantes para ir a la universidad, en español, así que la meta era que el 100% de los alumnos, al graduarse, ingresaran en una universidad y alcanzaran una carrera.

En ese colegio nos educaron para ser líderes, ocupar los primeros lugares siempre, sobresalir, administrar bien nuestro tiempo y para trabajar por objetivos a corto, mediano y largo plazo, y para luchar por alcanzarlos. Mis padres lo apoyaban, y entendían que estaban haciendo lo correcto. Hoy doy gracias a Dios por ambos, porque a pesar de que no siempre estaban en lo correcto, se esforzaron, más allá de sus posibilidades, para que yo recibiera lo que ellos entendían que era lo mejor. De cierta manera sentía la admiración de mi madre, pero a la vez percibía sus altas demandas y para mi padre nunca mucho era suficiente, ya que siempre se podía dar más y hacerlo mejor.

Debido al alto impacto de mis padres en mi vida, de una manera silenciosa mi identidad poco a poco se fue enlazando a mis logros; cada vez que recibía un nombramiento, un reconocimiento, un premio o una medalla, sentía que estaba haciendo lo correcto, lo que se esperaba de mí y que así satisfacía las expectativas de mis seres queridos y esto me daba valor ante ellos, sobre todo la aceptación de mi papá. Me convertí en una esclava de la opinión ajena.

Esto me llevó a luchar consistentemente para estar en el cuadro de honor del curso y formar parte de casi todas las organizaciones extracurriculares del colegio donde prácticamente en todas llegué a ser parte de las directivas. Eso me permitía tomar decisiones; el mismo hecho de tomarlas era un desafío que recibía como un regalo, llena de entusiasmo, siempre lista para asumir el riesgo que conllevaba. Supe competir con mucha naturalidad y sin ningún prejuicio, mediante discursos y propuestas, con compañeros del sexo masculino para obtener posiciones de importancia dentro del aula o las organizaciones.

Mis padres me alentaban a seguir esforzándome para continuar escalando y estudiar una carrera que me permitiera trabajar, ser una profesional reconocida y ganar suficiente dinero para no tener que depender de nadie. Puedo dar testimonio de que verdaderamente ya para este tiempo tenía un espíritu libre e independiente que, de acuerdo a los estudiosos, es una de las características de la generación de los *baby boomers* de la cual yo formaba parte.

Me gradué de la escuela superior a principio de la década de los 70 y después de batallar con mi papá, porque yo quería estudiar Psicología y no una carrera tradicional como él deseaba —como Medicina o Derecho—, entré con una beca en la Universidad de Puerto Rico (UPR). Esta carrera pertenece a la Facultad de Ciencias Sociales la cual incluye, además de Psicología, las carreras de Ciencias Políticas, Sociología, Antropología, etc. El ambiente liberal de la facultad fomentó aún más en mí ese espíritu libre e independiente que ya había nacido en mi corazón.

Mientras me desarrollaba como una joven universitaria con deseos de llevarse el mundo por delante, el movimiento *hippie*, nacido al final de los años 60, cobraba popularidad entre la juventud puertorriqueña, la guerra de Vietnam iniciada en el año 1955 estaba en su etapa final, y de hecho finalizó en el año 1975 justo cuando finalicé mis estudios universitarios.

Esa guerra me impactó mucho, porque durante años vivimos con el temor de que uno de nuestros familiares o amigos fuera reclutado, y de hecho supimos de algunos que sí fueron llamados y nunca volvieron. Otros regresaron tan desilusionados y frustrados que se refugiaron en las drogas. La música de moda era el *rock* y se dice que casi todos los artistas y conjuntos de *rock* importantes reflejaban la búsqueda de una verdad espiritual; los *Beatles* y los *Rolling Stones* eran mis favoritos. En ese tiempo se desató el escándalo de *Watergate* en la Casa Blanca y la renuncia de Richard Nixon como presidente.

Otro gran movimiento que cobró un fuerte impulso en ese tiempo fue el de la liberación femenina. La mujer sentía que se estaba liberando de las cadenas del modelo de June Cleaver, la protagonista de la serie de TV *Leave it to Beaver* [Déjaselo a Beaver], que mostraba a la perfecta ama de casa. El movimiento feminista iniciado por Betty Friedan cuando yo apenas tenía 14 años, ya había crecido de tal manera que se podía sentir su influencia en las jóvenes universitarias.

Yo era asidua lectora de las revistas *Vogue*, *Glamour* y *Cosmopolitan*, donde seguía los artículos de Gloria Steinem cuando ella, justo en el 1971, fundó su propia revista *Ms*, de carácter totalmente feminista. En ese tiempo, Betty y Gloria eran heroínas feministas entre nosotras las universitarias, y la mujer luchaba por igualdad en todos los aspectos de sus vidas.

Mary Kassian y Nancy DeMoss Wolgemuth, en su libro, *Mujer verdadera 201*, están en lo correcto al afirmar que las mujeres no tenemos consciencia de lo que consumimos a nivel espiritual, mientras nos afanamos por los alimentos físicos que ingerimos a diario. Ellas dicen: *La sana doctrina es saludable, es pura, no está contaminada y es libre de error. Es como respirar aire fresco y limpio.*[107] Definitivamente esto me convenció de que todo lo que aprendí en mis años de no creyente, lo que leía, las letras de las canciones que cantaba y mis conversaciones con mis amigas y amigos contaminaron mi manera de pensar. Nunca pensé en evaluar lo que estaba

---

[107] Mary A. Kassian y Nancy Leigh DeMoss, *True Woman 201: Interior Design* [Mujer verdadera 201: Diseño interior] (Chicago, IL: Moody Publishers, 2015), 18. (Publicado en español por Editorial Portavoz, 2017)

consumiendo porque no tenía la más mínima consciencia de cómo afectaba mi cosmovisión de mujer de manera negativa toda esta comida chatarra.

Desde el inicio de mi carrera me apasioné con la Psicología y todo lo que representaba para que yo llegara a entender el comportamiento humano, incluyéndome a mí misma. Cada día me independizaba más de mis padres ya que alternaba los estudios con un trabajo a medio tiempo que me permitía cubrir todos mis gastos personales. Mis estudios universitarios estaban cubiertos por la beca que había recibido. A medida que pasaba el tiempo, sentía que no tenía que rendirles cuentas, a pesar de que vivía bajo su mismo techo.

Entonces nació en mí el deseo de separarme de mi hogar paterno y mudarme sola para materializar aún más mi independencia. Como mujeres latinas sabemos que en la década de los 70 esto no era lo usual para una joven universitaria de 19 años, así que esta idea desató un escándalo entre mis padres. Por la gracia de Dios, las lágrimas de mi madre y los consejos de familiares y amigos adultos cercanos, decidí permanecer en el hogar.

Estudiar a los grandes psicólogos como Freud, Piaget, Skinner, Rogers, Maslow influyó enormemente mi cosmovisión y despertó en mí un marcado interés en temas como la teoría de la modificación de la conducta de Skinner, la teoría del desarrollo cognitivo de Piaget y la teoría de la personalidad y las etapas psicosexuales de Freud, entre otros. Hice un mundo de esto y hasta mi vocabulario fue cambiando y recuerdo perfectamente que mi padre se escandalizaba por términos que usaba de manera natural que a sus oídos eran tabú.

Recién graduada de la universidad en el 1975 y ya lista y aceptada para hacer una maestría en Psicología Clínica, hice un viaje de vacaciones a la República Dominicana, donde nací y donde, sorpresivamente para mí, vivo desde que me casé en el año 1977. Al enamorarme de mi actual esposo, decliné hacer la maestría en Puerto Rico, para quedarme en la República Dominicana, y conocer mejor a Federico. Nos casamos al año siguiente. El próximo diciembre cumpliremos 39 años de matrimonio.

La sabiduría de Mayra: un correr tras el viento

El pensamiento positivo era una de las ideologías que guiaba mi vida. Los programas de Oprah Winfrey y Larry King, y libros de motivación y autoestima que fueron éxito de ventas, como *Usted puede sanar su vida*, de Louise Hay, y *¿Quién se ha llevado mi queso?*, de Spencer Johnson, promovieron en mi mente la ley de atracción en pensamientos, como «piensa en lo positivo y lo positivo vendrá a ti», «puedes tener cualquier cosa que desees, cualquiera, si concentras tu mente en eso». Llegué a creer que los pensamientos positivos misteriosamente acababan materializándose en salud, prosperidad y éxito. Estas fuentes me daban las respuestas para los problemas diarios que se suscitaban.

> *Mirad que nadie os haga cautivos por medio de su filosofía y vanas sutilezas...* (Col. 2:8).

Es una triste realidad que la sociedad nos enseña, a través de las escuelas, colegios y universidades, que para llegar a tener éxito o ser alguien en la vida, tenemos que llenarnos de información porque esto garantiza nuestra prosperidad futura. Vivimos inundados de información, más de la que podemos procesar diariamente. Esta es la generación de los conferencistas motivacionales que nos dicen que podemos lograr lo que queremos. Por otro lado, la Palabra de Dios nos enseña que para ser prósperas tenemos que ser sabias e inteligentes según Dios, y no según el mundo: *Porque la sabiduría de este mundo es necedad ante Dios. Pues escrito está: Él es el que prende a los sabios en su propia astucia* (1 Cor. 3:19-20).

En cuanto al dinero, este promete la felicidad, pero no la da; sino que aviva el deseo de acumular más. Ya lo dice Eclesiastés 5:10: *El que ama el dinero no se saciará de dinero...*

El mucho conocimiento nos hace pensar que somos sabias. Para mí la sabiduría era ser inteligente y dependía del cúmulo de conocimientos que uno pudiera tener sobre temas específicos. Pero el conocimiento por sí solo no es sabiduría. Con la autoestima muy alta, posiblemente a causa de mi misma inseguridad, transitaba por la vida lista para alcanzar mis más profundos anhelos de ser feliz y exitosa.

Con toda honestidad me consideraba una mujer sabia producto de mi inteligencia, mis conocimientos y mi sentido común, cada vez más afirmado por las personas a mi alrededor. Mi orgullo aumentaba a medida que crecía en conocimiento y ganaba experiencia. Cuán lejos estaba yo, al igual que los que me rodeaban, de la verdadera sabiduría, que ahora conozco y abrazo.

Estaba convencida de que como mujer podía llegar a ser lo que yo quisiera. Para mí y para la mayoría de las mujeres de mi generación, triunfar significaba llegar a ser una buena madre, una profesional brillante, independiente a nivel emocional y económico, hacer ejercicios y poder usar una talla 10 el resto de mi vida, además de tener a mi lado a un hombre inteligente, cariñoso, comprensivo, que valorara mi esfuerzo, que me quisiera tal cual como yo era y colaborara conmigo en la educación de nuestros hijos.

Con ese equipaje llegué al matrimonio, convencida de que tenía todas las herramientas, sobre todo la sabiduría, para ser feliz yo y hacer feliz a mi esposo y criar adecuadamente a mis futuros hijos. Tener una familia ejemplar era mi mayor objetivo, pero jamás pensé que esto pudiera interferir con ser una profesional exitosa. Con apenas 24 años, me consideraba lista para emprender el viaje que iniciaba en esos momentos, ignorando que la felicidad es un estado emocional y como todo sentimiento es fugaz y que la verdadera sabiduría para vivir nunca la encontraría en los lugares donde la había estado buscando.

Mi día a día como esposa, madre y profesional consistía en cumplir con demasiados roles, exigencias y expectativas altísimas, que al final me llevaron a replicar el modelo de «mujer orquesta», que tiene la sensación de que está en todo sin llegar a abrazar nada. Recuerdo mi rutina de levantarme a las 5:30 de la mañana, ayudar a la doméstica a preparar el desayuno, y tomarlo con mi esposo e hijos. Dejaba sus loncheras preparadas desde la noche anterior. Me vestía para ir al trabajo y me aseguraba de que los niños estuvieran bañados, bien vestidos y peinados para que mi esposo los llevara al colegio. A mí me tocaba recogerlos, por lo que tomaba mi tiempo de almuerzo para hacerlo y pasar un rato con ellos. Les daba instrucciones sobre las tareas o asignaciones y volvía a mi trabajo, de donde luego salía corriendo para verlos en sus actividades deportivas de la tarde.

Si tenía que llevarlos al médico, también salía corriendo del trabajo para poder hacerlo. Revisaba los cuadernos y mochilas al llegar a la casa y me sentaba con ellos a cenar y conversar de lo sucedido durante el día, hasta llevarlos a la cama. Más tarde pasaba tiempo con mi esposo y me preparaba para el otro día. Recuerdo que elaboraba un menú semanal de las comidas y las meriendas para que la doméstica lo siguiera y así no perder el tiempo que en realidad me faltaba para cumplir con todo. Ante tantas demandas, terminaba mis días exhausta.

Recientemente asistí a una conferencia de Elyse Fitzpatrick titulada «Ídolos del Corazón», donde Elyse dijo que pensar que tenemos que tener éxito en todo, lucir bien nosotras y nuestras casas, todo eso es idolatría.

Elyse afirma que, desde la caída, nuestros corazones se han inclinado a la idolatría y que, de acuerdo con Juan Calvino, nuestros corazones son fábrica de ídolos.[108] Sin dudas, mi fábrica estaba llena de ellos.

Puedo comparar aquella etapa de mi vida con estar subida en una caminadora para hacer ejercicios. Esta máquina requiere que mantengamos nuestros pies en movimiento, uno detrás del otro sin parar. Respirar, caminar, respirar, correr. Pienso en las tantas mujeres que en algún momento de sus vidas estuvieron subidas en una caminadora, y pienso con mu-

[108] Elyse Fitzpatrick, «Ídolos del corazón», presentado en la Conferencia Oasis 2016 en abril de 2016. http://www.conferenciasoasis.org.

cha tristeza en las que actualmente están en ella y no se dan cuenta. Oro a nuestro Padre celestial que las ilumine y las dirija a buscar en Él lo que nunca encontrarán en ese estilo de vida, tratando de satisfacer las expectativas de una sociedad cada vez más centrada en lo que solamente Cristo nos puede dar.

A pesar de tanto esfuerzo de mi parte, muchas veces me sentí culpable porque pensaba que no cumplía a la perfección todas mis responsabilidades, sobre todo lo que era mi prioridad, la atención de mis hijos. Desconocía que la perfección es imposible, que no es alcanzable y no es real. Sentía que no llenaba mis propias expectativas y las que me imponía la sociedad, de ser eficiente en todo. Definitivamente alguien tenía que ser afectado y en mi caso fue mi esposo a quien, sin intención, y sin darme cuenta, comencé a descuidar para poder atender a los niños, la casa y el trabajo. La verdad es que durante ese tiempo fui más madre que esposa. Ahora lo sé, luego de mucho dolor y sufrimiento. Hoy sé que ese no es el orden establecido por Dios en Su diseño para nosotras las mujeres.

Nancy DeMoss Wolgemuth en la serie «El hermoso diseño de Dios para la mujer» dice:

> *Primero que todo, si tú eres una esposa y una madre, después de tu relación con el Señor, tus relaciones más importantes son: primero con tu esposo y luego con tus hijos. Obviamente, la relación con tu esposo comenzó primero que tu relación con tus hijos. Necesitas elevar tu relación con tu esposo sobre tu relación con tus hijos, y cuando tienes varios niños pequeños, esto no es algo fácil de hacer.*

Necesitas hacerlo en una forma intencional y enfocada. Primero eres una esposa, y luego eres una madre. He visto a esposas poner a sus hijos sobre sus esposos, en términos de sus prioridades, y terminar con los hijos fuera del nido... y sin matrimonio. Tienes que cultivar, enfocarte y darle prioridad a tu matrimonio. Esto significa poner a tu esposo, no solamente antes que tus hijos, sino también antes que otras prioridades —el trabajo, los amigos, los pasatiempos—.[109]

Comencé a sufrir dolores de cabeza intensos que, después de muchos estudios médicos, resultaron ser jaquecas producto del alto nivel de estrés. El ritmo de vida que llevaba para poder cumplir el rol de mujer perfecta, con mis propias fuerzas y sin Dios definitivamente no estaba dando buenos resultados. *Más vale una mano llena de descanso que dos puños llenos de trabajo y correr tras el viento* (Ecl. 4:6). Estaba presa en la cárcel que yo misma me había construido. Estaba, sin darme cuenta, buscando la felicidad; corriendo tras el viento.

La verdadera sabiduría: guárdala como un rubí

Tanto en el Antiguo como en el Nuevo Testamento, la Biblia nos exhorta a buscar sabiduría. Lo vemos en los libros de Proverbios, Eclesiastés, Mateo, Colosenses y en Santiago se nos promete que si la pedimos a Dios, Él nos la dará: *Pero si alguno*

[109] Nancy Leigh DeMoss, «Haciendo de tu esposo una prioridad», parte de la serie *El hermoso diseño de Dios para la mujer*, viviendo Tito 2, recordado el 13 de mayo de 2015. https://www.avivanuestroscorazones.com/radio/aviva-nuestros-corazones/haciendo-de-tu-esposo-una-prioridad/.

de vosotros se ve falto de sabiduría, que la pida a Dios, el cual da
a todos abundantemente y sin reproche, y le será dada (Sant. 1:5).

Salomón tuvo acceso casi ilimitado a todo lo que este mundo puede ofrecernos, y en Eclesiastés nos dice que se dedicó a buscar el entendimiento y a investigar con sabiduría todo lo que se hacía debajo del cielo para descubrir, finalmente, que nada tiene sentido y es como perseguir el viento (1:13).

Recuerdo haber visto varias veces la película *Tornado*, que se estrenó en 1996.[110] Se trata de un grupo de científicos que pasaban la mayor parte de su tiempo estudiando las tormentas, específicamente los tornados. Había dos grupos de científicos cuyo objetivo principal era estar en el ojo de la tormenta. Estos científicos invertían su dinero y tiempo, y estaban dispuestos a arriesgar sus vidas, con el propósito de experimentar el poder de este fenómeno natural.

Cuando leo la expresión de Eclesiastés «perseguir el viento» me viene a la mente la imagen de estos perseguidores de tormentas. La mayoría de nosotras somos como esos científicos, pasamos la mayor parte de nuestro tiempo, invertimos nuestras energías, nuestros recursos, talentos y prioridades, persiguiendo vientos.

Así vivía yo antes de entregar mi vida a Cristo, persiguiendo vientos...

> *Y he visto que todo trabajo y toda obra hábil que se*
> *hace, es el resultado de la rivalidad entre el hombre*
> (Ecl. 4:4).

---

[110] Warner Bros., 1996.

¿Qué es la sabiduría?

Como mujeres puede ser que nos preguntemos qué es lo que tenemos que buscar, qué es exactamente sabiduría. Cuando buscamos su definición fuera de la Biblia, nos percatamos de que está altamente relacionada con conocimientos y habilidades. Podemos escribir páginas y páginas de diferentes autores con diversas y variadas definiciones de sabiduría.

De acuerdo con el sitio Dictionary.com, sabiduría es la habilidad de pensar y actuar usando el conocimiento, experiencia, comprensión, sentido común y visión.[111]

Algunos filósofos dicen que la sabiduría es la habilidad desarrollada a través de la experiencia, la iluminación, y la reflexión para discernir la verdad y el ejercicio del buen juicio. Muchos de los antiguos filósofos griegos relacionaban la sabiduría con el conocimiento del bien, la moderación y la valentía para actuar consecuentemente.

La mayoría de los psicólogos están de acuerdo en definir la sabiduría como el mantenimiento de un bienestar positivo y el uso de la bondad como forma de afrontar desafíos.

Cuando vamos a la Palabra de Dios aprendemos que el origen y la fuente de la verdadera sabiduría están en Dios mismo. Dice la Palabra de Dios en Proverbios. *Porque el Señor da sabiduría* (2:6a). Y agrega más adelante: *Con sabiduría fundó el Señor la tierra, con inteligencia estableció los cielos* (Prov. 3:19).

La mayoría de nosotras buscamos sabiduría en los lugares equivocados. **La verdadera sabiduría viene del temor a Dios y un corazón sencillo para amarlo y seguirlo.** Conocer a Dios

---

[111] Dictionary.com, s.v. «wisdom», consultado el 21 de octubre de 2016. http://www.dictionary.com/browse/wisdom.

y confiar en Él es sabiduría. Colosenses 2:3 dice que es en Cristo *en quien están escondidos todos los tesoros de la sabiduría y el conocimiento.*

En Proverbios 1:7 encontramos que *El temor del Señor es el principio de la sabiduría.* Verdaderamente el temor a Dios comienza con Cristo, comienza con nuestro arrepentimiento.

Hoy, después de haber vivido tantos años corriendo tras el viento, viviendo con la sabiduría aprendida en el mundo, puedo dar testimonio de que estudiar y conocer la Palabra de Dios es más importante que cualquier tipo de educación que podamos recibir. No existe ninguna sabiduría confiable aparte de Dios. Conocer a Dios y confiar en Él es sabiduría. He aprendido que el conocimiento es importante, pero sin el poder del Espíritu Santo y de la Palabra de Dios no podremos aplicar apropiadamente esos conocimientos.

> *Me dediqué a buscar el entendimiento y a investigar con sabiduría todo lo que se hacía debajo del cielo. Pronto descubrí que Dios le había dado una existencia trágica al género humano. Observé todo lo que ocurría bajo el sol, y a decir verdad, nada tiene sentido, es como perseguir el viento* (Ecl. 1:13-14, NTV).

En Eclesiastés, Salomón describe un mundo al revés, donde las cosas no tienen sentido y el sentido común no es tan común. Al final del libro confiesa: *Finalmente descubrí qué es lo mejor de la vida*; entonces derrama toda su experiencia en un último pensamiento, y concluye: **Después de toda mi** *observación, intentos, y probar de todo lo que la vida puede ofrecer, aprendí que lo mejor acerca de la vida es temer a Dios y guardar sus mandamientos.*

La mujer cristiana y la verdadera sabiduría

Dice Proverbios: *la mujer que teme al Señor ésa será alabada* (31:30). El temor del Señor se manifiesta en la vida práctica a través de nuestra conducta, nuestra obediencia, a través de lo que somos. Proverbios 31:25 dice: *fuerza y dignidad son su vestidura, y sonríe al futuro*; la mujer que teme al Señor no está ansiosa por el futuro porque tiene su mirada en Dios y sabe que Él es todopoderoso.

Hoy en día temer al Señor es una ética de vida contracultural. La sabiduría del mundo se centra en cómo las personas se pueden complacer a sí mismas y maximizar todo placer. «Vivir sabiamente como mujeres es orientar todo de nosotras y de nuestras vidas alrededor de Dios en vez de en nosotras mismas. La mujer sabia está centrada en Dios y no centrada en sí misma».[112] Vivirá no solamente para sí misma, sino para los demás, en especial para su esposo, si está casada.

A medida que nos orientemos alrededor de Dios, nuestros gustos e intereses cambiarán e iremos aprendiendo a amar lo que Dios ama y a odiar lo que Dios odia (Prov. 8:13).

Proverbios 31:26 dice que la mujer sabia: *Abre su boca con sabiduría, y hay enseñanza de bondad en su lengua*. La mujer

---

[112] Lydia Brownback, *A Woman's Wisdom: How the Book of Proverbs Speaks to Everything* [La sabiduría de una mujer: Cómo el libro de Proverbios provee consejería para todo] (Wheaton, IL: Crossway, 2012), 8.

es sabia porque teme al Señor; tiene sabiduría práctica y es por eso que abre su boca con sabiduría.

> *La mujer sabia encuentra belleza genuina, poder y llenura relacional quitando su vista del mundo, desviando su mirada hacia las perfecciones supremas que se encuentran solamente en Cristo.*[113]

Yo creí la mentira de que mi identidad estaba ligada a mis logros y viví bajo el modelo destructivo de pensar que mis logros determinaban mi valor. Pero a través de la Palabra de Dios entendí que mi valor ante Cristo nada tiene que ver con mi desempeño, sino con lo que Él hizo en la cruz por mí y por todas ustedes. Aprendí que las buenas obras han de glorificar a Dios y no a nosotras mismas, como lo dice la Palabra en 1 Corintios 10:31.

No es necesario tener un título universitario ni tampoco ser súper inteligente para obtener sabiduría. Solamente necesitamos pedírsela a Dios. Santiago 1:5 nos dice que si estamos faltos de sabiduría, se la pidamos a Dios y a continuación agrega que debemos pedirla con fe y sin dudar (vv. 6-7).

Definitivamente como mujeres cristianas, necesitamos la sabiduría de Dios para mantener matrimonios que lo glorifiquen a Él. Me impactaron las palabras de Paul D. Tripp cuando dice: *Solamente la sabiduría de Dios nos puede ayudar a manejar las presiones y las locuras de la cultura que nos rodea*

---

[113] Mary A. Kassian, citado por Jeff Robinson, «Kassian to women's conference: Be wise, not weak-willed», subió en el blog de Baptist Press el 3 de marzo de 2005. http://www.bpnews.net/20271/kassian-to-womens-conference-be-wise -not-weakwilled.

y enseñarnos la libertad de ser para lo que fuimos creadas y vivir como fuimos creados para vivir.[114]

La mujer cristiana necesita sabiduría divina para practicar la feminidad bíblica en una sociedad que nos menosprecia por eso y nos empuja hacia otra dirección. Proverbios 31:17 afirma: *Ella se ciñe de fuerza y fortalece sus brazos*. La mujer sabia es moralmente fuerte y necesitamos sabiduría para mantenernos sexualmente puras en una sociedad saturada de sexo. «La pureza siempre es sabia. La impureza es siempre insensata».[115]

Como mujeres cristianas, necesitamos la sabiduría divina para manejar sabiamente nuestra libertad, nuestro tiempo, nuestra independencia y nuestros recursos materiales. *Aprovechando bien el tiempo, porque los días son malos* (Ef. 5:16).

En ella confía el corazón de su marido, y no carecerá de ganancias. Ella le trae bien y no mal todos los días de su vida (Prov. 31:11-12). Una mujer sabia porque teme a Dios no malgastará el dinero de su familia en compras innecesarias, su esposo tendrá completa confianza en ella, porque sabe que ella está a su favor y no en su contra.

Ríndete a Dios

Ser sabia requiere ser humilde. Una mujer sabia es enseñable. Debemos estar dispuestas a poner los mandamientos bíblicos en práctica en nuestra vida diaria reconociendo que no se trata de nosotras sino de Dios.

---

[114] Paul David Tripp, citado en el portado de Lydia Brownback, *A Woman's Wisdom*. [Mujer sabia]

[115] Randy Alcorn, *El principio de la pureza* (Nashville, TN: Lifeway Press, 2007), 5.

Qué maravilloso fue encontrar mi identidad en Cristo. Saber quién soy en Él me dio la libertad que hoy vivo. Cuando estamos seguras en nuestra relación con Él, jamás seremos presas de la cultura o de la presión de ser quien no somos.

> *Esto significa que todo el que pertenece a Cristo se ha convertido en una persona nueva. La vida antigua ha pasado; ¡una nueva vida ha comenzado!* (2 Cor. 5:17, NTV).

Sé sabia

Descubrir que no tengo que vivir montada sobre una caminadora, esforzándome para ganarme el amor y la aceptación de Dios, sino que Él me ama por quien Él es, un Padre lleno de gracia y misericordia; saber que todo está hecho; que mis pecados, mis cargas, mis penas, todo lo clavó en la cruz, y me hizo libre; saber y confiar plenamente que mi vida está en Sus manos porque Él es un Dios soberano fue el mayor descanso para mi alma agitada.

¿Y tú? ¿Dónde te encuentras? Te animo a que examines tu corazón a la luz de lo que leíste. Muchas veces estamos sumergidas en la sabiduría del mundo y no nos damos cuenta. Pídele a Dios que llene tu corazón de Su temor y que derrame sobre ti de Su sabiduría.

||||||||||||||||||||||||||||||||||||||||||||||||||||||||||||||||||||||||||||

Evalúate:

1. ¿Te identificas como una mujer que ama y teme al Señor?

2. ¿Dónde estás buscando conocimiento, de qué te estás alimentando? ¿Te alimentas de programas de televisión, libros de autoayuda, o te alimentas de Dios y Su Palabra?

3. ¿Caminas en total dependencia de Dios?

4. Como mujer, ¿aplicas los principios bíblicos en la toma de decisiones, en el manejo de tu tiempo y en tus prioridades?

5. ¿Estás corriendo tras el viento en tu diario vivir o estás sobre una caminadora?

CAPÍTULO 11

Vive para la gloria de Dios durante los años maduros

POR LAURA GONZÁLEZ DE CHÁVEZ

Por tanto no desfallecemos, antes bien, aunque nuestro hombre exterior va decayendo, sin embargo nuestro hombre interior se renueva de día en día (2 Cor. 4:16).

Según Balzac, el famoso novelista francés del siglo xix, viejo es aquel que ya comió y ahora solo puede tristemente mirar a los demás comer.[116] Para muchos, llegar a una edad avanzada es algo menos que vivir: es durar. O simplemente prolongar penas y sufrimientos. O aceptar con resignación el sentido de despropósito e inutilidad. Definitivamente, no anticipamos llegar a la vejez; pensamos que es un tiempo carente de oportunidades y lleno de desafíos.

No queremos dejar de ser jóvenes y si se nos hiciera la pregunta todas tendríamos diversos puntos de vista acerca del avance de los años, algunos jocosos, otros negativos y otros hasta fatales o resignados. El mundo no valora los años mientras que la juventud se celebra y se valora todo el

---

116 Rafael Cortabarria Chinchurreta, «Frases sobre la vejez», consultado el 21 de octubre de 2016. https://www.blindworlds.com/publicacion/51543.

tiempo delante de nosotras; solo tenemos que ver los anun-
cios de cremas antiarrugas, tintes y cirujanos cosméticos, y
las imágenes que se muestran en portadas de las revistas.
Tristemente, tampoco se valora la sabiduría que los años
traen ni la madurez que proporcionan.

Jimmy Carter, expresidente de Estados Unidos, solía decir
que hay una diferencia entre envejecer y volverse viejo.[117]
Otros, como Balzac y como el filósofo inglés Francis Bacon,
prefieren vivir en negación: «Nunca seré un hombre viejo.
Para mí, la vejez siempre estará quince años más adelante».[118]

Creo que, sin darnos cuenta, muchas hemos comprado esa
perspectiva porque es la que respiramos por los poros. Pero
la vejez nos llegará a todos; es parte de vivir; el paso de los
años no se puede detener.

Cuando pequeña, disfrutaba hablar con mis tíos y familiares de más edad. Los veía como ancianos, pero ahora que
estoy en la mediana edad me doy cuenta de que no eran tan
viejos como yo pensaba (qué relativa es la vejez, ¿no?). Me
encantaba escuchar sus experiencias de vida y anécdotas.
Respetaba sus canas, que es algo que lamentablemente vemos cada vez menos en esta generación postmoderna que
nos ha tocado vivir.

Si caes dentro de esta categoría que muchos llaman «edad
dorada» o «el ocaso de la vida», dale gracias a Dios. Por Su
gracia maravillosa llegaste a un lugar donde puedes mirar

---

[117] Jimmy Carter, *The Virtues of Aging* [Las virtudes de envejecer] (Nueva York:
Ballantine Books, 1998).
[118] Francis Bacon, citado en http://www.brainyquote.com/quotes/authors/f
/francis_bacon.html.

atrás y ver Su mano entretejiendo cada detalle de tu vida, podrás testificar de Su fidelidad durante los diversos momentos difíciles, serás un pozo profundo de experiencias y de una historia con Dios; experiencias que no se improvisan ni se aprenden en libros. De acuerdo con la Palabra de Dios, cada arruga de la cara y cada cana no son más que marcas de honor. *La cabeza canosa es corona de gloria, y se encuentra en el camino de la justicia* (Prov. 16:31).

Cada año vivido, cada experiencia acumulada, se puede usar para bendecir a la siguiente generación. No permitas que te invada una actitud negativa que te haga perder oportunidades maravillosas de dejar un legado a las que vienen detrás.

Aprende a vivir cada etapa de la vida con contentamiento y fe en Dios

La vida tiene etapas. Nacemos, crecemos, nos casamos, tenemos hijos; los hijos se casan, nos convertimos en abuelas, vamos creciendo en años, llegan los achaques, la vejez y finalmente la muerte. El libro de Eclesiastés es muy ilustrativo de estas etapas y tiempos de la vida:

> *Hay un tiempo señalado para todo, y hay un tiempo para cada suceso bajo el cielo: tiempo de nacer, y tiempo de morir; tiempo de plantar, y tiempo de arrancar lo plantado; tiempo de matar, y tiempo de curar; tiempo de derribar, y tiempo de edificar; tiempo de llorar, y tiempo de reír; tiempo de lamentarse, y tiempo de bailar; tiempo de lanzar piedras, y tiempo de recoger piedras; tiempo de abrazar, y tiempo de rechazar el abrazo;*

tiempo de buscar, y tiempo de dar por perdido; tiempo
de guardar, y tiempo de desechar; tiempo de rasgar, y
tiempo de coser; tiempo de callar, y tiempo de hablar;
tiempo de amar, y tiempo de odiar; tiempo de guerra,
y tiempo de paz [...] **Él ha hecho todo apropiado a su**
tiempo (Ecl. 3:1-8,11, énfasis añadido).

Cada etapa, cada estación de la vida es necesaria e importante para hacernos crecer, madurar y fructificar. Cuando
conocemos a Cristo, no hay despropósito en ninguna de estas etapas, porque hemos entendido de quién y sobre quién
se trata nuestra vida. Quizás algunas mujeres que leen este
capítulo son solteras, otras casadas con niños pequeños, otras
ya con el nido vacío, otras quizás sean viudas. En cada una
de estas etapas Dios está allí, cumpliendo Sus propósitos en
nosotras. De acuerdo con la perspectiva de Dios ninguna es
mejor que otra. Todas son buenas y redentoras en Sus manos.

Tu vida será fructífera, en especial para las generaciones
por venir, en la medida en que florezcas y seas fiel en cada
una de las etapas y circunstancias que Él providencialmente
orqueste para ti. Dios le da gran valor a la sabiduría que viene
con los años, sobre todo si has seguido a Cristo y practicaste
Sus principios para tu vida.

Aprende a envejecer con la perspectiva de Dios

El justo florecerá como la palma, crecerá como cedro
en el Líbano. Plantados en la casa del Señor, florecerán

en los atrios de nuestro Dios. Aun en la vejez darán
fruto; estarán vigorosos y muy verdes (Sal. 92:12-14).

Me encantan las metáforas de la Palabra de Dios. Son tan
ricas y tan ilustrativas. Estos versículos de Salmos 92 que
comparan la vejez con la palmera datilera nos pintan una
hermosa y esperanzadora perspectiva de los años postreros;
es una ilustración que no solo nos muestra cómo vivir, sino
que nos llena de esperanza.

La palmera datilera, la planta productora de dátiles a que
hace referencia el salmista, es probablemente oriunda del
Sudeste de Asia. Es típica de los climas áridos. Algunas de sus
características nos ayudan a entender y aplicar lo que Dios
quiso ilustrar para nuestras propias vidas.

Esta planta crece aproximadamente hasta unos 25 a 30
metros de altura, en forma de parasol, con un vértice coronado por un penacho de hojas vivas. Tiene un tronco recto, con
textura muy fuerte y resistente. Sus raíces crecen profundas
y son capaces de producir renuevos y retoños, empleados
luego para la multiplicación. Su follaje es perenne y sus frutos, dulces.[119]

¡Qué preciosa ilustración de los hijos de Dios que están
plantados en Su casa! Arraigados en Cristo, desarrollan
fuertes y resistentes troncos, sostenidos por grandes raíces
y sus hojas no se marchitan. Si estamos firmemente plan-
tadas en Él, tendremos la fortaleza para crecer, madurar y
fructificar; para multiplicarnos en otras.

---

[119] InfoAgro.com, «El cultivo de la palmera datilera», consultado en marzo de 2016.
http://www.infoagro.com/flores/plantas_ornamentales/palmera_datilera.htm.

Las datileras maduran en otoño, y comienzan a fructificar hacia los 12 o 15 años de edad, pero fructifican aún más abundantemente entre los 60 y 80 años. Pueden llegar a producir unos 100 kilos de dátiles anualmente. Se dice que a los 100 años producen los frutos más dulces y nutritivos. La planta también es considerada útil y beneficiosa en medicina y se usa para tratar diversas enfermedades.[120]

¡Qué hermosa metáfora del creyente entrado en años, que da mucho fruto mientras crece en gracia y madurez durante el ocaso de la vida! Dios lo está «madurando» para su vida en la eternidad, haciéndolo crecer en conocimiento experimental de Dios, en el fruto del Espíritu, en humildad, utilidad y gozo. Y el fruto de esto es evidente y tiene amplio alcance e impacto en las vidas de otros.

Muchas veces justificamos nuestra negligencia o falta de frutos cuando estamos en medio de pruebas, achaques y otras dificultades de la vida. Sin embargo, en el caso de esta palma vemos que el periodo de mayor abundancia de frutas es durante la temporada seca. Para fructificar adecuadamente requiere de un clima cálido, abundante sol y un suelo húmedo, ¡incluso agua salada!

El calor, de hecho, constituye el elemento más importante del clima para este tipo de palma, ya que necesita temperaturas altas para lograr la mejor calidad del fruto. Esto deja sin justificación a aquellas que racionalizamos nuestra vida resignada, pasiva y sin frutos cuando vamos entrando en años, poniendo mil excusas para servir e invertirnos en otras.

---

[120] Ibíd.

Es precisamente en esos tiempos cuando no debemos dejar de dar frutos, sino que, como Pablo, debemos confiar en aquel que *nos libró de tan gran peligro de muerte y nos librará, y en quien hemos puesto nuestra esperanza de que El aún nos ha de librar* (2 Cor. 1:10). Aun cuando nuestro cuerpo se va desgastando, Dios nos da las fuerzas a través de Su Espíritu, y nos asigna labores en Su reino hasta nuestro último aliento.

La Palabra de Dios afirma que cuando «somos plantados en la casa del Señor» todas las condiciones son perfectas para nuestro florecimiento. Ni siquiera el calor de las pruebas que vienen con los años puede socavar la abundancia de nuestro fruto, siempre y cuando nuestras raíces estén irrigadas por corrientes de agua, como bien lo expresa Salmos 1. No solo floreceremos en la juventud, sino que aún en la ancianidad los frutos serán verdes, vigorosos y fuertes.

No dejemos que los años, el calor de las pruebas, los fracasos, los achaques de salud o el egoísmo sea un obstáculo para glorificar a Dios hasta nuestro último aliento. Esforcémonos por glorificar a Dios más que nunca, que nuestros últimos días sean los más ricos para Él. *Mas la senda de los justos es como la luz de la aurora, que va aumentando en resplandor hasta que es pleno día* (Prov. 4:18).

Plantadas en la casa del Señor: una etapa emocionante y llena de oportunidades

Cada año vivido trae muchas experiencias, buenas y no tan buenas, felices o desgarradoras. La Palabra dice que *el hombre nace para la aflicción, como las chispas vuelan hacia arriba* (Job 5:7). En el mejor de los casos quizás no experimentemos tragedias mayores, simplemente el paso de las diversas pruebas y presiones diarias que Dios permite en nuestras vidas para probarnos y santificarnos: debilitamiento de la salud, enfermedades propias o de seres queridos, desavenencias familiares, reveses financieros, un nido que se vacía, viudez, noticias inesperadas, y todo ello en medio de los cambios normales a nivel físico, emocional y espiritual que traen los años.

Nuestra sobrevivencia en medio del transcurrir de los años y la calidad de nuestra vida, tanto en el plano físico como en el emocional y espiritual, están muy ligadas a cuán establecidas y arraigadas estemos en «la casa del Señor».

Conozco a mujeres mayores que tienen todo lo que necesitan para vivir vidas de contentamiento, pero viven amargadas; también conozco a mujeres con muchas carencias que viven felices. No solo están llenas de gozo, sino que bendicen con su actitud a todos los que las rodean. Hay mujeres que tienen vida, pero están muertas espiritualmente. Otras sucumben a vivir para sí mismas y pierden la oportunidad de invertirse en las vidas de otras que vienen detrás.

Actualmente, la expectativa de vida es de entre 80 a 85 años. Debido a los descubrimientos médicos esta generación vive una vida más larga y saludable. En ese ciclo de vida hay una etapa o ventana de tiempo cuando los hijos crecen y se van del hogar.[121] Para muchas mujeres, esta etapa las encuentra entre sus 40 a 55 años, con salud, energía, tiempo

---

[121] HuffingtonPost.com, «U.S. Life Expectancy Ranks 26th in the World, OECD Report Shows» [La esperanza de vida de EE. UU. ocupa el lugar 26 en el mundo, presentaciones de informe de la OCDE], consultado el 21 de octubre de 2016. http://www.huffingtonpost.com/2013/11/21/us-life-expectancy-oecd_n_4317367.html.

y, posiblemente, recursos. Muchas que se habían dedicado al hogar aprovechan para «descansar», para retirarse, y vivir para sí mismas luego de haber vivido para su familia durante tanto tiempo. Otras eligen regresar al mercado laboral tratando de encontrar algún tipo de propósito y significado, algo «interesante que hacer para sentirse productivas».

No estoy diciendo que tomar un sabático luego de años de trabajo desgastante no sea recomendable, y tampoco estoy afirmando que no es bueno ser productivo y trabajar en esta etapa haciendo algo que disfrutas. Pero tengo una pregunta para ti: ¿estás invirtiendo tu vida y haciendo que cuente para la eternidad en la próxima generación? Mi amada, los días son cortos.

> *He aquí, tú has hecho mis días muy breves, y mi existencia es como nada delante de ti; ciertamente todo hombre, aun en la plenitud de su vigor, es sólo un soplo. Sí, como una sombra anda el hombre; ciertamente en vano se afana* (Sal. 39:5-6).

Somos, como bien dice Su Palabra, la hierba del campo, que hoy es y mañana no está. Quiera el Señor enseñarnos a vivir como Él desea, todos los días que Él ha contado para nosotras, durante nuestro corto paso por esta tierra.

La historia de Caleb en la Escritura es un desafío para mí. Oro que Dios te dé ese mismo espíritu:

> *Y ahora, he aquí, el Señor me ha permitido vivir, tal como prometió, estos cuarenta y cinco años, desde*

el día en que el Señor habló estas palabras a Moisés, cuando Israel caminaba en el desierto; y he aquí, ahora tengo ochenta y cinco años. Todavía estoy tan fuerte como el día en que Moisés me envió; como era enton- ces mi fuerza, así es ahora mi fuerza para la guerra, y para salir y para entrar. Ahora pues, dame esta región montañosa de la cual el Señor habló aquel día, porque tú oíste aquel día que allí había anaceos con grandes ciudades fortificadas; tal vez el Señor esté conmigo y los expulsaré como el Señor ha dicho (Jos. 14:10-12).

¡A sus 85 años, luego de haber servido al Señor fielmente, todavía tenía ánimo y fuerzas para conquistar otra montaña!

¿Por qué dejar la labor de evangelismo y de discipulado a las más jóvenes de tu iglesia? Ellas están ya sobrecargadas con muchas responsabilidades de estudio o del hogar, si son casadas. Tú estás en una etapa de la vida en la que dispones de tiempo. Las oportunidades son incontables. Pregúntale a Dios cómo desea usarte para Su gloria, para hacer avanzar el reino en este tiempo de tu vida. Dile: «Señor, estoy disponible. Úsame como Tú deseas. Enséñame qué hacer. ¿A quién pue- do servir? ¿A quién puedo discipular? ¿A qué madre joven puedo darle una mano con los niños?».

De nuevo, tu vida en esta etapa puede tener un propósito significativo y eterno. El servicio no tiene que ser grandioso. No tienes que convertirte en una escritora o conferencis- ta. Solo tienes que ayudar a alguien y estar disponible en las manos de Dios. Si abres los ojos, Él te hará ver alguna necesidad que puedas suplir; Él pondrá una pasión en tu corazón, una carga por la que orar. Responde en obediencia y fe. Pregúntale a Dios y déjate usar por Él en lugar de vivir solo para ti misma.

A veces es difícil —¡lo digo por experiencia!—. Queremos defender nuestro tiempo y nuestro espacio. Pero hay más abundancia de vida y gozo cuando nos convertimos en herramientas de gracia y servicio en Sus manos.

¿El nido vacío?

Muchas mujeres en esta etapa de vida comienzan a ver que su nido se queda vacío. Pero permíteme una nota de aclaración: ¡realmente el nido no está vacío! Aún hay dos personas viviendo allí. El hogar incluso puede convertirse ahora en un lugar especial, donde los hijos, nietos y hermanos e hijos espirituales pueden venir para encontrar amor, descanso, ayuda, paz y refugio.

Sin embargo, debo admitir que cerrar este rol de padres puede ser estresante, triste... muchas veces lo vemos con temor. A nadie le gusta enfrentar la futilidad; a nadie le gusta sentirse «obsoleto». Aunque decir adiós a los hijos marcará el final de una relación muy significativa, si un matrimonio es fuerte, la relación matrimonial puede ser de apoyo y de mucha riqueza en ese tiempo de prueba. Pero si es débil y está construida alrededor de los hijos, decir adiós será difícil.

A mis 22 años de casada, nuestra única hija, Sarah, contrajo matrimonio y se fue lejos. Su esposo, Jonathan, estaría iniciando sus estudios en un seminario en Minnesota. Fue un tiempo emocionalmente difícil para nosotros (creo que para mi esposo más que para mí), ya que no estábamos preparados para esta providencia de Dios en ese momento. Pero fue un tiempo que Dios usó para acercarnos más como pareja y para unirnos más intencionalmente en el servicio a Dios. Ahora gozábamos de más libertad y tiempo para servir de maneras que antes no podíamos hacerlo por tener a Sarah en casa.

¿Y si el nido vacío te encuentra alejada física, emocional o espiritualmente de tu esposo? De algo puedes estar segura: Jesucristo puede renovar el amor entre ustedes. Este podría ser un tiempo muy especial para disfrutar de nuevas experiencias juntos. Puede ser el comienzo de una amistad renovada o de una nueva oportunidad para un ministerio.

Una encomienda muy especial: Tito 2:3-5

El Señor nos dio una riqueza de sabiduría y de experiencias que no se aprenden de los libros. Él nos salvó y nos colocó dentro de un Cuerpo y nos otorgó funciones muy específicas dentro de él. En el capítulo 7 hablamos más a fondo sobre este mandato de Tito 2. Solo quiero exhortarte a obedecer este llamado, muy especialmente en esta edad madura, cuando tienes tanto para dar.

Lamentablemente, hoy en día vemos más y más jóvenes que desestiman la sabiduría de los mayores. Pudieras decir: «no conozco a ninguna joven interesada en lo que yo tengo para enseñarle». Sin embargo, la Escritura valora mucho estas relaciones intergeneracionales. Abre tus ojos a las necesidades que ves y acércate a una de estas jóvenes solteras o madres jóvenes. Escúchalas y observa sus luchas y disponte a ayudarlas con el amor de Cristo y la sabiduría que Dios te ha enseñado.

Me apena ver a mujeres mayores que por un motivo u otro prefieren «sentarse a la orilla del camino» y no permitir que sus años y sus experiencias instruyan a las que vienen detrás. Muchas no lo hacen por temor, o porque se sienten incompetentes («no soy maestra, no sé qué decirles»), otras quizás debido a experiencias pasadas que no saben cómo usar de forma redentora («¡he cometido tantos errores en el pasado!»), y otras simplemente porque han decidido que «es tiempo de retirarse» y descansar.

Si eres una mujer en edad madura, tu vida no ha acabado. Dios no ha terminado de utilizarte. Aún eres útil en Sus manos para dejar un legado a la próxima generación.

Una nota importante para las abuelas: ¡Invierte tu tiempo en la vida de tus nietos! Qué oportunidad maravillosa nos da Dios de impactar esas vidas y esos corazones con Su Palabra. En ocasiones ellos están más abiertos a escuchar a sus abuelos que a sus propios padres, y conozco personas cercanas que tienen hermosos testimonios del impacto que les dejaron sus abuelos.

Tan solo tenemos que ver el ejemplo de Loida en 2 Timoteo: *Porque tengo presente la fe sincera que hay en ti, la cual habitó primero en tu abuela Loida y en tu madre Eunice, y estoy seguro que en ti también* (2 Tim 1:5). Es evidente que la fe de Timoteo fue transmitida por su abuela Loida.

Pidámosle a Dios que nos ayude a dejar un legado de esta naturaleza en el corazón y la mente de nuestros nietos. No hay nada de más valor que podamos dejarles.

Actitudes que debes cultivar antes
y durante esta etapa de tu vida:

Descansa en la providencia y soberanía de Dios y ríndete a Sus propósitos

Muchas veces, cuando llegamos a la edad madura, ya hemos pasado por experiencias muy dolorosas. Vivimos lo suficiente para haber visto mucho dolor. Conozco matrimonios que sufrieron la muerte de sus hijos, que vieron a sus hijos vivir las consecuencias dolorosas de su pecado, o ven el dolor de sus hijos al pasar por experiencias de divorcio, o al ver «hijos pródigos». Hemos vivido la muerte de nuestros padres y familiares cercanos. Esto nos puede volver cínicas y llevarnos a perder la esperanza.

Pero en este tiempo más que nunca debemos estar arraigadas en Cristo, confiando en Sus promesas y en que Sus propósitos son buenos —aunque no luzca así de este lado del cielo—. Andamos por fe y no por vista (2 Cor. 5:7).

Nunca pares de crecer espiritualmente

Tal vez llevas 30 años caminando con el Señor, pero siempre tendrás algo que aprender. En Cristo están escondidos todos los tesoros de la sabiduría y del conocimiento, y nunca lograremos agotar esa sabiduría. He escuchado de personas muy mayores por cuya sangre corre «biblina». La Palabra llena su corazón y sale por su boca a borbotones. Se pasaron la vida leyéndola y meditando en ella y ahora no solo son confortados personalmente, sino que bendicen a todos a su alrededor.

Nunca es tarde para comenzar a estudiar la Biblia más intencionalmente, para orar más, para leer más libros cristianos que te edifiquen. Esto te hará vivir una vida más abundante, más confiada y con más gozo. *Tú guardarás en completa paz a aquel cuyo pensamiento en ti persevera; porque en ti ha confiado* (Isa. 26:3, RVR1960).

Envejece con gracia

Ciertamente, envejecer puede ser un desafío. Algunas personas quizás experimenten soledad, pérdida de agudeza mental, discapacidad física, en fin, limitaciones de diversos tipos.

Pero estar arraigadas en Cristo y en Su Palabra, llenas del Espíritu y confiadas en Sus promesas debe hacernos mujeres llenas de gracia, de dulzura, de sabiduría y gratitud.

Vi a mujeres que al envejecer se llenan de amargura, se vuelven críticas, o hipersensibles o centradas en sí mismas, sin darse cuenta de que con esa actitud alejan a todos a su alrededor. Son como los cactus, llenos de espinas que les impiden a otros acercarse. Lo triste es que ellas desean ser amadas, pero su actitud no obra a su favor.

Recuerdo a una tía abuela que vivía en mi casa cuando yo era aún una niña. Era el epítome de la amargura, hasta tenía la espalda encorvada como las brujas de los cuentos de hadas. Ninina no era feliz y se encargaba de que nadie a su alrededor lo fuese. Ninina, no conocía a Cristo, pero es triste ver aun a mujeres mayores creyentes que van por la vida cargando tanta amargura y resentimiento del pasado que les impide dar frutos dulces para el Señor al que dicen servir.

En el capítulo 1 mencioné a la persona que me crio, una tía a la que considero mi madre. Era todo lo contrario de mi tía Ninina. Era dulce, hospitalaria, cariñosa, no crítica, desprovista de amargura y de resentimiento (¡aunque humanamente tenía muchos motivos para cargar con ellos!). Conversar con ella te dejaba con un sentimiento grato y dulce. De nuevo, ella no era regenerada como lo puedo entender hoy, pero sus frutos fueron dulces hasta su último suspiro.

¿Qué excusa tengo yo, conociendo a Cristo, para no dejar esa misma estela y fragancia hasta el final? Si eres joven aún y estás leyendo este capítulo piensa en algo: no llegarás a ser así al final de tu vida si no estás caminando en esa dirección y cultivando esa actitud hoy.

Aprende a contar tus bendiciones. Cultiva un espíritu de contentamiento que sea una fragancia que atraiga a los demás y les muestre a Cristo. El gozo del Señor ha de ser nuestra fortaleza como nunca antes.

Pero tú, persevera hasta el fin y descansa, que al final de los tiempos te levantarás para recibir tu recompensa (Dan. 12:13, NVI).

No te enfoques en el pasado. Confía en Sus promesas para el futuro

En nuestro pecado de falta de contentamiento tendemos a poner nuestros ojos en el pasado o en el futuro. Por causa de nuestra miopía espiritual, tendemos a ver el pasado con matices románticos, pensando en los «pepinos, los melones, los puerros, las cebollas y los ajos» que comíamos en Egipto (Núm. 11:5), o mirando atrás y sintiendo pesar y culpa por los sueños fracasados o los pecados cometidos.

Igualmente, muchas veces tendemos a mirar hacia adelante con temor. Temor a la muerte, tristeza por perder la esperanza de lograr lo que siempre anhelamos, temor a las posibles enfermedades, a sufrir de alguna manera, a perder a nuestro cónyuge, padres o hijos.

Enfócate en lo que tienes por delante y no en lo que quedó atrás. Como la mujer de Proverbios 31, mira confiadamente hacia adelante y sonríe al futuro (v. 25).

> *Hermanos, yo mismo no considero haberlo ya alcanzado; pero una cosa hago: olvidando lo que queda atrás y extendiéndome a lo que está delante, prosigo hacia la meta para obtener el premio del supremo llamamiento de Dios en Cristo Jesús* (Fil. 3:13-14).

Deja atrás la amargura, el resentimiento, los «si hubiera hecho (o no) tal o cual cosa» o los «si Dios hubiese...»; deja atrás los temores y sustitúyelos por plena confianza en Sus promesas y entrena tu mente para ver tanto el pasado como el futuro con ojos de agradecimiento. Verás que tu corazón se llena de paz y de esperanza.

> *Por tanto no desfallecemos, antes bien, aunque nuestro hombre exterior va decayendo, sin embargo nuestro hombre interior se renueva de día en día. Pues esta aflicción leve y pasajera nos produce un eterno peso de gloria que sobrepasa toda comparación, al no poner nuestra vista en las cosas que se ven, sino en las que no se ven; porque las cosas que*

se ven son temporales, pero las que no se ven son eternas (2 Cor. 4:16-18).

Confía y descansa en Su gracia en medio de las situaciones difíciles típicas de esta etapa

A finales del 2009, mi esposo, Fausto, y yo ya habíamos superado los sentimientos tristes del nido vacío y comenzábamos a disfrutar de nuestra nueva libertad para servir a Dios e ir adonde Él quisiera llevarnos. Durante un viaje a Minnesota para ver a nuestra hija, hicimos una parada en Miami para visitar a mi suegra. En ese entonces ella tenía 86 años y vivía en un hogar de ancianos que ella misma había elegido porque «no quería ser carga para sus hijos».

En esa oportunidad, tanto Fausto como yo salimos cargados emocionalmente con la idea de sacarla de allí y traerla a vivir con nosotros en Santo Domingo, donde residíamos en aquel tiempo. Ciertamente esto sería un cambio radical en nuestra comodidad y privacidad. Ahora tendríamos no solo a nuestra suegra anciana envejeciendo con nosotros, sino que también estarían las enfermeras que nos asistirían con su cuidado.

Fue realmente un tiempo agridulce. Sentimos que estábamos en la perfecta voluntad de Dios al traerla. Fausto pudo sentir que le devolvió a su madre sus cuidados hacia él, pero alterar nuestra rutina y salir de nuestra comodidad resultó también un arma muy efectiva en las manos de Dios para nuestra santificación.

No puedo negar que fue un tiempo difícil, no solo ver cómo ella se iba desgastando (sufría de demencia senil, entre otras cosas), sino que también fue una carga emocional y económica para nosotros. Sin embargo, no hubo un día en que Dios no endulzara las aguas y al mirar atrás podemos ver Su gracia sobre nosotros durante todo ese tiempo. Fue de mucha satisfacción para mi esposo despedirse de ella al morir (dos años luego de traerla a vivir con nosotros) y sentir que había hecho la voluntad de Dios:

> *... si alguna viuda tiene hijos o nietos, que aprendan éstos primero a mostrar piedad para con su propia familia y a recompensar a sus padres, porque esto es agradable delante de Dios* (1 Tim. 5:4).

Hay otras situaciones típicas de esta etapa, como la viudez, los retos a la hora de relacionarse con los hijos adultos, la pérdida de seres queridos, los reveses económicos, los achaques de la edad, entre muchas otras. En medio de todo ello, Dios nos promete gracia suficiente.

Cultiva un corazón de sierva

En lugar de volverte una receptora de la ayuda de los demás y de tener una actitud demandante de tus hijos y de las personas que te rodean, cultiva un corazón de sierva. Hay muchas formas de practicarlo; he aquí algunas ideas prácticas:

1. Disponibilidad. Debo confesar que lucho con esto; en ocasiones elijo defender mi tiempo y mi espacio, y no acepto cambios en mis planes o agenda. Sin embargo, en los momentos en que sí he elegido ser interrumpida, mi corazón se llenó de gozo. No llenes tu agenda de

actividades egoístas y personales que no dejen tiempo
para apoyar a otras personas de formas prácticas:

a) Ofrécete a cuidar a tus nietos.

b) Visita a algún enfermo o prepara alguna comida.

c) Ayuda a alguna madre joven que esté agobiada
con los quehaceres diarios.

d) Discipula a alguien que lo necesite.

e) Imparte alguna clase en la iglesia.

f) Dirige un grupo de estudio.

g) Dirige un grupo de intercesión desde tu hogar.

Cuando mi carne desea seguir su propia agenda, el Espíritu
Santo me recuerda: *el que quiera salvar su vida, la perderá; pero
el que pierda su vida por causa de mí, la hallar*á (Mat. 16:25).

2. Practica la hospitalidad. La hospitalidad es la marca de un corazón agradecido, desprendido y gozoso.
Abre tu hogar para servir a personas que necesiten
un refugio, una comida, o simplemente para recibir a
un grupo de estudio de tu iglesia. Muchas veces dejamos de hacerlo porque tendemos a complicarnos
(con comidas elaboradas, queriendo ofrecer un lugar
perfecto), en lugar de simplemente recibir con corazones y manos abiertas y llenas de amor para dar.
Este es un tiempo de tu vida en que puedes abrir las
puertas de tu corazón y de tu hogar para otros.

3. Conviértete en una intercesora. Ciertamente los
años a veces nos incapacitan hasta cierto punto para
servir de formas activas y visibles. Pero ni aun en
esa etapa somos inútiles en las manos de Dios. Es en
esta etapa que batallamos con más fervor y cuando

hacemos la labor más importante e impactante de todas: interceder por otros, por el avance de Su reino. Esta es, realmente, la labor más importante de todas y puedes realizarla aun desde la comodidad de tu hogar, a cualquier hora del día.

Hay un hermoso ejemplo de una viuda muy mayor que vivió hasta el final de sus días dedicada a esperar y servir al Señor. En el Evangelio de Lucas, capítulo 2, nos encontramos con Ana en el templo:

Y había una profetisa, Ana, hija de Fanuel, de la tribu de Aser. Ella era de edad muy avanzada, y había vivido con su marido siete años después de su matrimonio, y después de viuda, hasta los ochenta y cuatro años. Nunca se alejaba del templo, sirviendo noche y día con ayunos y oraciones. Y llegando ella en ese preciso momento, daba gracias a Dios, y hablaba de Él a todos los que esperaban la redención de Jerusalén (Luc. 2:36-38).

Ana había estado casada durante siete años antes de enviudar, y en esta porción vemos cómo ella se encuentra con María y José cuando llevan al bebé para ser dedicado en el templo. Dice el texto que ella servía de noche y de día con ayunos y oraciones. No es sorprendente que ella, junto con Simeón (otro anciano), fue una de las primeras personas en ver y reconocer al Mesías. En una etapa en la que pudo haberse sentido inútil para Dios, sin embargo, no usó esto como excusa para dejar de involucrarse en los asuntos del reino, sino que vivía intencionalmente intercediendo en oración delante del trono de gracia, dando gloria a Dios hasta sus últimos días.

4. <u>Sé una alentadora.</u> Tengo la dicha de ser la mentora de una chica muy especial. No solo es una persona deseosa de ser guiada, sino que es rápida en aceptar los consejos, es honesta y vulnerable con sus luchas. Creo que el sueño de toda mentora es tener una discípula así, y Dios me la concedió. Pero hay una característica de Nath que la hace aún más especial: Es la persona más alentadora que conozco. A pesar de que sus días están completamente ocupados por su trabajo y por su constante servicio a otros, ella no pierde oportunidad para alentar a los demás, ya sea con sus palabras o con sus gestos y detalles. Ora por otros, recuerda fechas específicas y tiene un detalle o un gesto para recordarlo. Te muestra su cariño y te alienta con flores, con tarjetas, mensajitos de textos, con versículos...

Nath es un ejemplo para todas, pero en especial para mujeres maduras que ahora tienen el tiempo, los recursos y la madurez para dar una palabra a tiempo y para ayudar a soportar las cargas de otros de una manera más intencional. *Una palabra a tiempo, ¡cuán agradable es!* (Prov. 15:23). Dios nos ayude a olvidarnos un poco de nosotras mismas y ofrecer palabras de aliento a los que nos rodean.

Y en todo, consideremos a Cristo: ... *cualquiera de vosotros que desee llegar a ser grande será vuestro servidor, y cualquiera de vosotros que desee ser el primero será siervo de todos. Porque ni aun el Hijo del Hombre vino para ser servido, sino para servir, y para dar su vida en rescate por muchos* (Mar. 10:43-45).

Ora que Dios te dé un corazón compasivo, ojos para ver las necesidades a tu alrededor, deseo de invertir tu tiempo en los demás, amor para compartir, energía para servir y manos abiertas para dar.

Un ejemplo a imitar

Durante unos años, mientras vivimos en Santo Domingo, República Dominicana, nos congregamos en la Iglesia Bautista Internacional. Allí conocí a dos mujeres que me desafiaron a no desperdiciar ninguno de mis años, sino invertirlos en el reino. Una de ellas, Nurys, era (¡y aún es!) la «mamá» de la congregación. Es una intercesora, da abrazos y reparte cariño y oraciones por dondequiera que va. Invierte sus días en otros y en servir al pueblo de Cristo. Es la Dorcas (Hech. 9) de la iglesia.

Otra hermana que desafió mi vida es Viola. Cuando conocí a Viola Núñez de López me impactó su aire juvenil, su actitud dispuesta, su deseo de servir y de ser útil usando los talentos y dones que Dios le había dado. Le pedí a Viola que compartiera su testimonio porque pienso que será de edificación y ánimo para muchas mujeres que piensan que los años dorados nos limitan para servir al Señor. Aquí un poco de su testimonio:

Porque mis pensamientos no son vuestros pensamientos, ni vuestros caminos mis caminos (Isa. 55:8).

En mi juventud, creía tener una buena relación con Dios porque vengo de un hogar cristiano en el que Su Palabra era lo esencial. Al ser la primera hija de un hombre de fe muy dedicado a su familia, yo asimilaba muy bien sus enseñanzas. Era obediente y sabía que mis padres estaban orgullosos de mí. Eso me hizo creer que yo podía dirigir mi vida. Y aun cuando siempre recurrí a Dios en mis momentos de necesidad o de duda, la verdad es que Dios y yo éramos un «dúo dinámico»: yo al timón y Dios sentado a mi lado para sacarme del apuro cuando las cosas no me salían bien.

En el momento en que escribo esto ya llevo 58 años de casada. Dios me bendijo con una hermosa descendencia de cuatro hijos, catorce nietos y seis bisnietos.

Quien no esté casada y crea que el matrimonio es un lecho de rosas, debe saber que **las rosas son hermosas, pero tienen muchas espinas.** En mi matrimonio hubo altos y bajos, días muy claros, pero también noches de grandes nubarrones y de una tremenda oscuridad, en los cuales llegué a preguntarme si valía la pena seguir. No fue hasta entonces cuando me vi en la obligación de entregarle a Dios el timón de mi vida; cuando definitivamente me sentía impotente para continuar.

Afortunadamente, mi padre siempre estuvo muy cerca de mí. Nunca olvidaré aquella frase que me dijo un día cuando mi matrimonio estaba ya a punto de zozobrar: «Hija, el matrimonio no es un traje de domingo que se quita y se pone, es una vestidura para toda la vida». Hoy, le doy gracias a Dios por haberlo usado en la forma que lo hizo, porque cuando miro a mi alrededor y analizo las bendiciones de mantener a mi compañero a mi lado, y las alegrías que me trajo esta hermosa descendencia, mis palabras se quedan cortas para decir, **Gracias, Dios.**

No hay nada más gratificante para una abuela que acunar a un nieto pequeño, o poder darle un consejo sabio cuando ya ha crecido y enfrenta momentos de dudas o de toma de decisiones. Una de mis bendiciones, que no cambiaría por nada, es la de haber podido cultivar una hermosa relación con ellos. Sé que me admiran y me valoran y lo sé porque me buscan en sus momentos de dificultades.

Claro, siempre traté de no ser una abuela regañona. Trato de ponerme en sus zapatos, de dejarlos hablar y de comprender las «incongruencias» de su generación. Es la única forma de salvar esa enorme brecha generacional y lograr que valoren y crean en lo que yo les digo.

La mochila que llevo, cargada de experiencias vividas y de pruebas superadas, me ha servido para que hoy yo pueda guiar y aconsejar a otras mujeres que enfrentan los mismos retos que yo enfrenté. Hoy tengo el privilegio, otorgado por Dios, de pertenecer al equipo de Consejería, y servir como mentora en la Iglesia Bautista Internacional (IBI), ayudando a mujeres más jóvenes a poner en práctica las palabras de Tito 2:5 «... para que la palabra de Dios no sea blasfemada». De poco vale la mucha teoría cuando no se ha vivido la

práctica. Esto solo pude aprenderlo al tener que enfrentar las pruebas que el Señor puso en mi camino.

En mi vida profesional, trabajé durante más de 30
años en la entonces Secretaría de Educación. No sé
si por aprendizaje o por herencia (porque mi padre
era escritor), en ese tiempo yo escribía textos de Estudios Sociales para las escuelas del país. Pero al pasar
de esos años creía que ya era suficiente; que mi labor
como educadora había terminado y me retiré del servicio oficial. Pero tal como dice la cita de Isaías 55:8:
«los caminos de Dios no son nuestros caminos».

Hace ocho años surgió una coyuntura en la que mis
cuatro hijos se unieron para fundar un colegio con
valores cristianos, y claro, buscaron la asesoría de su
madre. Al entrar de nuevo al sistema educativo, pude
darme cuenta del vacío existencial que hay en nuestros muchachos, principalmente en nuestros adolescentes. No saben de dónde vienen ni hacia dónde
van; tampoco saben lo que quieren ni para qué están
en el mundo, porque la mayoría provienen de hogares deshechos o son «huérfanos de padres vivos».

Pues, allí estoy, enseñando la Palabra, no solo
a los alumnos, sino también a los maestros. Me
dije: «si Moisés a los 80 años pudo liderar un pueblo durante 40 años a través de un desierto, ¿por qué
no puedo yo a los 70 hacerlo con un alumnado?».
Para ello tuve que iniciar escribiendo material de enseñanza bíblica, porque aunque existen muy buenos
libros, la mayoría no se adaptan a las necesidades de

los alumnos. Como resultado, ya ha salido al público mi primer libro cristiano: «Doctrinas Bíblicas esenciales para la fe cristiana», que ha llevado luz a mucha gente, no solo a los alumnos del colegio, sino a muchos otros que se dicen cristianos, pero que no conocen al Dios a quien dicen servir.

Si me preguntaran en estos momentos cómo yo puedo definirme, me atrevería a decir que soy una sierva de Dios entrenada por Él a base de muchas pruebas, para que hoy pueda transmitir a otros lo vivido y aprendido.

Mi tiempo libre lo dedico a discipular, a veces en grupos pequeños; en ocasiones, de persona a persona. Disfruto grandemente abrir las puertas de mi casa para nutrir a todas aquellas mujeres que necesitan conocer y aprender a depender del Dios en quien yo creo. El único infalible, bueno, soberano y perfecto. Al único que ha sido capaz de entregarnos una salvación gratuita a través de Su Hijo, tan solo por amor.

Es mi deseo que el ejemplo de Viola nos anime a las que venimos detrás y nos desafíe a vivir para Cristo hasta el último aliento de nuestra vida en esta Tierra.

¡Sigue corriendo la carrera!

Personalmente, Dios me enseñó que la vida ocurre en medio de una variedad de etapas, con momentos felices, otros tristes, otros neutrales; en medio de tiempos de dificultad y pruebas. Pero al final de cuentas lo único importante y valioso es si hemos vivido para Él en cada etapa, siguiéndolo a Él, día tras día con fidelidad, humildad y atentas a Su dirección, obedeciendo, gozosa y confiadamente.

La vida cristiana es acerca de vivir, no para nosotras mismas, sino para aquel que murió y resucitó por nosotras (2 Cor. 5:15). Se trata de amarlo a Él y de servirlo, sirviendo a aquellos que puso soberanamente en nuestras vidas. Se trata de invertir para la eternidad y dejar un legado para la siguiente generación.

Hazte disponible para Dios. Tu historia, tu vida, tu experiencia con Dios pueden ser una gran bendición para otras vidas. Debes dedicarle todos tus días, hasta el último, a Él. *Todo lo que tu mano halle para hacer, hazlo según tus fuerzas* (Ecl. 9:10).

Tu vida puede ser de bendición a tus 80 años como lo puede ser a tus 15 o 20. A diferencia de lo que pensaba Balzac, la ancianidad es como una persona que no comió lo suficiente durante su juventud y ahora se sienta alegremente a comerse, no solo el resto de la comida, sino también el postre. Es un tiempo dulce para compartir las maravillas de nuestro Dios con las personas que vienen detrás.

No importa la etapa de vida en la que estés, tu Dios es el mismo y la encomienda que Él nos da es la misma: predicar Su evangelio. Puedes ser una mujer que viva una vida abundante y llena de propósito durante tu juventud, tu soltería, tu matrimonio, tu nido vacío, tu viudez, tu ancianidad. Puedes vivir una vida centrada en Dios y en Sus propósitos. Ese es el camino al gozo y a la abundancia.

Salmos 71:17-18 debe convertirse en el clamor de nuestro corazón:

Oh Dios, tú me has enseñado desde mi juventud,
y hasta ahora he anunciado tus maravillas.
Y aun en la vejez y las canas, no me desampares,
oh Dios, hasta que anuncie tu poder a **esta** *gene-*
ración, tu poderío a todos los que han de venir!
(énfasis añadido).

Oremos que Dios nos ayude a ser fieles hasta el final y a servirlo hasta nuestro último aliento y que podamos mantener los ojos puestos en la recompensa: Cristo. ¡Él es fiel! ¡Él es digno!

‖‖

Evalúate:

1. ¿Consideras la vejez como una oportunidad para invertir en otros?
2. ¿Eres intencional en llevar el mensaje a la siguiente generación? ¿Qué cosas prácticas estás haciendo para llevar a cabo esta encomienda?
3. ¿A qué cosas del pasado te aferraste que debes dejar atrás o evaluar a través de la perspectiva de Dios?
4. ¿Qué temores tienes acerca del futuro? ¿Qué promesas debes creer que no estás creyendo?
5. ¿Eres intencional en ver las necesidades a tu alrededor?
6. ¿Eres intencional en llevar frutos para Su gloria hasta tus últimos días?

Bibliografía

Capítulo 1: Una mujer verdadera vive para la gloria de Dios

Anónimo. *Confesión de fe de Westminster*. Consultado el 15 de octubre de 2016. http://www.seguidores.org/portal/seguidores/images/stories/docs/confesiones/confesionWestminster.pdf.

Beeke, Joel R. *Living for God's Glory: An Introduction to Calvinism* [Viviendo para la gloria de Dios: Una introducción al calvinismo]. Lake Mary, FL: Reformation Trust, 2008.

DeMoss, Nancy Leigh, ed. *Becoming God's True Woman* [Atrévete a ser una mujer conforme al plan de Dios]. Wheaton, IL: Crossway, 2008.
——. *Mentiras que las mujeres creen y la verdad que las hace libres*. Grand Rapids, MI: Editorial Portavoz, 2004.

Hunt, Susan. *By Design: God's Distinctive Calling for Women* [Por diseño: El singular llamado de Dios para las mujeres]. Wheaton, IL: Crossway, 1994.
——. *The True Woman: The Beauty and Strength of a Godly Woman* [La mujer verdadera: La belleza y fortaleza de una mujer piadosa]. Wheaton, IL: Crossway, 1997.

Kassian, Mary A. *The Feminine Mistake: The Radical Impact of Feminism on Church and Culture* [El error femenino: El impacto radical del feminismo en la iglesia y la cultura]. Wheaton, IL: Crossway, 2005.
——y Nancy Leigh DeMoss. *Mujer Verdadera 101: Diseño Divino*. Grand Rapids, MI: Editorial Portavoz, 2014.

Capítulo 2: La mujer en la creación

Duncan, J. Ligon y Susan Hunt. *Women's Ministry in the Local Church* [Ministerio de la mujer en la iglesia local]. Wheaton, IL: Crossway, 2006.

Grudem, Wayne. «The Key Issues in the Manhood-Womanhood Controversy, and the Way Forward» [Los temas clave de la controversia masculinidad-feminidad y el camino a seguir]. Capítulo 1 en Wayne Grudem, ed., *Biblical Foundations for Manhood and Womanhood* [Fundamentos bíblicos para la masculinidad y la feminidad], 19-71. Wheaton, IL: Crossway, 2002.

Hamilton, Victor P. *The Book of Genesis, Chapters 1-17* [El libro de Génesis, capítulos 1-17]. Parte de la serie *The New International Commentary on the Old Testament* [Nuevo comentario internacional del Antiguo Testamento]. Grand Rapids, MI: Wm. B. Eerdmans, 1990.

Hunt, Susan. By Design: *God's Distinctive Calling for Women* [Por diseño: El singular llamado de Dios para las mujeres]. Wheaton, IL: Crossway, 1994.
———. *The True Woman: The Beauty and Strength of a Godly Woman* [La mujer verdadera: La belleza y el esfuerzo de una mujer piadosa]. Wheaton, IL: Crossway, 1997.

Kassian, Mary A. y Nancy Leigh DeMoss. *Mujer Verdadera 101: Diseño Divino*. Grand Rapids, MI: Editorial Portavoz, 2014.

MacArthur, John. «Confrontation in Eden» [Confrontación en Edén]. Sermón predicado el 30 de abril de 2000. https://www.gty.org/resources/sermons/90-240/confrontation-in-eden.
———. «The Creation of Woman» [La creación de la mujer]. Sermón predicado el 28 de noviembre de 1999. https://www.gty.org/resources/sermons/90-228/the-creation-of-woman.
———. «The Fall of Man, Part 1» [La caída del hombre, parte 1]. Sermón predicado el 5 de marzo de 2000. https://www.gty.org/resources/sermons/90-238/the-fall-of-man-part-1.
———. «The Fall of Man, Part 2» [La caída del hombre, parte 2]. Sermón predicado el 12 de marzo de 2000. https://www.gty.org/resources/sermons/90-239/the-fall-of-man-part-2.
———. «Man in the Garden of God» [El hombre en el huerto de Dios]. Sermón predicado el 21 de noviembre de 1999. https://www.gty.org/resources/sermons/90-227/man-in-the-garden-of-god.

Piper, John. «Affirming the Goodness of Manhood and Womanhood in All of Life» [Afirmando lo bueno de la masculinidad y la feminidad en todas partes de la vida]. Sermón predicado el 25 de junio de 1989. http://www.desiringgod.org/messages/affirming-the-goodness-of-manhood-and-womanhood-in-all-of-life.

——. «Manhood and Womanhood: Conflict and Confusion After the Fall» [Masculinidad y feminidad: El conflicto y la confusión después de la caída]. Sermón predicado el 21 de mayo de 1989. http://www.desiringgod.org/messages/manhood-and-womanhood-conflict-and-confusion-after-the-fall.

——. «Manhood and Womanhood Before Sin» [Masculinidad y feminidad antes del pecado]. Sermón predicado el 28 de mayo de 1989. http://www.desiringgod.org/messages/manhood-and-womanhood-before-sin.

Platt, David. «Biblical Manhood and Womanhood, Part 1» [Masculinidad y feminidad bíblica, parte 1]. Sermón predicado el 15 de mayo de 2011. http://www.radical.net/sermons/sermons/biblical-manhood-and-womanhood-part-1/.

——. «Biblical Manhood and Womanhood, Part 2» [Masculinidad y feminidad bíblica, parte 2]. Sermón predicado el 22 de mayo de 2011. http://www.radical.net/sermons/sermons/biblical-manhood-and-womanhood-part-2/.

Capítulo 3: Una visión divina del matrimonio

Bennett, Arthur. *El valle de la visión*. Carlisle, PA: Banner of Truth, 2014.

El pequeño Larousse ilustrado 2010: Diccionario enciclopédico. México: Larousse México, 2009.

Strong, James. *Nueva concordancia Strong exhaustiva*. Nashville, TN: Grupo Nelson, 2002.

Villalba, Ed. Presentación de un retiro parejas en febrero de 2013 en Buchanan, MI.

Capítulo 4: Maternidad: una misión sagrada

Chanski, Mark. *Womanly Dominion: More Than A Gentle and Quiet Spirit* [Dominio femenino: más que un espíritu apacible y tranquilo]. Amityville, NY: Calvary Press, 2008.

Clarkson, Sally. *The Ministry of Motherhood: Following Christ's Example in Reaching the Hearts of Our Children* [El ministerio de la maternidad: Siguiendo el ejemplo de Cristo en alcanzar el corazón de nuestros hijos]. Colorado Springs, CO: WaterBrook Press, 2004.

———. *The Mission of Motherhood: Touching Your Child's Heart for Eternity* [La misión de la maternidad: Impactando el corazón de su hijo para la eternidad]. Colorado Springs, CO: Waterbrook Press, 2003.

———. «Parenting: It All Starts with Your View of God» [Paternidad: Todo comienza con su visión de Dios]. Subió en el blog el 21 de marzo de 2011. http://sallyclarkson.com/blog/parenting-it-all-starts-with-your-view-of-god.

Davis, Erin. *Beyond Bath Time: Embracing Motherhood as a Sacred Role* [Más allá de la hora del baño: Abrazando la maternidad como una posición sagrada]. Chicago, IL: Moody Publishers, 2012.

Dillow, Linda. *Creative Counterpart: Becoming the Woman, Wife, and Mother You Have Longed To Be* [Contrapartida creativa: Convertirse en la mujer, la esposa y la madre que ha deseado ser]. Nashville, TN: Thomas Nelson, 1977.

Ennis, Pat y Dorothy Kelley Patterson, eds. *The Christian Homemaker Handbook* [Manual para amas de casa cristianas]. Wheaton, IL: Crossway, 2013.

Farley, William. «Padres con el poder del evangelio». Conferencia Taller de Padres en el Colegio Cristiano Logos de Santo Domingo, República Dominicana, el 11 de septiembre de 2015.

Furman, Gloria. «10 Things You Should Know about Motherhood» [Diez cosas que usted debería saber sobre la maternidad]. Subió en el blog de Crossway el 2 de mayo de 2016. https://www.crossway.org/blog/2016/05/10-things-you-should-know-about-motherhood/.

———. *Missional Motherhood The Everyday Ministry of Motherhood in the Grand Plan of God* [Maternidad misional: El ministerio cotidiano de la maternidad en el gran plan de Dios]. Wheaton, IL: Crossway, 2016.

———. *Treasuring Christ When Your Hands Are Full* [Atesorando a Cristo cuando tienes las manos ocupadas]. Wheaton, IL: Crossway, 2014.

Jankovic, Rachel. *Loving the Little Years: Motherhood in the Trenches* [Amar los pequeños años: La maternidad en las trincheras]. Moscow, ID: Canon Press, 2010.

———. «Motherhood Is a Calling and Where Your Children Rank» [La maternidad es un llamado y el lugar donde su ubican tus hijos]. Subió en el blog el 14 de julio de 2011. http://www.desiringgod.org/articles/motherhood-is-a-calling-and-where-your-children-rank.

Kassian, Mary A. y Nancy Leigh DeMoss. *True Woman 201: Interior Design* [Mujer verdadera 201: Diseño interior]. Chicago, IL: Moody Publishers, 2015.

Michael, Sally. *Mothers: Disciplers of the Next Generations* [Madres: Discipuladoras de las próximas generaciones]. Minneapolis, MN: Children Desiring God, 2013.

Patterson, Dorothy. «Biblical Theology of Womanhood: Old Testament - Lecture 6» [Teología bíblica de la maternidad: El Antiguo Testamento - lección 6]. Subido en YouTube.com el 22 de septiembre de 2014 por el Seminario Bautista Teológico Southwestern. https://www.youtube.com/watch?v=sd7j-FJveWE.

Piper, John. «How Are Women Saved Through Childbearing?» [¿Cómo se salvarán las mujeres teniendo hijos?]. Articulo subió en DesiringGod.org el 10 de junio de 2014. http://www.desiringgod.org/articles/how-are-women-saved-through-childbearing.

Capítulo 5: Una visión bíblica para las jóvenes: respondiendo al llamado de Tito 2

Chan, Francis. *El gran tractor rojo y la pequeña aldea*. Grand Rapids, MI: Editorial Portavoz, 2012.

DeMoss, Nancy Leigh. *Brokenness: The Heart God Revives* [El quebrantamiento: El corazón que Dios aviva]. Chicago, IL: Moody Publishers, 2005.

Henry, Matthew. *Matthew Henry's Commentary on the Whole Bible: Complete and Unabridged in One Volume* [Comentario bíblico Matthew Henry: Obra completa sin abreviar e un solo volumen]. Peabody, MA: Hendrickson, 1994.

Kumar, Anugrah. «Apologist Josh McDowell: Internet the Greatest Threat to Christians» [Apologista Josh McDowell: El internet es la

mayor amenaza para los cristianos]. Subió en ChristianPost
.com el 16 de julio de 2011. http://www.christianpost
.com/news /internet-the-greatest-threat-to-christians-apologist-josh -mcdowell-says-52382/.

Manser, Martin H. y Guillermo D. Powell. *Diccionario de temas bíblicos.* Bellingham, WA: Software Bíblico Logos, 2012.

Sabina, Chiara, Janis Wolak y David Finkelhor. «The Nature and Dynamics of Internet Pornography Exposure for Youth» [La naturaleza y la dinámica de la exposición de pornografía en el internet para la juventud]. *CyberPsychology & Behavior,* vol. 11, n.° 6, 2008. http:// www.unh.edu/ccrc/pdf/CV169.pdf.

Thomas, Robert L. *New American Standard Hebrew, Aramaic and Greek Dictionaries, Updated Edition* [Diccionario New American Standard del hebreo, arameo y griego, edición revisada]. Anaheim, CA: The Lockman Foundation, 1998.

Capítulo 6: Soltera para la gloria de Dios

Aldrich, Sandra P. *De una madre sola a otra.* Lake Mary, FL: Casa Creación, 2007.

Andrickson, Isabel. «Los preparativos de mi boda». Subió en el blog de Mujer Verdadera en el 16 de septiembre de 2013. https://www .avivanuestroscorazones.com/blogs/mujer-verdadera/los-preparati vos-de-la-boda/.

Batliwalla, Shyla. «10 Single Women Who Redefined Spinsterhood» [10 mujeres solteras que redefinieron la soltería]. http://www.more.com /love-sex/single-life/10-single-women-who-redefined-spinsterhood.

Bridges, Jerry. *Confiando en Dios: Aunque la vida duela.* Bogotá, Colombia: Editorial CLC, 2007.

Brownback, Lydia. *Fine China is for Single Women Too* [La vajilla de porcelana es para las mujeres solteras también]. Phillipsburg, NJ: P&R Publishing, 2011.

Chapman, Gary. *Los cinco lenguajes del amor para solteros*. Miami, FL: Editorial Unilit, 2005.

DeMoss, Nancy Leigh. *Escogidos para Él: El don, las bendiciones y los retos de estar soltería*. Grand Rapids, MI: Editorial Portavoz, 2014.

———. *Mentiras que las mujeres creen y la verdad que las hace libres*. Grand Rapids, MI: Editorial Portavoz, 2004.

———. *Santidad: El corazón purificado por Dios*. Grand Rapids, MI: Editorial Portavoz. 2007.

Elliot, Elisabeth. *A Chance to Die: The Life and Legacy of Amy Carmichael* [Una oportunidad de morir: La vida y el legado de Amy Carmichael]. Grand Rapids, MI: Fleming H. Revell, 2007.

Evans, Tony. *Dios es más que suficiente*. Miami, FL: Editorial Unilit, 2005.

Fitzpatrick, Elyse, ed. gen. *Women Counseling Women: Biblical Answers to Life's Difficult Problems* [Mujeres aconsejando a mujeres: Una guía bíblica para los problemas enfrentados por mujeres]. Eugene, OR: Harvest House Publishers, 2010.

——— y Carol Cornish. *Mujeres aconsejando a mujeres*. Graham, NC: Publicaciones Faro de Gracia, 2013.

Grubbs, Judith Evans. *Women and the Law in the Roman Empire: A Sourcebook on Marriage, Divorce and Widowhood* [Mujeres y la ley en el Imperio romano: Un texto de referencia sobre el matrimonio, el divorcio y la viudez]. Londres: Routledge, 2002.

Hendricks, Paula. *Confessions of a Boy-Crazy Girl: On Her Journey From Neediness to Freedom* [Confesiones de una chica enamorada: En su viaje de necesidad a la libertad]. Chicago, IL: Moody Publishers, 2013.

HistoricoDigital.com. «Los impuestos en el Imperio romano». Consultado el 19 de octubre de 2016. http://historicodigital.com/los-impuestos-en-el-imperio-romano.html.

Hunt, Susan. *Por Diseño: El singular llamado de Dios para las mujeres*. Miami, FL: Editorial Unilit, 2008.

Jones, Debby y Jackie Kendall. *Dama en espera: Desarrolle sus relaciones amorosas.* Miami, FL: Editorial Unilit, 2000.

MacArthur, John. *Esclavo: La verdad escondida sobre tu identidad en Cristo.* Nashville, TN: Grupo Nelson, 2011.

Maslow, A. H. «A Theory of Human Motivation». *Psychological Review* (50): 370-396. Artículo subido en agosto de 2000 por Christopher D. Green de Toronto, Canadá. http://psychclassics.yorku.ca/Maslow/motivation.htm.

McCulley, Carolyn. *Did I Kiss Marriage Goodbye? Trusting God with a Hope Deferred* [¿Le dije adiós al matrimonio? Confiando en Dios con una esperanza diferida]. Wheaton, IL: Crossway, 2004.

McDonald, William. *Comentario bíblico: Obra completa.* Barcelona, España: Editorial CLIE, 2009.

Núñez, Miguel. «Las 10 leyes del pecado». Subió en el blog de Coalición por el Evangelio el 22 de agosto de 2014. https://www.thegospelcoalition.org/coalicion/article/las-10-leyes-del-pecado.

Parnell, Jonathan y Owen Strachan, eds. *Designed for Joy: How the Gospel Impacts Men and Women, Identity and Practice* [Diseñado para el gozo: Cómo el Evangelio afecta a hombres y a mujeres, identidad y práctica]. Wheaton, IL: Crossway, 2015.

Piper, John. «Dios es más glorificado en nosotros cuando estamos más satisfechos en él». Predicado el 13 de octubre de 2012. http://www.desiringgod.org/messages/god-is-most-glorified-in-us-when-we-are-most-satisfied-in-him?lang=es.
———. *Lo que Jesús exige del mundo.* Grand Rapids, MI: Editorial Portavoz, 2007.

Sands, Audrey Lee. *Soltera y satisfecha.* Barcelona, España: Editorial CLIE, 1977.

Spurgeon, Charles H. *Lecturas vespertinas.* Ciudad Real, España: Editorial Peregrino, 2008.

Strong, James. *Nueva concordancia Strong exhaustiva*. Nashville, TN: Grupo Nelson, 2002.

Swindoll, Lucy. *Ancho mi mundo, angosta mi cama: Cómo disfrutar la vida de soltero*. Miami, FL: Editorial Vida, 1998.

Trahan, Carol. *¡Ayuda! Soy madre soltera*. Medellín, Colombia: Poiema Publicaciones, 2015.

Ullman, Heidi, Carlos Maldonado Valera y María Nieves Rico. «La evolución de las estructuras familiares en América Latina, 1990-2010: Los retos de la pobreza, la vulnerabilidad y el cuidado». Parte de la serie de la CEPAL. Consultado el 21 de octubre de 2016. http://www.cepal.org/es/publicaciones/36717-la-evolucion-de-las-estructuras-familiares-en-america-latina-1990-2010-los-retos.

Viars, Stephen. *Ponga su pasado donde pertenece... ¡en el pasado! Camine hacia la libertad y el perdón*. Grand Rapids, MI: Editorial Portavoz, 2012.

Zacharias, Ravi. *El gran tejedor de vidas*. Miami, FL: Editorial Vida, 2008.

Capítulo 7: Tito 2: el ministerio de la mujer en la iglesia

DeMoss, Nancy Leigh. «La llaman bienaventurada». Parte de la serie Proverbios 31: La mujer contra-cultura. Recordado el 19 de noviembre de 2014. https://www.avivanuestroscorazones.com/radio/aviva-nuestros-corazones/la-llaman-bienaventurada/.

Dobson, James. *Straight Talk to Men and Their Wives* [Hablando claro a los hombres y a sus esposas]. Waco, TX: Word, 1984.

Fitzpatrick, Elyse, ed. gen. *Women Counseling Women: Biblical Answers to Life's Difficult Problems* [Mujeres aconsejando a mujeres: Una guía bíblica para los problemas enfrentados por mujeres]. Eugene, OR: Harvest House Publishers, 2010.

Hunt, Susan. *By Design: God's Distinctive Calling for Women* [Por diseño: El singular llamado de Dios para las mujeres]. Wheaton, IL: Crossway, 1994.
———. *Spiritual Mothering* [Maternidad espiritual]. Wheaton, IL: Crossway, 1992.

———. *The True Woman: The Beauty and Strength of a Godly Woman* [La mujer verdadera: La belleza y fortaleza de una mujer piadosa]. Wheaton, IL: Crossway, 1997.

——— y Peggy Hutcheson. *Leadership for Women in the Church* [Liderazgo de la mujer en la iglesia]. Grand Rapids, MI: Zondervan, 1991.

——— y Barbara Thompson. *The Legacy of Biblical Womanhood* [El legado de la feminidad bíblica]. Wheaton, IL: Crossway, 2003.

Kassian, Mary A. y Nancy Leigh DeMoss. *True Woman 201: Interior Design* [Mujer verdadera 201: Diseño interior]. Chicago, IL: Moody Publishers, 2015.

Capítulo 8: La mujer, sus emociones y el evangelio

Borgman, Brian S. *Feelings and Faith: Cultivating Godly Emotions in the Christian Life* [Los sentimientos y la fe: Cultivando las emociones piadosas en la vida cristiana]. Wheaton, IL: Crossway, 2009.

DeMoss, Nancy Leigh. «The Power of Emotion» [El poder de la emoción]. Recordando el 4 de junio de 2003. Parte de la serie Seven Secrets for Singles [Siete secretos para solteros]. Revive Our Hearts Radio, 2003. https://www.reviveourhearts.com/radio/revive-our -hearts/the-power-of-emotion/.

Fitzpatrick, Elyse y Laura Hendrickson. *Will Medicine Stop the Pain?* [¿Puede la medicina detener el dolor?]. Chicago: Moody Publishers, 2006.

Hno. Lawrence. *La práctica de la presencia de Dios*. New Kensington, PA: Whitaker House, 1997.

«La Declaración de Independencia». Consultado el 21 de octubre de 2016. http://www.archives.gov/espanol/la-declaracion-de-indepen-dencia.html.

Michelén, Sugel. «Cuando las emociones gobiernan». *Entendiendo los tiempos capítulo 26*. Subió en Youtube.com el 18 de julio de 2013. https://www .youtube.com/watch?v=n7PJB1cf6TA.

Muñoz-Martínez, Amanda M. y Mónica Ma. Novoa-Gómez. «Motivos de consulta e hipótesis clínicas explicativas». En *Terapia psicológica*, versión on-line, vol. 30, n.° 1. Consultado el 14 de octubre de 2016.

http://www.scielo.cl/scielo.php?script=sci_arttext&pid=S0718
-48082012000100003.

Piper, John. *Lo que Jesús exige del mundo*. Grand Rapids, MI: Editorial Portavoz, 2007.

Real Academia Española. s.v. «felicidad». Consultado el 21 de octubre de 2016. http://dle.rae.es/?id=Hj4JtKk.

Capítulo 9: Pruebas y sufrimiento para la gloria de Dios

Böhl de Faber, Juan Nicolás. *Floresta de rimas antiguas castellanas*. Hamburgo, Alemania: Perthes y Besser, 1843.

DeMoss, Nancy Leigh. «Las mentiras que las mujeres creen sobre sus anhelos insatisfechos». Subió en el blog de la Coalición por el evangelio el 7 de septiembre de 2014. http://www.thegospelcoalition.org /coalicion/article/mentiras-que-las-mujeres-creen-sobre-sus -anhelos-insatisfechos.

———. «Viviendo por fe». Parte de la serie de Habacuc: del temor a la fe. Recordado el 15 de julio de 2015. https://www.avivanuestroscora zones.com/radio/aviva-nuestros-corazones/viviendo-por-fe/.

Groves, Elizabeth W.D. *Becoming a Widow: The Ache of Missing Your Other Half* [Enviudar: El dolor de perder a su otra mitad]. Greensboro, NC: New Growth Press. 2012.

Kassian, Mary A. y Nancy Leigh DeMoss. *Mujer Verdadera 101: Diseño Divino*. Grand Rapids, MI: Editorial Portavoz, 2014.

Lewis, C. S. *El problema del dolor*. Traducido por Susana Bunster. Consultado el 21 de octubre de 2016. http://bibliotecadigital.tamaulipas .gob.mx/archivos/descargas/0669f127a_Lewis,%20C.%20S.%20-%20 El%20Problema%20del%20Dolor.pdf.

MacArthur, John. *Enfrentando la ansiedad: Aplicando la Palabra de Dios a los problemas del alma*. Barcelona, España: Editorial Clie, 1993.

Núñez, Miguel. «Desierto: Camino a libertad». La serie de sermones predicado en 2008. Disponible en http://www.laibi.org/component

/jak2filter/?Itemid=218&issearch=1&isc=1&created_by=854&cate
gory_id=49.

Piper, John. «Filling Up What Is Lacking in Christ's Afflictions» [Com-
pletando lo que falta en las aflicciones de Cristo]. Sermón predicado
en la Iglesia Bautista High Pointe, en Austin, TX el 19 de octubre de
2008. http://www.desiringgod.org/messages/filling-up-what-is-lack
ing-in-christs-afflictions.

Schalesky, Mario. Empty Womb, Aching Heart: Hope and Help for
Those Struggling with Infertility [El vientre vacío, dolor del corazón:
Esperanza y ayuda para quienes luchan con la infertilidad]. Grand
Rapids, MI: Bethany House, 2001.

Spurgeon, Charles H. Libro de cheques del banco de la fe. Barcelona, España:
Editorial CLIE, 1990.

Tada, Joni Eareckson. «The Stakes Are Higher than You Think» [Las
apuestas son más altas de lo que tú piensas]. Subió en Revive
OurHearts.com el 24 de septiembre de 2010. https://www.revive
ourhearts.com/events/true-woman-10-indianapolis/stakes-are-
higher-you-think/.

Tripp, Paul David. «Cuando la adversidad toca tu puerta». Conferencia
presentada en Santo Domingo en 2013. http://www.conferencias
oasis.org/2015/09/23/cuando-la-adversidad-toca-tu-puerta-2013/.
———. Instrumentos en las manos del Redentor. Graham, NC: Publicaciones
Faro de Gracia, 2012.

Capítulo 10: Rendición: sabiduría de Dios para la mujer

Alcorn, Randy. El principio de la pureza. Nashville, TN: Lifeway Press, 2007.

Brownback, Lydia. A Woman's Wisdom: How the Book of Proverbs Speaks
to Everything [La sabiduría de una mujer: Cómo el libro de Proverbios
provee consejería para todo]. Wheaton, IL: Crossway, 2012.

DeMoss, Nancy Leigh. «Haciendo de tu esposo una prioridad». Parte de
la serie El hermoso diseño de Dios para la mujer, viviendo Tito 2:1-5».
Recordado el 13 de mayo de 2015. https://www.avivanuestros

corazones.com/radio/aviva-nuestros-corazones/haciendo-de-tu
-esposo-una-prioridad/.

Dictionary.com, s.v. «wisdom». Consultado el 21 de octubre de 2016.
http://www.dictionary.com/browse/wisdom.

Fitzpatrick, Elyse. «Ídolos del corazón». Presentado en la Conferencia
Oasis 2016 en abril de 2016. http://www.conferenciasoasis.org.

Gerry, Judy. *Ancient Paths for Modern Women: Walking with the Lord*
[Antiguos caminos para la mujer moderna: Caminado con el Señor].
Somis, CA: Lifesong Publishers, 2004.

IPPAnetwork.org, sobre IPPA y psicología positiva. Consultado el 7 de
octubre de 2016. http://www.ippanetwork.org/about/.

Kassian, Mary A. y Nancy Leigh DeMoss. *True Woman 201: Interior Design*
[Mujer verdadera 201: Diseño interior]. Chicago, IL: Moody Publishers, 2015.

Lockyer, Herbert. *Nelson's Illustrated Bible Dictionary* [Diccionario bíblico ilustrado de Nelson]. Nashville, TN: Thomas Nelson, 1986.

Merritt, James. *In a World of... Friends, Foes and Fools* [En un mundo
de... Amigos, enemigos y locos]. Maintland, FL: Xulon Press, 2008.

«Resolución aprobada por la Asamblea General el 28 de junio de 2012»,
66/281 Día Internacional de la Felicidad. https://documents-dds-ny
.un.org/doc/UNDOC/GEN/N11/475/71/PDF/N1147571.pdf?Open
Element.

Robinson, Jeff. «Kassian to women's conference: Be wise, not weak-
willed». Subió en el blog de Baptist Press el 3 de marzo de 2005.
http://www.bpnews.net/20271/kassian-to-womens-conference
-be-wise-not-weakwilled.

Stamp, Jimmy. «Who Really Invented the Smiley Face?» [¿Quién realmente
inventó la carita feliz?]. Subió en Smithsonian.com el 13 de marzo de
2013. http://www.smithsonianmag.com/arts-culture/who-really-inven
ted-the-smiley-face-2058483/?no-ist.

Capítulo 11: Vive para la gloria de Dios durante los años maduros

Carter, Jimmy. *The Virtues of Aging* [Las virtudes de envejecer]. Nueva York: Ballantine Books, 1998.

Cortabarria Chinchurreta, Rafael. «Frases sobre la vejez». Consultado el 21 de octubre de 2016. https://www.blindworlds.com/public acion/51543.

DeMoss, Nancy Leigh. La serie de «Ana: La mujer que dio la bienvenida a Cristo». Recordado entre el 18 y el 25 de diciembre de 2015. https://www.avivanuestroscorazones.com/series/ana-la-mujer-que-le-dio-la-bienvenida-cristo/.

Fitzpatrick, Elyse y Carol Cornish, eds. *Women Helping Women* [Mujeres ayudando a mujeres]. Eugene, OR: Harvest House Publishers, 1997.

HuffingtonPost.com. «U.S. Life Expectancy Ranks 26th in the World, OECD Report Shows» [La esperanza de vida de EE. UU. ocupa el lugar 26 en el mundo, presentaciones de informe de la OCDE]. Consultado el 21 de octubre de 2016. http://www.huffingtonpost.com/2013/11/21/us-life-expectancy-oecd_n_4317367.html.

InfoAgro.com. «El cultivo de la palmera datilera». Consultado en marzo de 2016. http://www.infoagro.com/flores/plantas_ornamentales/palmera_datilera.htm.

Schreur, Jerry y Judy Schreur. *Creative Grandparenting: How to Love and Nurture a New Generation* [Abuelazgo creativo: Cómo amar y nutrir a una nueva generación]. Grand Rapids, MI: Discovery House Publishers, 2011.

Zoobotánico Jerez. «Palmera datilera, palmera común, palma de dátiles: *Phoenix dactylifera*». Consultado el marzo de 2016. http://www.zoo botanicojerez.com/index.php?id=1205.

Sobre las autoras

Betsy Gómez @BetsyTGomez
Una gran pasión por alcanzar a las jóvenes con el mensaje del evangelio y de la feminidad bíblica es lo que caracteriza a Betsy. Ella es el corazón detrás del movimiento de Joven Verdadera, desde el blog diario que administra, a la vez que dirige el equipo de medios del ministerio Aviva Nuestros Corazones. En la actualidad, está cursando el Instituto Bíblico para mujeres del SEBTS. Está casada con Moisés Gómez, con quien tiene dos hijos.

Clara Nathalie Sánchez @ClaraNathalieSD
Nathalie es parte del equipo de Aviva Nuestros Corazones, donde se desempeña como editora de contenido y administradora de la página web. Colabora semanalmente en el blog Joven Verdadera, enseñando a las jóvenes cómo vivir a la luz de la Palabra de Dios en su vida diaria. Nathalie transmite su pasión por la Escritura en su ministerio de Diario Bíblico y en los talleres que imparte de manera regular en República Dominicana, país donde reside.

Elba Ordeix de Reyes @elbaoreyes
Esposa y madre de tres hijos adultos, dos de ellos casados, Elba es corresponsal bíblica del ministerio Aviva Nuestros Corazones. Sorprendida por la gracia de Dios y convencida del diseño de Dios para la mujer, Elba siente pasión por enseñar a las mujeres más jóvenes a cuidar de sus hogares y a amar a sus maridos, y lo hace a través de talleres y en grupos pequeños en su iglesia. Además, junto a Roby, su esposo, sirve en el ministerio de Hospitalidad de la Iglesia Bautista Internacional en Santo Domingo. Elba y Roby llevan casados 30 años y aman servir juntos al Señor.

Isabel Andrickson @isandrickson
Es coordinadora del blog Mujer Verdadera, de Aviva Nuestros Corazones. Estudió en el Instituto Integridad y Sabiduría. Además, funge como coordinadora de medios del ministerio de mujeres Ezer de la Iglesia Bautista Internacional (IBI), donde se congrega. Isabel vive en Santo Domingo, República Dominicana y es madre de un hijo adulto.

Laura González de Chávez @lauragondc
Su pasión es discipular a las mujeres de todas las edades con el fundamento sólido de la Palabra de Dios y animarlas a vivir de acuerdo a la fe que han abrazado. Laura es consejera bíblica y mentora de mujeres jóvenes. Actualmente dirige el ministerio de Aviva Nuestros Corazones, una labor que la ha ayudado a alcanzar a las mujeres de su generación con el mensaje del evangelio y de la feminidad bíblica. Junto a Fausto, su esposo desde hace 30 años, produce el programa radial semanal Un hogar sobre la Roca, que busca contribuir a redimir el diseño de Dios para la familia. Tienen una hija, Sarah, y tres hermosos nietos. En la actualidad residen en Carolina del Norte.

Margarita Camargo de Hinojosa
Margarita sirve como Embajadora de Aviva Nuestros Corazones, en Querétaro, México. Está casada con Leopoldo Hinojosa, pastor de la Iglesia Bíblica Gracia Soberana, y sirve junto a él ofreciendo consejería bíblica. Tienen dos hijos, Rodrigo y Santiago. Margarita coordina el ministerio de mujeres en su iglesia, enseñando y equipando a mujeres de todas las edades para vivir la feminidad bíblica y llevar a cabo el mandato de Tito 2 en las diferentes etapas de sus vidas con el propósito de glorificar a Dios.

Margarita Álvarez de Michelén
Margarita es una de las encargadas del Ministerio de Mujeres de la Iglesia Bíblica del Señor Jesucristo (IBSJ), en Santo Domingo, República Dominicana. Además, es colaboradora de Aviva Nuestros Corazones y enseña acerca del rol de la mujer y la feminidad bíblica. Está casada con Eric Michelén, quien sirve como diácono en IBSJ. Tienen cuatro hijos y seis nietos.

Mayra B. de Ortiz @mbdeortiz

Graduada del Instituto Integridad y Sabiduría, Mayra es Directora de Operaciones de Aviva Nuestros Corazones. Está casada con Federico Ortiz, diácono de la Iglesia Bautista Internacional (IBI), donde sirven juntos como líderes y consejeros de parejas. Mayra y Federico tienen dos hijos y tres adorables nietos.

Patricia de Saladín

Patricia dirige el Ministerio de Mujeres en su iglesia y le apasiona llevar el mensaje de la feminidad bíblica a las mujeres de habla hispana. Su anhelo es verlas conocer y abrazar la verdad que las hace libres en Cristo. Patricia sirve en el ministerio radial de Aviva Nuestros Corazones como la voz de Nancy DeMoss de Wolgemuth. Está casada con Eduardo Saladín, pastor de Iglesia Bíblica del Señor Jesucristo, en Santo Domingo, ciudad donde residen. Tienen tres hijos adultos y Dios les ha regalado seis hermosos nietos.

Sarah Jerez @sarahjerez

Hija y sierva de Jesucristo por la gracia de Dios, Sarah es esposa de Jonathan Jerez y madre de tres bendiciones: Zoë Elizabeth, Noah Jonathan y Joy Noëlle. Trabaja como escritora, compositora, cantante y codirectora del ministerio C316 junto a su esposo. En la actualidad, reside en Oklahoma City, Oklahoma, donde sirve en el ministerio de adoración de la Iglesia Bautista Central.